伊予松山
裁判所ものがたり
【明治編】

矢野達雄

Tatsuo Yano

創風社出版

はしがき

推理作家夏樹静子さんが、二〇一〇年三月に文藝春秋社から『裁判百年史ものがたり』という本を刊行された（二〇一二年九月 文春文庫に収録）。作家らしいよどみのない語り口で、明治から現在に至るまでの著名な裁判を紹介している。本書を読んで、なるほど日本の近現代にはこんな事件が起こり法廷で争われたのか、はじめて知った人も多いことだろう。

法律とか裁判というと、何かむつかしそうだと敬遠する人も多い。しかし裁判は、国家的な大事件からごく個人的な事件に至るまで、ドラマに満ちている。裁判のゆくえは、国の運命を変えることもある。刑事裁判では、有罪となるか無罪放免となるかは、被告人にとって天地の開きがあるし、民事裁判でも、権利を回復できるか、多額の負債を背負う人生を送るか、一生の岐路である。智恵のかぎりを絞って有利な結果を導こうと努力する。法廷という狭い場所は、人生の縮図である。当事者は必死であるし、それを見聞する私たちも、原被告の主張や論理構成に同意したり反発したり、また喜怒哀楽さまざまな感情を掻き立てられる。時には、感動を覚えることすらある。

本書は、愛媛県の裁判や法曹（裁判官・検察官・弁護士等）そしてさまざまな事件に焦点をあてて、「裁判所ものがたり」というスタイルで書いたものである。元になったのは、「愛媛民報」紙に五年余りにわたって連載した「伊予松山・裁判所ものがたり」（全六三回）である。当初の意図では、明治期―大正期―昭和戦前期まで話をつなげていくという壮大な計画であったが、諸般の事情でそこまでたどりつけてはいない。本書は、とりあえずその中間報告で、〔明治編〕と名づけた。

第一部は、連載した「伊予松山・裁判所ものがたり」がもとになっている。各回ほぼ一千字程度、読み切りのかたちになっている。ほぼ時代順に配列しているが、きまじめに最初から読みはじめる必要はない。タイトルを見て気になったものから読みはじめてもらって結構である。

第二部以下は、一千字のわくには収まりきらなかったテーマにつき、深く掘り下げようとした、いわば連載からのスピン・アウトである。私は、愛媛県の明治前期の三大裁判とは、庄屋抜地事件、無役地事件そして市之川鉱山事件であると考えている。前二者は拙著『庄屋抜地事件と無役地事件―近世伊予から近代愛媛へ、土地をめぐる法と裁判』(創風社出版、二〇一〇年)に詳しく紹介したので、今回は割愛した。市之川鉱山事件は、今回新史料も織り込んで詳しく検討・紹介した。それが第二部を構成する諸章である。

今回もっとも多く依拠したのは、新聞記事とくに「海南新聞」の記事である。愛媛県立図書館にマイクロ・フィルムの形で保存されているものを、大いに参照した。第三部は、マイクロ・フィルムのリールを回しながら、あるいはそれを連載の記事にしながら頭の中をよぎったあれこれについて、さまざまな角度から迫ってみたものである。

歴史というと、中央政府の近辺で起こったことだけが重要であると考える人は多い。しかし中央の政治も経済も、全国津々浦々にいたる地域の人びとの営みによって支えられている。私は本書の中で、法や裁判という視角から見ることによって、歴史の新たな像を呈示しうると述べた。しかし法の歴史も、これまでは、中央で制定された法令やいわゆる大事件だけが注目され、分析・叙述の対象とされてきた。地域における法や裁判をめぐるさまざまな営み、人びとがどのように考え、悩み、行動したかが、新たな視角から検討されなければならないのではないか。

本書はそのようなささやかな試みである。

伊予松山・裁判所ものがたり【明治編】

目次

第一部

裁判所ものがたり

1 プロローグ―赤レンガの裁判所庁舎

松山地方裁判所旧館

松山市一番町の電車通りの北側に面して、松山地方裁判所が立っている。優美な洋風建築として著名な萬翠荘を背後に従え、さらにその裏手には松山城の木々が鬱蒼と茂り、抜群の景観である。現在の地に裁判所の建物が竣工したのは明治一一（一八七八）年一二月四日のこと、その時は松山裁判所という名前であった。その後名称は松山始審裁判所、松山地方裁判所と変えながらも、一四〇年余りこの地に裁判所は立ち続けている。

この裁判所庁舎は、少し前まで赤レンガの建物であった。かくいう私も、あるときは市内電車に乗って、あるときは自転車で、赤レンガ庁舎の横を抜けて小学校に通学した。何をする建物か知らず、またもちろん建物内に入ることもなかったが、ふしぎに辺りの風景にしっくりととけ合っていたように思う。

私の記憶では、赤レンガ庁舎は、テレビドラマにも登場した。昭和四一（一九六六）年に放映されたＮＨＫの連続テレビ小説「おはなはん」で、樫山文枝の夫（高橋幸治扮する速水謙太郎大尉）の勤務する軍の庁舎という設定だったと思う。

この赤レンガ庁舎が竣工したのは、大正七（一九一八）年九月のことである。記録によると、建坪一五三一㎡、延床面積二六五六㎡、地階煉瓦造階上木骨タイル張りスレート葺き二階建、総工費は一一万三〇三〇円であった。設計者の名前は、わかっていない。

この庁舎が解体され、その地に現庁舎が竣工したのは、昭和四七（一九七二）年三月のことである。解体を惜しみ、保存運動も展開されたとのことだが、運動は実らなかった。

松山地裁の会議室には、旧庁舎を描いた油彩画が掲げられている。岡本真苗弁護士のご家族の方が描かれ、同地裁に寄贈されたものだそうだ。ありし日の姿をよく映している。市民に「裁判所の赤レンガ」として親しまれたというのもうなづける。

さて第一部では、松山の裁判所とその周辺を紹介していくことにしたい。主な柱は、「制度」「ひと」「事件」である。「制度」とは、裁判所の機構や管轄、名称など制度的側面である。「ひと」は、原被告の当事者はじめ、裁判官、検察官、代言人（弁護士）など法曹三者の人となりや活動である。「事件」は法廷で審理された、刑事・民事の事件である。すべての事件を取り上げることはできないが、愛媛の裁判史上を彩った著名な事件や裁判が県政や県民の動向に与えた影響を検討してゆきたい。

2　明治維新後の裁判制度の変遷

明治維新後、旧幕府領には府県が置かれたが、各地の藩は存置されたので、藩の支配は続いていた。福島正夫

江藤新平

氏は、このような政治支配のあり方を、幕府を朝廷に置き換えただけの「朝藩体制」とよんでいる。※裁判も、行政官である奉行がこれを兼任する旧態同様の態勢であったと考えられる。

明治四（一八七一）年七月の廃藩置県は、藩の支配を廃止してこれを県に置き換え、封建的割拠体制を打破し中央集権的体制を確立した。これにともない各藩が行使していた裁判権は、各県に移行した。具体的なありかたは各県によって異なる。例えば松山県では、聴訟課が置かれ民事も刑事も担当したようだ。

このような各県が裁判権を行使するあり方は、上訴制度もなく制度・機構も裁判官の人事も適用される法もばらばらで、未だ中央集権的裁判制度ということはできない。このような状況を克服して近代的な裁判制度を確立することを志したのが、江藤新平であった。

江藤は、肥前・佐賀藩の出身である。維新後めきめきと頭角を顕し、明治五年四月司法卿に就任した。江藤の施策を一言で表すと、「司法立国」すなわち司法権中心の国づくりといえよう。その第一歩として、同年八月「司法職務定制」を制定した。司法省裁判所を中心に全国各府県には府県裁判所を設置し、府県が保有していた裁判権を統合することを期したものだった。しかし、江藤のめざした裁判権の中央集権化はスムースに進まなかった。明治五年中に府県裁判所が設置されたのは、三府（東京府・京都府・大坂府）および一三県（神奈川・埼玉・入間・足柄・木更津・新治・橡木・茨城・印旛・群馬・宇都宮・兵庫・山梨）にとどまった。予算の制約のためとされるが、江藤の急進策にたいする反発もあったと考えられる。

その後明治六年の政変によって江藤は下野するが、裁判権中央集権化の事業は継続された。明治七年には、長崎・函館・佐賀・新潟の四府県に裁判所が置かれ、さらに明治九年に二三か所の裁判所が設置された。

愛媛の地に府県裁判所が設置されたのは、明治九年四月のことである。「大審院諸裁判所職制章程」により府県裁判所としての愛媛県裁判所が設置されたのである。さらに同年九月には、松山裁判所と名称が改められ、大阪上等裁判所の所管となった。

※福島正夫編『日本近代法体制の形成』（日本評論社、一九〇〇年）ほか。

3 愛媛県裁判所から松山裁判所へ

廃藩置県後県庁（聴訟課）で裁判を行っていたことは前回に述べた。地方官による裁判が続いていたのである。『愛媛県警察史』第一巻によると、明治八（一八七五）年六月権令岩村高俊が七等判事に、七等出仕赤川戇助《こうすけ》が七等判事に兼務を命ぜられている。しかし岩村はこれを不服とし、「行政官が裁判権を併有するのは、端緒を開きつつある立憲政体に抵触する」と中央に上申し、岩村の判事兼任を免じさせ、赤川の判事専任を命じさせたとある。

明治九年一月には、聴訟課が廃止され、四月六日府県裁判所としての愛媛県裁判所が設置された。ついで、同年九月一三日府県裁判所は地方裁判所と改称され、一一月二八日には愛媛県裁判所は松山裁判所となったのである。

　このように裁判を担当する機関は、県聴訟課―愛媛県裁判所―松山裁判所ときわめて短期間のうちに変遷したが、実際どのような事件が裁かれたのかは、あまりよくわかっていない。今日の判決原本に相当する文書が残っていないからである。ただ当時を象徴するものとして、一つの事例を紹介しよう。明治六年とあるから、県聴訟課時代のことである。

　明治四年廃藩置県に伴い旧藩主たちが東京在住を命ぜられ、松山藩知事も上京の仕度を整えていた八月、旧藩主の上京を押しとどめようとした領民の動きがあった。このとき久米郡北方村の田中藤作は、租税課出張所に放火したかどにより、同五年一一月二八日絞罪《こうざい》に処せられた。ところが死体を遺族が引き取って、四里半の道のりをおそらく荷車に積んで自宅まで運んだところ、次第に脈動を発し蘇生したというのである。聴訟課ではことの次第におどろき、中央（司法省）に伺い出たところ、中央から「田中藤作已《すで》ニ絞罪《こうざい》処刑後蘇生ス復《ま》タ論ス可キナシ直ニ本籍ニ編入ス可シ」との指令があった。これを受けて県聴訟課は、「検使ニ於テ罪ノ科ス可キナシ」として無罪を言い渡した。なお、判決に「小崎一義・橋村正名・野田直幹・武司重緯・秋洲矯」の五名の署名がある。これは当時の聴訟課の判事たちであろう。

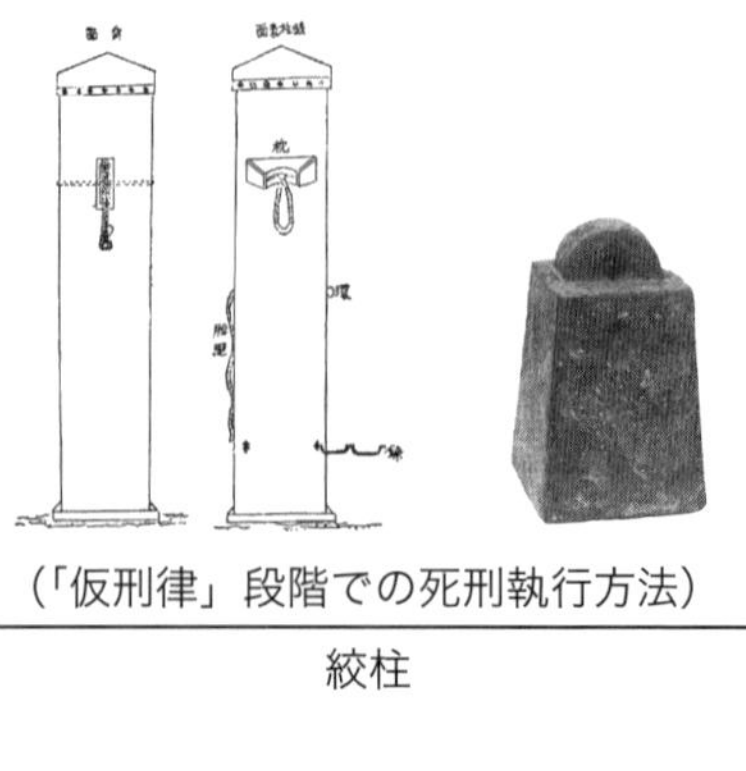

（「仮刑律」段階での死刑執行方法）

絞柱

　本件は、全国的にもかなり著名な事件である。死刑執行後、四里半の「昇帰」でよみがえったというのだから、完全には絶命していなかったのだろう。当時の絞罪は、絞柱という器具を使用していた。絞柱の不完全さがあらためてクローズアップされ、その後明治六年太政官布告第六五号により、絞首台を使用することに変更された。

4 明治初期の裁判官たち

明治九（一八七六）年四月、愛媛県聴訟課を廃止して愛媛県裁判所が設置された。これをもって、裁判が県行政の一環であった時代から、司法省系統の中央集権的裁判機構の下に組み込まれたというのは難しそうだ。前年の八年一一月司法省から三級判事補吉田正春が派遣されているが、司法省派遣は吉田だけで、愛媛県裁判所の発足にあたっては旧聴訟課員に判事補を兼任させている（『愛媛県史料』）。実質的に県庁裁判の時代が続いていたのではないか。松山裁判所発足（明治九年九月二八日）後に「本県裁判所司法省へ引渡」（「愛媛新聞」第一二号、同年一〇月一四日）という記事が現れるのを見ても、松山裁判所発足が画期と言えそうである。

さて、松山裁判所発足時点における裁判所長は、伴正臣《まさおみ》であった。伴は、文政一二（一八二九）年一一月二二日生まれの高知県士族である。明治五年頃裁判所七等出仕となり司法官の経歴を開始した。その後司法権判事、六等判事を経て、同九年一一月二八日に松山裁判所長に着任した（『司法沿革誌』）。松山裁判所所長時代の明治一三年六月一七日の「愛媛新聞」に驚くべき記事が載っている。伴は妻子を東京駿河台の自宅に残し、いわゆる単身赴任だったようであるが、「東京留守宅で、執事深川が妻ていを殺害」したという記事である。犯人の深川は屠腹自殺して果てたので、その間にいかなる事情が介在したか不明である。事件後同年一一月、伴は大審院判事に異動し、さらに同二一年から長野始審裁判所長に転じたが、同二六年九月三日死去した。享年六五。※

さて、伴と同じ時期に赴任してきたのが、高塩又四郎である。『明治過去帳』によると、高塩は栃木県の人、明治七年ころ司法大解部《ときべ》。明治九年から一三年頃まで松山裁判所判事、その後名古屋控訴裁判所判事、岐阜重罪裁判長など歴任、同一六年六月一四日死去した。

伴正臣のあと第二代目の松山裁判所長は、奥山政敬である。奥山は、鹿児島県出身、明治一四年四月の『官員録』に松山裁判所長として登場し、松山始審裁判所となった一五年以降は判事長として記載されている。明治一七年一二月、大審院詰に転任した。奥山は、明治三四年五月から大正五（一九一六）年まで貴族院議員をつとめた。在職中の大正五年七月一八日、死去した。

※　なお、同じ時期大審院判事を勤めた人物に伴正順《まさより》がいる。正順も高知県士族なので、正臣と親族関係にあるかとも考えたが、高知県在住の公文豪氏から二人の間に親族関係は確認されないとのご教示を受けた。

5 裁判所庁舎の変遷

裁判所の名称の変化は、〈2〉と〈3〉で紹介した。ではその裁判所の所在地は、どこだったのだろうか。

明治維新のあと廃藩置県までは、松山藩が存在していたから、江戸時代と変わらず、裁判も松山城内で行われていたと思われる。

廃藩置県のあとは、裁判権も県に移行したので、裁判は県庁内で行われることになった。愛媛県発足時の県庁舎は、堀之内三の丸旧藩庁を使用していた。明治一〇（一八七七）年六月古町大林寺に仮移転の後、明治一一年一一月一番町の旧松山藩家老奥平家の屋敷跡に本格的庁舎を建築移転した。県庁舎の新築移転に伴い裁判所も一番町に移転することとなり、明治一〇年七月から建物が完成するまでの間末広町の法龍寺を仮庁舎とした。

法龍寺は、初代松山藩主久松定行ゆかりの寺である。奥方、千鶴姫(薩摩島津氏から輿入れ)を祀っている。また、正岡子規の家の墓は、現在正宗寺となっているが、以前は法龍寺にあった。

法龍寺と住職の仁田喜潤氏

私は、平成一八（二〇〇六）年に法龍寺を訪れ、住職仁田喜潤氏からお話をうかがった。「法龍寺は昭和二〇（一九四五）年七月の松山大空襲によって全焼した。現在の境内は、再建後のものである。かつて境内は広く、伽藍は広壮であった。日露戦争時には、ロシア人捕虜の収容所として使用された。しかし、法龍寺が一時裁判所の庁舎として利用されていたことについては、これまで聞いたことはなかった」と言っておられた。

過去の著名な事件がどの場所で裁かれたかを考えると、同じ景色を見ても想像がふくらむ。明治一〇年二月発生した旧大洲藩士武田豊城ら蜂起未遂事件（西郷ら鹿児島士族の蜂起に呼応しようとした士族の反乱事件）は、被告四二人が法龍寺移庁中の松山裁判所で審判されたとされているから、この地で裁かれたのであろう。同事件は、翌一一年一月、被告らに懲役五年から三〇日までの刑が宣告された。

そして、明治一一（一八七八）年一二月四日、一番町一七番地に松山裁判所庁舎が竣工し、現在地に移転した。これ以後、この地に裁判所が存在するという状況は一四〇年間変わっていない。このときの庁舎は、木造の庁舎であったと思われるが、私は未だに木造庁舎時代の写真に接したことがない。

6 天野御民

天野御民『明治弁護士列伝：肖像入』風弘社　明治31年

明治一一（一八七八）年一月二六日付けの「海南新聞」に、「天野御民《みたみ》の門前に捨て子」という記事が載った。松山二番町一番地の天野宅の門前でしきりに赤子の泣き声がして止まないので、天野が不審に思って戸外へ出て見ると、赤子が捨置かれかたわらに「今月十二日出生」と書付があった。天野はすぐさま赤子を拾い上げ、「ツヤ」と名付けて自費で養育することになったとの記事である。

この記事の主天野御民は、愛媛県聴訟課の裁判を担ったと推定される人物である。明治八年愛媛県八等出仕聴訟課課長として採用され、同九年二月二七日には、第一課課長兼第四課庶務となっている。私が天野の名に注目したのは、彼が山口県出身の士族で、松下村塾で学んだ維新の志士だったからである。

天野御民は、天保一二（一八四一）年一月一四日、冷泉護一の嫡男として長州萩に生まれた。幼名は雅次郎。藩校明倫館で学んだあと、安政四（一八五七）年、吉田松陰の松下村塾に入った。後年天野は『松下村塾零話』や『維新前後名士叢談』などの書を著し、松陰の教育ぶりや塾生のエピソードなどを伝えている。幕末の長州は、尊皇攘夷運動のるつぼとなって多くの志士を輩出し、明治維新の原動力となったことは知られている。天野もまさにその渦中にあった。文久二（一八六二）年、攘夷血盟に参加、翌年久坂玄瑞らと行動をともにし、六月結成された奇兵隊に入った。この年の冬、宮木勘七らと小倉城襲撃計画を立てるが、総督赤祢《あかね》武人に止められた。元治元（一八六四）年、禁門の変に敗走後、帰国して「御楯隊」に入る。翌年、藩内における正義派と俗論派の交戦時、周防大島の久賀代官所を襲撃した。

明治二（一八六九）年天野氏の養子となり、御民と改称した。翌年、刑部権大録となる。明治四年、命じられて香港・シンガポールに赴き、洋式監獄を視察し、『監獄則』二巻の起草にたずさわった。その後司法省裁判所で解部《ときべ》をつとめたと見られる。

なぜ天野は明治八年愛媛県に来たのだろうか。私は、県聴訟課で判事を兼務していた赤川戇助《こうすけ》が招いたのではなかったかと想像している。※赤川も天保一四年生まれの長州人、「鷹懲隊」での勇猛逸話を遺している。天野は、明治一一年一二月大審院一等判事に任ぜられ東京に転居した。※※その後「ツヤ」と名付けられた子がどうなったか不明である。

※　当時の『職員録』によると、権令は岩村高俊、ナンバー2が赤川戇助、ナンバー3が天野御民である。

※※その後天野は、横浜裁判所判事、鹿児島重罪裁判長、長崎控訴裁判所判事、宮崎県始審裁判所長、高松地方裁判所検事正などを歴任した。明治二六年依願免官したあと、同二七年毛利家編輯所の一等編輯員に採用され家史の編纂をつとめていたが、一二月辞職し帰国、明治三五年六二歳で死去した。

7 代言人のはじまり

江戸時代の裁判では、今日の弁護士のような代理人を付することは許されなかった。吟味筋とよばれた刑事裁判において、被疑者・被告人はただお上の取調を受けるだけの存在であった。ただし出入筋（＝民事訴訟）においては、公事《くじ》宿の主人・手代が差添え人として当事者とともに出廷し訴訟行為の補佐をすることも認められていた。これがのちの代言人の源流となったとする説もある。公事宿とは、公事＝裁判のために出府した者を宿泊させる宿屋である。江戸では、馬喰町や小伝馬町などにあった。松山藩内にも、公事宿はあったはずだが、それがどこかよく分かっていない。

旧幕時代の公事宿や公事師などを別にすると、代言人制度のはじめは、明治五（一八七二）年八月の「司法職務定制」に求められる。「司法職務定制」は代言人・代書人の規定をおいて、はじめて代理人が民事訴訟に関与するみちを開いたが、その資格に関して何ら定めていなかった。明治六年太政官布告第二一五号「代人規則」に「凡ソ何人ニ限ラス己レノ名義ヲ以テ他人ヲシテ其事ヲ代理セシムルノ権アルヘシ」（第一条）とあり、また「凡ソ代人ハ心術正実ニシテ二一歳以上ノ者ヲ撰ムヘシ」（第三条）とあるだけで、とくに制限はなかった。したがってこの時代は、「三百代言」、すなわち青銭三〇〇文でどのような事件も引き受ける輩が横行したと言われている。

明治九年二月「代言人規則」が公布され、代言人となるには地方官の検査を受けそれに合格しなければならないことになった。合格のうえ司法卿から免許状を下付された者を「免許代言人」と称した。免許は地域限定で、免許試験を受けた裁判所で代言業を営むことが許されたにとどまり、全国どこででもできたわけではなかった。免許料は一〇円で、毎年納付しなければならなかった。

第一回の代言人試験に合格し明治九年に免許を得たもののうち、愛媛県出身者としてつぎの三名を確認することができる。岡崎高厚、柴山正憲（以上二名は大阪府の試験に合格）、そして河村訒《しのぶ》（堺県の試験に合格）である。翌明治一〇年には、松山藩出身の小島忠里・岩城之翰が合格して免許を取得し、大阪で代言業を営むようになった。

8　愛媛の民権運動と代言人

明治一〇年代は、全国的に自由民権運動が展開された時期である。運動は、最初不平士族の政府批判からはじまり（「士族民権」）、ついで豪農層の地租軽減要求などに拡がり（「豪農民権」）、貧農層の決起と政府による鎮圧（「農民民権」）によって終局を迎えた。この時期、全国的に多数の民権結社が結成され、運動の指揮と実行をになった。

愛媛にもこの時期、集義社、松山公共社、高松立志社※など多くの結社が結成された。

松山公共社は、長屋忠明の呼びかけに応じて明治一〇（一八七七）年七月に結成された、旧松山藩の青年士族たちの政治政社である。※※

このような結社活動の中心に、代言人が存在したことに注目しておきたい。公共社結成当初のメンバーの中に、松下信光二六歳がいた。松下は、明治一三年の代言人試験に合格し資格代言人となった。明治一一年、帰県し公共社に加わった藤野政高は、明治の愛媛政界を代表する政治家である。彼は明治一〇年東京で代言人資格を得ていた。松下・藤野はいずれも松山藩出身者であった。そのほか、皆川広済・篠原資・岩本新蔵・高須峰造・

井上要らも代言人であった。「その頃の代言人と言へば必ず政治運動に関係して居たのは面白き時代の様相である」とは、水野広徳著『古希新人高須峰造先生』の表現である。「青年士族運動」（島津豊幸氏の表現による）と評される愛媛の民権運動の中核は、代言人によって担われていたのである。

代言人の出自に士族出身者が多かったことは確かだが、平民出身者もいた。そのなかで、庄屋出身者として、玉井正興（一八五一〜一九〇一）の名をあげることができる。玉井は、久米郡松瀬川村（現、東温市川内町）の庄屋であった。明治一五年二五歳で代言人試験に合格した。明治一九年には県会議員選挙に当選、二二年に再選された。玉井の死去に際し「海南新聞」は、「旧自由党の元老」たる玉井は、久米地方では師父の如く仰がれたと賛辞を送っている。他に、栗田宏綱も、伊予郡北川原村の旧里正＝庄屋出身である。栗田については、〈18〉に詳しく述べているので、そちらを参照されたい。

島津豊幸　講義風景
（愛光学園同窓会）

※　明治九年八月に旧讃岐国は愛媛県に統合され、明治二一年一二月香川県が独立するまでこの体制はつづいた。
※※島津豊幸編著『愛媛県の百年』（山川出版社、一九八八年）その他による。

9 松山組合代言人の発足

明治一三（一八八〇）年「代言人規則」が改正された。改正により、代言人試験は司法卿が出題し各地の検事が主催する全国統一の試験となった。免許の地方限定が廃され、試験に合格した者は全国どこの裁判所でも代言を勤めることができるようになった。また規則は、地方裁判所ごとに代言人組合をつくるべきことを規定した。

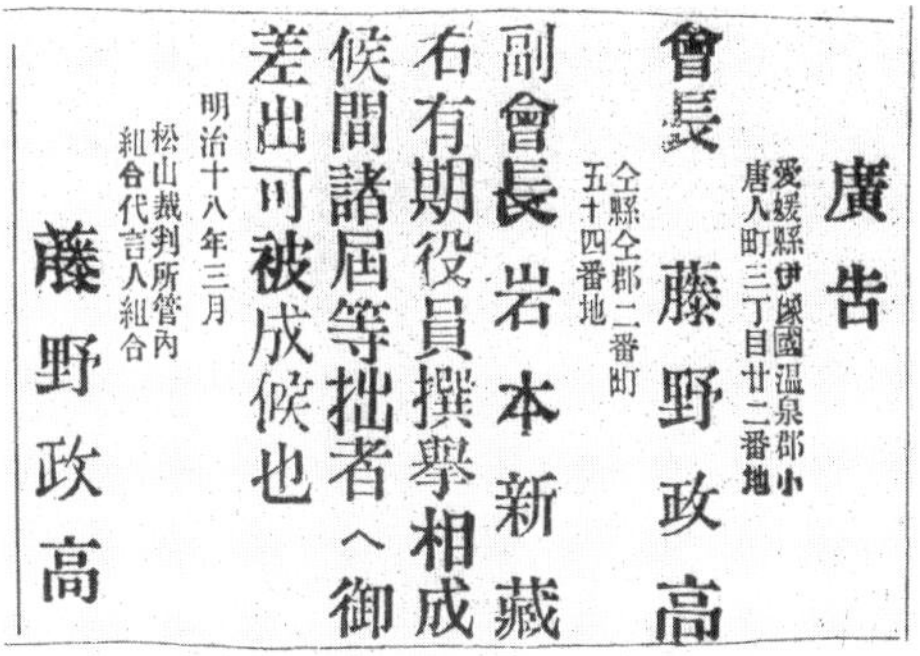

廣告
愛媛縣伊豫國温泉郡小唐人町三丁目廿二番地
會長　藤野政高
仝縣仝郡二番町五十四番地
副會長　岩本新藏
右有期役員撰擧相成候間諸届等拙者へ御差出可被成候也
明治十八年三月
松山裁判所管内組合代言人組合
藤野政高

松山組合代言人の広告
「海南新聞」明治 18 年 3 月 25 日付

こういうと、代言人の自治を認めたもののように思うかもしれないが、そうではなかった。この規則は、組合に対する検事の監督を規定していた。組合を通じて代言人に監督を及ぼそうとしたのである。この規則の結果、各地の代言人結社は活動がむつかしくなり、初期の代言人の歴史を彩った北洲舎、賛成社などは、活動停止に追い込まれ、解散していった。

この規則改正をうけて、各地で組合の結成がすすんだ。松山の代言人たちも組合を発足させることとなり、これを「松山組合代言人」と称した。この名称は変のようだが、大阪組合代言人の呼称にならったとみられる。

明治一四年中には、松山組合代言人が発足したとみられるが、記録が残っていないので、正式な発足日、初代の会長の名前などはよくわからない。「海南新聞」に代言人組合の記事が現れるのは、明治一七年九月一九日付の「代言人議会」と題する記事である。「昨日午後より当松山裁判所所属の組合代言人諸氏ハ定期議会を開きし由に聞く」とある。毎年定期的に「代言人議会」を開いていたことがわかる。

史料によって判明するかぎりで、松山組合代言人の最も早い会長は、山口県出身の吉村民也である（明治一七年版の『全国代言人姓名録』）。※ついで、明治一八年については、三月に開かれた松山組合代言人の会合で、「会長藤野政高、副会長岩本新蔵」を選出した（三月二五日付の「海南新聞」広告）。明治一九年の会長は不明だが、明治二〇年は会長岩本新蔵・副会長藤野政高、明治二一年は会長藤野政高・副会長高須峰造、明治二二年の会長は不明。明治二三年一〇月には藤野が中途で辞任している。衆議院議員に当選したためであろうか。改めて会長選挙をした結果、高須峰造が当選した。

このころは、組合の事務所や会館も存在せず、会合は岩本新蔵・藤野政高、高須峰造ら有力組合員の自宅を回り持ちで会場としていたようだ。

※　なお篠田正作『明治新立志編』（鐘美堂、一八九一年）では、藤野政高が明治一六年の松山組合代言人の会長に就いたとしている。

10 松山藩校明教館—北洲舎人脈

弁護士の歴史にふれた書物は、たいがい北洲舎から筆を起こしている。北洲舎は、明治七（一八七四）年六月大阪北浜二丁目に設けられた代言人結社で、舎長は元土佐藩士島本仲道である。島本は、戊辰戦争の際松山に出征した経験をもつ。維新後明治四年司法省に入り、大検事（今の検事総長に相当する）ついで警保頭（のちの警保局長に相当）を歴任して、江藤新平司法卿を刑事司法の面において支えた。明治六年の政変に際し、同年一一月辞職、帰郷して法律研究所を設置した。翌七年六月上阪、北洲舎の舎長となることを承諾した。北洲舎は、法律研究を行うなかで代言人を養成すると同時に、多くの訴訟を引き受け代言・代書の業を営んだ。今日の法律学校と共同法律事務所を兼ねた働きを行っていたといえよう。北洲舎は大阪の代言人寺村富栄・北田正董《せいきん》・都志春暉《はるあき》らが立ち上げたもので、元大検事の島本を舎長に担ぐことで強力な後ろ盾としたのであろう。北洲舎は、八月本部を東京に移したが、大阪には支舎を残し活動を継続した。明治一三年の代言人規則改正によって、北洲舎はじめ各地の代言人結社が解散に追い込まれたことは前に記した。その後島本は、明治二〇年保安条例により東京退去の処分を受けた。明治二六年死去、享年六一歳。

　初期の北洲舎を支えた舎員の中に多くの松山藩明教館出身者がいた。河村訒《しのぶ》（一八五二〔推定〕〜一九一六）、岡崎高厚（一八五三〜一九〇四）、岩城之翰《しかん》（一八五五〜没年不明）、小島忠里（一八五七〜一九一五）らである。彼らは、いずれも松山藩出身の士族で、藩校明教館に学んだ者たちである。生年も接近しており、明治維新時には、一〇ないし一五歳前後であった。最も若い小島忠里が北洲舎に最初に入舎した（明治七年九月）。ついで岡崎・河村（明治八年二月）、そして岩城（同年五月）が入舎した。かつて明教館でともに勉学に励んだ松山藩の若者たちは、遥か大阪の地で切磋琢磨して法律学を修得して代言人となり、法曹界のみならず多方面で活躍したのである。

　明教館は、文政一一（一八二八）年松山藩主松平定通が創立した同藩の藩校である。現在同館講堂は、松山東高等学校の敷地に移築・保存されている。中へ入ると板張りの壁上部に、藩校および後身たる松山中学校出身の著名人の肖像画が並んでいる。俳人・小説家などの文化人、学者、教育者などが多いのが特徴である。この額中には見当たらないが、明教館出身者に法曹の道を志した若者が輩出したことを記憶しておきたい。

11 大阪組合代言人第三代会長　小島忠里

小島忠里『日本弁護士高評伝』（誠協堂 明治 24 年 8 月）

小島忠里は、松山藩明教館出身者のなかで最も早く才能を開花し、明治中期華々しく活躍した代言人―弁護士である。

小島は、安政四（一八五七）年三月三日、松山藩士小島忠実の長子として生まれた。一三歳にして父を喪い、明治五（一八七二）年五月一五歳にして大阪に出た。島本仲道の主催する大阪北洲舎で法律学の修業を積んだ。『近畿弁護士評伝』に、「訴答文例」（明治六年七月発布、民事訴訟法の嚆矢といわれる）が発布された際、すでに事務を取り扱っていた代言人として、小島の名が出てくる。また、明治八年京都府の商人喜多川竹次郎がスイス人スパンを被告として争った訴訟を担当、勝訴しておおいに名をあげたとある。このときわずか一八歳であった。

明治九年代言人試験制度ができ、四月大阪府の試験を受験したが、ここでは落第している。同年一一月堺県の試験で合格し免許を獲得した。北洲舎を退社し独立して高麗橋に事務所を設け、以後代言事務に精勤した。「大阪代言人中能弁家、凡そ代言人たる可きものは小島君其人の如く間然するところなし、真正の状師である」（『近畿弁護士評伝』）と言われた。若くして盛名を得たので、依頼者はひきもきらず、またたとえ負けても依頼者は理の当然とうらまなかった（『弁護士高評伝』）。明治一一年には、大阪西区土佐掘裏町に代言人結社賛成舎を創設した。大阪の代言業界でも一目おかれる存在となり、一四年三月には第三代会長に選出された。時に二四歳、翌年には再び会長に推された。

小島は、本業の代言業のほか、政治活動にも奔走した。愛媛の民権運動との関係では、明治一三年三月の「国会期成同盟請願」において温泉郡松山町士族一八名の代表者となっているのは見逃せない。また、史上有名な一三年一一月の国会期成同盟第二回大会にも出席している。明治一四年には、国会開設の詔勅を機に、立憲政党立ち上げに奔走した。しかし、集会条例の発布に直面、早々とみずからの立憲政党を解散した。その後明治二〇年大阪府会議員に当選、さらに国政をめざしたが、株券の大暴落など不本意な出来事が続き頓挫した。

明治二三年以後は東京に事務所を抱え、同二六年弁護士法施行に際しては、東京地方裁判所所属第一号の登録を受けた。明治二五年には、徳川家恐喝事件に連座し、逮捕されたが、免訴となった。明治三〇年には、府知事に就任した菊池侃二《かんじ》の跡を出張所として引き継ぎ、再び大阪で活躍するようになった。大正四（一九一五）年九月二一日腎臓炎で療養中死去、享年五八歳。※

※　松本哲泓『代言人辞典』（ユニウス）による。

12 岡崎高厚・河村訒・岩城之翰

松山藩校明教館出身の代言人としては、小島忠里のほかにも岡崎高厚・岩城之翰・河村訒らがいた。いずれも、大阪北洲舎に学んだ者たちである。

岡崎は、嘉永六（一八五三）年八月松山藩儒者高橋與鹿の第二子として生まれた。同藩士岡崎氏をつぎ、松山藩校明教館ついで高知知道館で学んだ。明治九（一八七六）年実施された第一回の代言人試験に合格し、大阪で代言免許を取得している。明治一〇年代の大阪代言業界は、小島忠里・菊池侃二《かんじ》・岡崎が鼎立の様相であった（『近畿弁護士評伝』）。明治一五・一六年には大阪組合代言人副会長を勤めた。

岡崎も、政治活動には積極的に参加している。『愛媛県紳士列伝』によると、「（明治）一〇年愛国社に関与、一四年大阪に立憲政党を組織し幹事。明治一五年の頃、中島信行等と立憲政党を組織、河津祐之、古沢滋、草間時福《ときよし》、小室信介らと共に民権運動に努めた」とある。この立憲政党は、小島の試みた立憲政党のことを指していよう。岡崎は、政党活動とかかわらせて新聞発行にも係わった。『日本立憲政党新聞』—『大阪日報』—『浪華新聞』の社主もしくは幹部として活動した。大阪の実業界においても、大阪出版会社を設立。大阪市参事会員、府会議員などを勤めた。二三年日本帝国水産会社の紛議に関わった。かつて「大阪代言の旗頭だいやもんどのばりすとる」とよばれた岡崎は、明治二〇年代後半には企業経営家に転身した（『代言人公評録』）。愛媛との関係でいえば、紛議の絶えなかった西条の市之川鉱山問題に関わり、同鉱山株式会社の専務取締役ついで社長となり事態の収拾に尽力した（明治二五年〜二六年）。明治三七年五月二三日、五二歳で没した。

岩城之翰《しかん》は、安政二（一八五五）年六月、松山藩上席出納役岩城之焔の長子に生まれた。『近畿弁護士評伝』は、岩城について「藩校で始終主席、藩主の選に当たり、河村訒・岡崎高厚らと泰西窮理の学を修める」と述べている。明治一〇年三月代言人試験に合格。一三年六月東区今橋一丁目に事務所を設けた。明治一三年商声館（寺村富栄の代言結社）に参画している。同二六年弁護士登録、三二年特許代理人の免許を受けた。明治三〇年の名簿に松山弁護士会会員として登録しているので、晩年には、松山に帰ったと見られる。

河村訒《しのぶ》の生年は、嘉永五（一八五二）年頃とみられる。明治九年第一回の代言人試験に堺県で合格し、免許を得た。その後東京に活動の足場を移したらしく、愛媛県人のかかわった事件の上告審で多く代言・弁護をつとめている。大正五（一九一六）年没。

13　藤野政高

藤野政高は、明治の愛媛県において代言人・弁護士界で名を馳せるとともに、明治末年の政界引退まで自由党―政友会系の県政界の実力者として君臨した人物である。

藤野政高は、安政三（一八五六）年五月松山藩士藤野政経の長男に生まれた。幼年の頃藩校明教館で近藤元脩らに就いて漢学を修めた。廃藩後の明治九（一八七六）年ころ東京に出て、一時警視庁巡査を奉職していたともいわれる。在京中、名村泰蔵や桜井能監に従って法律学を修得し、明治一〇年東京で代言人試験に合格、免許を得て翌年帰郷した。

帰郷後は、本職の代言業に取り組み、松山組合代言人の会長もしくは副会長を歴任したことは前に記した。政治活動の面では、明治一一年松山公共社に加入し、自由党系の活動家として活発な活動を展開した。明治一九年県会議員に当選した。特筆されるのは、明治二〇年の三大事件建白署名へ取り組んだことである。同年一一月建白者総代となって上京したが、保安条例により退去二年を命じられた。また言論界にも関与し、明治一五年「本県御用愛媛新聞」を買い取り「海南新聞」を創設、同紙の経営に尽力した。

藤野政高
(『愛媛県史近代 上』)

「政党員名簿」(明治二一年)なる文書が注目される。これは密偵の報告書とみられるが、当時民権運動を担った人びとの内情を伝えている。藤野の人物像に関して、同文書は、「数年前頻りに遊里に耽り一時不品行の聞こえ」があったとか、妾が一人あるとか余計な情報をふくむが、「近来は行を改め常に板垣伯を尊信して旧自由党員らと親密の交際」をなし、また「人の困窮を見てはわれの難儀を顧みず救助するの風」から壮年ないし「下等」人民の思慕をあつめていると、熱血漢ぶりを伝えている。まさに藤野は、文字通り「当代代言人の花方」だったのである。

明治二三年七月第一回の衆議院議員選挙において、愛媛一区より立候補して当選。以後二五年二月と二七年三月の総選挙にも当選。憲政党―政友会支部の代表者や海南新聞社長となった。ところが、四二年一〇月三津浜築港疑獄事件で収賄の容疑に問われ、逮捕・起訴され、有罪を宣告された。以後政治活動の断念を余儀なくされ、実業界に専念した。大正四(一九一五)年死去した。享年六一歳。

14 岩本新蔵・吉村民也

愛媛の代言人・弁護士には、藤野政高や高須峰造はじめ県出身で大阪や東京で修業したあと、帰県して代言人・弁護士となった人が多い。しかし中には、他県出身者で愛媛に居ついてしまった者もいる。さしずめ岩本新蔵はその代表格であろう。

岩本新蔵は、嘉永五（一八五二）年山口県長門国阿武郡平安古町に生まれた。「政党員名簿」によると、明治九（一八七六）年頃愛媛に来県した。彼が代言人免許を得たのは明治一二年大阪の試験に合格した時である（奥平昌洪『日本弁護士史』）から、大阪で修業を積んだ時期があったとみられる。岩本は、松山組合代言人において、明治一八年副会長、同二〇年会長に就任した。同会の総会を千船町の岩本邸でたびたび開いており、松山の代言業界で中心人物だったことがわかる。

岩本新蔵の政治活動は、明治一六年の海南協同会結成のときにはじまり、その活動歴は藤野の軌跡とほぼ一致している。すなわち、海南協同会―大同団結運動―愛国公党の線である。ところで、彼は山口県出身であるにもかかわらず、戸籍表記では「下浮穴郡西野村」の愛媛県平民となっている。明治一九年愛媛県会議員選挙を目指し、同村の「宮脇信好ヲ篭絡シ」同村に転籍した（「政党員名簿」）からである。その選挙で、念願の県会議員当選を果たした。明治二〇年一〇月三大事件建白運動の折には、下浮穴郡一一〇名余の総代となって、「減租」にしぼって建白書をまとめた。二〇年二一月保安条例により藤野が退去を命じられた際には、岩本も同行していた（「政党沿革史」）。

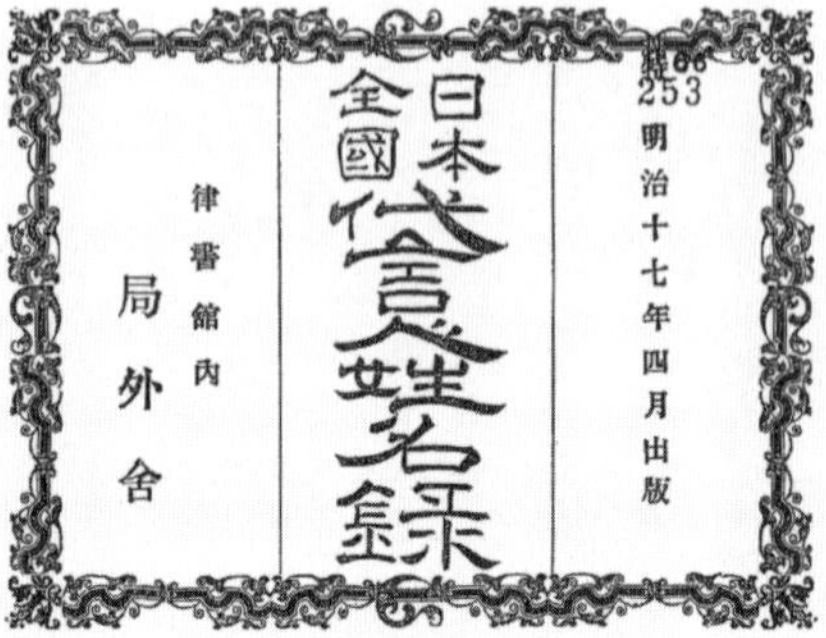
253
明治十七年四月出版
日本全國代言人姓名録
律書館内
局外舎

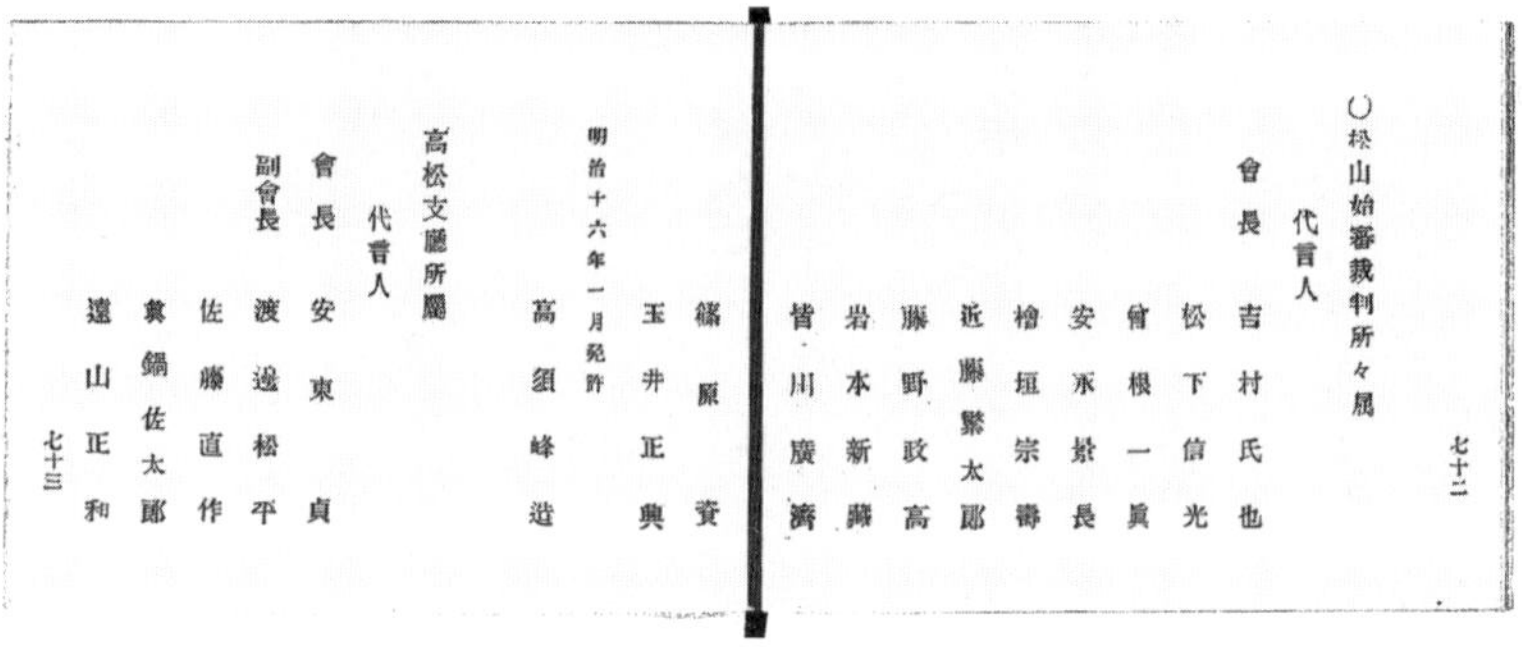
七十二
○松山始審裁判所々屬
代言人
會長 吉村氏也
松下信光
曾根一眞
安永景長
檜垣宗壽
近藤繁太郎
藤野政高
岩本新藏
皆川廣濟
篠原資
玉井正興
明治十六年一月免許
高須峰造
高松支廳所屬
代言人
會長 安東貞
副會長 渡邊松平
佐藤直作
眞鍋佐太郎
遠山正和
七十三

明治17年全国代言人姓名録より

岩本新蔵は、明治二三年四月二〇日「海南新聞」の広告欄で、みずからの名を改めこれからは「岩本新」と名乗ることを宣言した。いかなる心境の変化だろうか。あるいは政治活動から身を引くという決意表明だったかもしれない。明治二六年松山弁護士会の初代会長に就任したが、在任中の明治二八年七月コレラに罹り死去した。

吉村民也も、山口県士族であった。明治一一年の代言人資格の獲得は、愛媛県で実施された代言人試験の最初の合格者だった。また吉村は、明治一七年に松山組合代言人の会長となった。これは、確認できる限りで、最も早い会長である。吉村は、明治二一年ごろ山口に帰ったと推測され、明治二九年六月二三日、山口地方裁判所所属弁護士として没した（『明治過去帳』）。

15 高須峰造

明治期愛媛における代言人出身の政治家として藤野政高と並び立つ存在が、高須峰造※である。藤野が自由党―政友会系の政治家であったのに対し、高須は改進党系の政治家として活躍した。

高須峰造は、安政四（一八五七）年三月二五日越智郡大新田村に生まれた。また『愛媛県紳士列伝』には、「天性温厚穎敏。今治の藩黌に入学。明治一一（一八七八）年大阪難波学舎で英学を修む。一二年慶応義塾に入り経済学・政治学を学ぶ。一四年卒業」とある。当時慶応義塾には法学の課程はなく、法学を学ぶ機会はなかったとみられる。

慶応義塾卒業後は、しばらく北関東・東北で活動していたようだ。「山形県有志の招きにより東英社を起し、また山形新聞に助筆」した（『愛媛県紳士列伝』）とか、また「明治一四、五年ころ政談演説の際、治安に妨害ありとして栃木県において禁獄に処せられた」（「政党員名簿」）というのは、このころのことであろう。

高須が愛媛県政界に登場するのは、明治一五年に帰郷して以後のことである。翌一六年三月、二六歳の若さで越智郡から県会議員に当選した。また代言人試験に及第し、代言人資格を得たのも同年七月であった。高須は、いつごろどのようにして法学を身につけたのだろうか。後年「民法の中の契約篇一冊を読んで行ったきりで及第した」と言っているのは、にわかに信じられないが、東北時代の実践と独学で法的素養を身につけたものとみられる。政治活動面では、当初は藤野らと行動をともにしたが、一二年小林信近らと予讃倶楽部を結成したころ

高須峰造　（『古希新人高須峰造』高須峰造翁伝記刊行会、1935 年）

から改進党系の政治家として活動するようになった。二三年には、井上要を事務所に迎え、県下はじめての共同法律事務所を松山二番町に開いた。井上要とは政治的主張も共通しており、二人三脚で改進党の運動をになった。その後明治二五年二月の第二回衆議院議員選挙で当選、国政でも活躍するようになった。

明治三五年には、新たに弁護士となった富田嘉吉を共同事務所に迎え入れたが、入れ替わるように井上が事務所を出た。明治三七年、「海南新聞」のライバル紙である「愛媛新報」の社長に就任し、紙面の刷新につとめた。大正三（一九一四）年立憲同志会愛媛支部長に選ばれた。大正七年、還暦を迎えた時点で、引退の披露宴を行った。憲政会愛媛支部長・愛媛新報社長を辞任しただけでなく、弁護士業からも引退した。

晩年には普通選挙運動などにも取り組み、第一回普選に際し、無産政党の小岩井浄を応援した。昭和三（一九二八）年松山を去り、同九年五月横浜市鶴見の寓居で死去した。享年七八歳。

※　高須峰造の名前表記については、「峰造」と「峯造」の両様の表記がなされている。本書では、「峰造」に統一した。

16 井上　要

井上要は、代言人・弁護士として活躍し、また政治活動の面において高須峰造と行動をともにした人物である。しかし井上は、かなり早い段階に実業界に転身し、明治期の愛媛を代表するブルジョアジーとなった。

井上は、慶応元（一八六五）年一〇月、喜多郡菅田村大字菅田有友平衛の長男に生まれた。衆議院議員となった有友正親は実兄である。明治一六（一九八三）年、村内士族井上コンの養嗣子となり、井上姓を名乗るようになった。

菅田村立時習校―新谷町令教学校―大洲町共済中学校で学んだあと、一七歳の時東京に出て、明治法律学校入学を志すが、病気のため断念した。明治一七年、一九歳の時はじめて松山に出るが、養生を兼ねて道後鷺谷伊東旅館でボアソナード草案などを勉強し、翌一八年その甲斐あって代言人試験に合格した。当初は開業の気なく、「訴訟事務取り扱わず」の広告を出したこともあったが、二〇年に至り松山二番町に代言人事務所を開いた。同年、伊予鉄道会社の創立に際し、同社の委員となった。そして明治二一年には森チカヨと結婚したが、新妻を郷里に残して上京し、東京専門学校に入った。しかし妻の病気や「帰県して松山で代言営業すべし」との兄の意向を受け松山に帰った。一時独自に開業したが、明治二三年四月、二番町に高須・井上共同法律事務所を開き、代言・弁護士業のみならず政治活動の面でも高須と二人三脚で改進党系の活動家として活躍したことは、前に記した。

この頃の自由・改進両党系の角逐はすさまじいものだった。その一端を伝えるエピソードを紹介しよう。明治二九年三月「海南新聞」が「井上候補者の既往」と題する記事を掲載し、井上を「藩閥政府の犬」と非難し、二一年頃「交友社会より絶交状を送られた」ことがあると暴露した。これに対し直ちに井上は同紙を誹毀罪で告訴し、応戦した。五月一六日広島控訴院で、同紙発行兼編輯人の奥村直治郎は重禁固一五日、付加刑として罰金五円の有罪判決を受けた。

明治三五年第七回衆院選で当選、はじめて代議士となった。明治三六年には、弁護士登録を取り消し、さらに四一年の衆院選に際し立候補を辞退し、実業界に専念するようになった。伊予鉄道会社との縁は深く、明治三二年専務取締役を経て明治三九年社長となっている。昭和二（一九二七）年、松山商工会議所会頭となった。

愛媛県立松山北高校の井上要像

さらに井上は、北予中学校（現松山北高等学校）の経営難に際し「北予中学会」を組織し、危機を救い、また新田長次郎とらと協力して、松山高等商業学校（現松山大学）の創立に尽力するなど教育・文化面でも貢献した。昭和一八年、七七歳で死去し、末広町正宗寺に葬られた。

17 治罪法の施行と松山始審裁判所の発足

「日本近代法の父」とよばれるフランス人がいた。G・E・ボアソナードがその人である。ボアソナードは、明治六（一八七三）年に来日し同二九年離日するまで、法学教育や旧民法はじめとする諸法典の編纂などに大きな足跡を遺した。

明治一五（一八八二）年一月一日、旧刑法および治罪法《ちざいほう》が施行され、日本の裁判制度は大きな転回をとげた。いずれもボアソナードが原案を起草し、日本の歴史上はじめてのヨーロッパ法に範をとった法典であった。

刑法は、それまで新律綱領（明治三年）や改定律例（明治六年）といった古色蒼然とした刑法典であった。ボアソナードは、旧刑法を起草するにあたって、罪刑法定主義―いかなる行為も、あらかじめそれを犯罪として罰するという規定が制定されていなければ、犯罪とならない―という西欧近代刑法の原則を明記した。

また治罪法は、刑事手続とそれを実施する裁判所の制度を定めたものである。のちの法令でいえば刑事訴訟法と裁判所構成法をあわせたものに相当する。治罪法の定める裁判所は、フランス法に範をとったもので、通常裁判所として、治安裁判所・始審裁判所・控訴裁判所・大審院の四裁判所が設けられ、また特別裁判所として高等法院が設けられた。犯罪はその重さにしたがって違警罪・軽罪・重罪とされ、それぞれ違警罪裁判所（治安裁判所が担当）、軽罪裁判所（始審裁判所が担当）、重罪裁判所（始審裁判所または控訴裁判所が担当）の管轄に属するとされた。いささか複雑な制度となっている。

治罪法は、ボアソナードの思想を反映して、審理の公正をはかり人権を保障するため違警罪・軽罪・重罪のすべてについて、三審制を規定した。しかし、当時の日本の現状においては理想的にすぎるとも評された。そのため施行前から実施の困難性が危惧され、太政官布告でこれを骨抜きにする改定をおこなった。たとえば違警罪は今日の軽犯罪に相当する軽微な事件で、従来警察署が管轄していた。治罪法は、それを治安裁判所が担当しかつ控訴・上告もできる制度としたが、実情に合わないとして控訴・上告できないこととし、かつ管轄も警察署に戻した。また、刑事控訴も当面実施されないこととなった。

松山裁判所は、松山始審裁判所と名を変えた。初代所長には、第二代松山裁判所長であった奥山政敬がそのまま就任した。

18 無免許代言人 栗田宏綱

読者は、「三百代言」あるいは「三百屋」「事件屋」、また無免許代言人という言葉を聞いてどんなイメージをもたれるだろうか。おそらく、他人のもめごとに介入して舌先三寸で周旋料をまきあげるいかがわしい人物という芳しくないイメージではないだろうか。しかし最近の研究では、これを見直す動きが高まっている。橋本誠一氏の『在野「法曹」と地域社会』（法律文化社）は、試験に合格した免許代言人が少数にとどまる状況のもと、地域の司法ニーズ（代言人の紹介、債権の取り立て、紛争解決など）を担ったのがこれら無免許代言人だったと評価している。

明治九（一八七六）年「代言人規則」によって、免許代言人の制度がはじまったが、訴訟に立ち会える代理人を彼らに限定すると裁判事務が停滞するおそれがあったので、各地の裁判所もいわゆる無免許代言人が法廷で代理人の役割をつとめることを容認した。ただし裁判所の書類の上で、免許代言人は「代言人」と記載されたのに対し、無免許代言人は「代人」と記載され区別された。

今日の時点で、松山裁判所とその後身たる松山始審裁判所に出入りした無免許代理人は何人くらいでどのような人物がいたか、確定することは困難である。

ところでここに、栗田宏綱という人物がいる。「当時松山には既に栗田宏綱、玉井正興、松下信光、藤野政高氏など、代言業を開業して居る人も相当あった……其頃松山の代言人中、最も先輩は栗田宏綱氏で、此人は財的にも亦最も成功して居た」と、水野広徳著『古希新人高須峰造先生』は記している。だが栗田宏綱の名は、代言人試験合格者名簿にはない。松山地裁所蔵の判決原本には、一貫して「代人」として登場し、「代言人」と記載されたことはない。おそらく、栗田は無免許代言人だったと推測される。

栗田は、愛媛の自由民権運動とも深く係わっていた。明治二〇年の三大事件建白運動が展開された際、温泉郡有志一八四名の署名中に名があり、四〇歳一〇ヶ月とあるから、弘化四（一八四七）年前後の生まれと推定される。栗田はまた、海南協同会（自由党愛媛支部ともいうべき組織）の重要メンバーであった。明治一七年、板垣退助を迎えて大林寺で自由懇親会を開いた際、栗田は幹事兼接待役として活躍した。また明治二三年板垣ら一行来県の折り、城戸屋での談話会に「松山自由党の宿老」として参加した。

栗田宏綱は、そもそも明治五年庄屋制度廃止の時、伊予郡北川原村（現伊予郡松前町北川原）の里正＝庄屋であった。彼が執念を燃やした事件に、庄屋抜地をめぐる一連の訴訟があった。

19 庄屋抜地事件（その1）

明治前期愛媛の三大裁判を挙げよと問われたら、どの事件がふさわしいだろうか。私は躊躇なく、庄屋抜地《ぬきち》事件、無役地《むやくち》事件、そして市之川鉱山事件を挙げたい。順次紹介してゆこう。まず、旧松山藩および今治藩領で展開された庄屋抜地事件をとりあげる。

松山市の空港通りに富久口というバス停がある。江戸時代このあたりは富久村といい、純然たる農村であった。温泉郡富久村の「庄屋抜地」をめぐる紛争が県の聴訟課で裁かれたのは、明治九（一八七六）年ころのことである。県聴訟課の判決は、驚くべきものだった。双方とも所有の証拠を提出できないので、官有地に没収し、追って入札のうえ払い下げるというものであった。後年の「海南新聞」（明治二四年六月一二日付）によると、庄屋抜地をめぐって至るところで争いが絶えなかったので、時の県令岩村高俊が、最も激しい争いをくり広げていた富久村の争いに懲罰的な意味合いで果断の処置をとったものだそうだ。

「庄屋抜地」とは、江戸時代伊予の松山藩と今治藩の村々において、歴代の庄屋役を担当した者に割り当てられた土地である。各村の事情によるが、地味豊かな田畑があてられることが多く、庄屋が交替すると、世襲の場合は跡継ぎに、また他家の者が庄屋役を拝命した場合には後任に引き継がれた。

明治五年四月、太政官布告第一一七号によって庄屋役が廃止された。庄屋抜地の処遇をめぐって、各村で紛議がまきおこった。旧庄屋側は、もともと庄屋家の所持地から備えたものであるから庄屋の私有地とすべきだと主張した。これに対し村民側は、村民共有地から備えたものだから一村共有地とすべきだと主張した。愛媛県

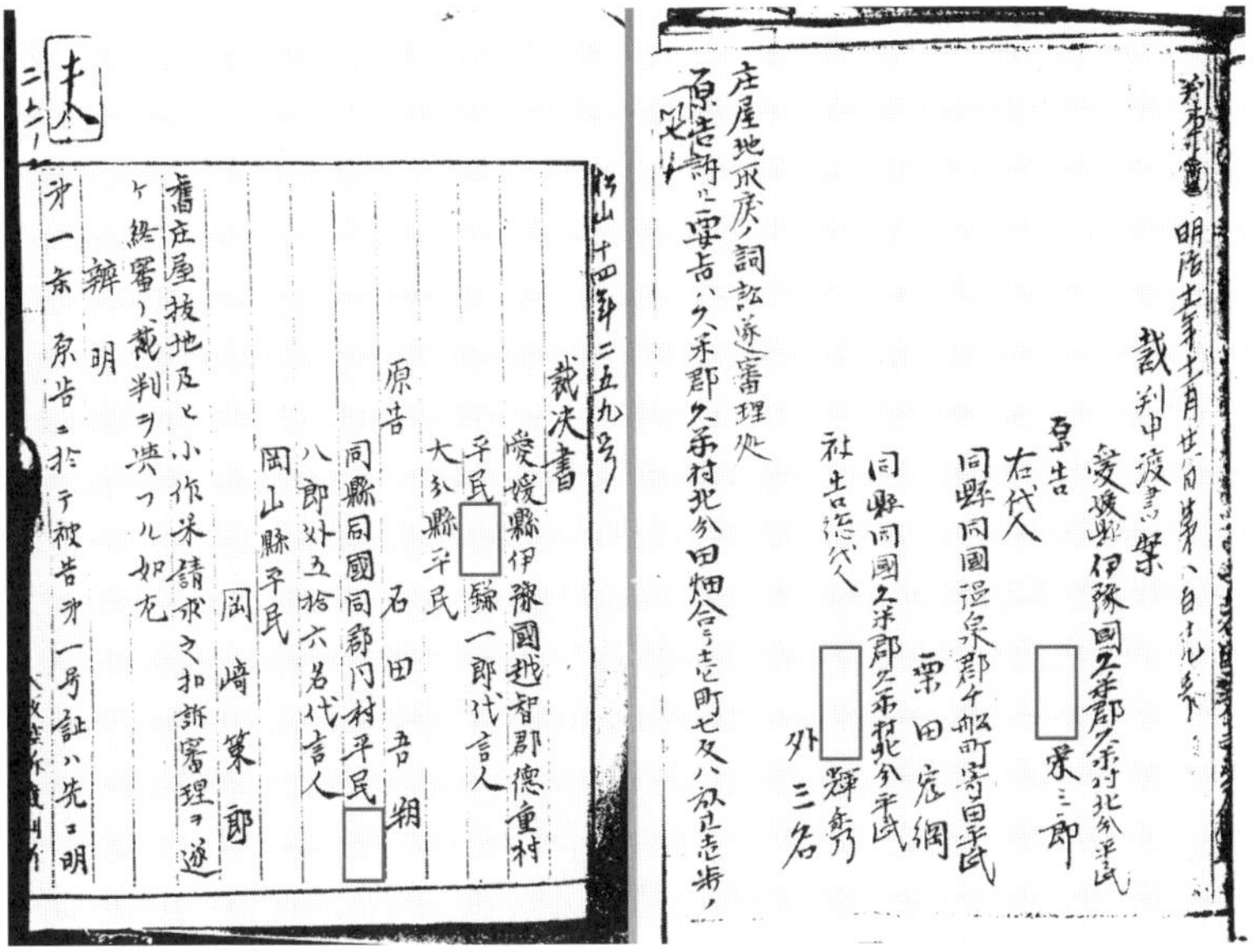

庄屋抜地事件の判決書

は、明治七年二度にわたる番外布達で、処分の方針を示した。村民と旧庄屋の協議にまかせ、村民一同が累世の庄屋の恩義から庄屋所有を承認する場合はそのように、まとまらない場合は「一村公共の有」とせよと指示し、どちらかといえば共有方針を支持する姿勢をとった。

その後も争いは鎮静化せず、抜地をめぐる多くの事件が法廷に提起された。松山地裁所蔵の判決原本で、一八件の訴訟を確認できた。うち、旧庄屋対村民の対決が鮮明な事件が、計一三件あった。控訴・上告された事件も少なくない。最終結果だけでいうと、村民側の八勝四敗一分であった。全体として、訴訟は村民側有利に展開したようだが、なかなか一筋縄ではいかない。

〈18〉で取り上げた栗田宏綱は、代人として一一の事件にすべて旧庄屋（里正）側として関与し、第一審のみならず、控訴審・上告審も含め一七の法廷に出廷していた。

20 庄屋抜地事件（その2）

一連の庄屋抜地《ぬきち》事件は、明治九（一八七六）年ごろから明治一七年ころまで、松山（愛媛県聴訟課・松山裁判所・松山始審裁判所）、大阪（大阪上等裁判所・大阪控訴裁判所）および東京（大審院・東京控訴裁判所）の各裁判所を舞台に展開された。中でも注目されるのは、越智郡甘崎村・久米郡北久米村および伊予郡横田村の三事件である。

越智郡甘崎村は、大三島の一角に所在する村である。同村の庄屋抜地を争った事件（明治九〜一二年）の第一審は、記録が残っていないが、愛媛県聴訟課で審理され旧庄屋側が勝利したとみられる。村民側が大阪上等裁判所に控訴し、さらに大審院でも争われたが、控訴審・上告審とも旧庄屋側が制した。この結果、愛媛県も従来の一村共有地化を支持する方針を転換せざるをえなくなった。明治七年の布達を取り消し、抜地の処理に関与しない方向に転換した。本件で庄屋側が完勝したことが、その後一連の訴訟を誘発するきっかけとなったと見られる。また、本件の大審院判決に児島惟謙《これかた》が関与しているのは注目される。

そもそも本件で争われた庄屋地は、なにゆえ「抜」地とよばれたのであろうか。大三島は、割地制度が長く行われたことで知られている。割地制度とは、村内の耕地を何年かごとにくじ引きをして割り換えを行う慣行のことである。近世の農民は、自己の所持する田畑に強い執着心をもっていた。その農民がくじ引きによって何年かに一度交換するとは、今日の感覚からすると考えにくい。しかし松山・今治両藩では、農民の公平さを担保する際に、村の政策から江戸時代中期以来このような制度を奨励し実行を促してきたのである。くじ引きを実行する際に、村の

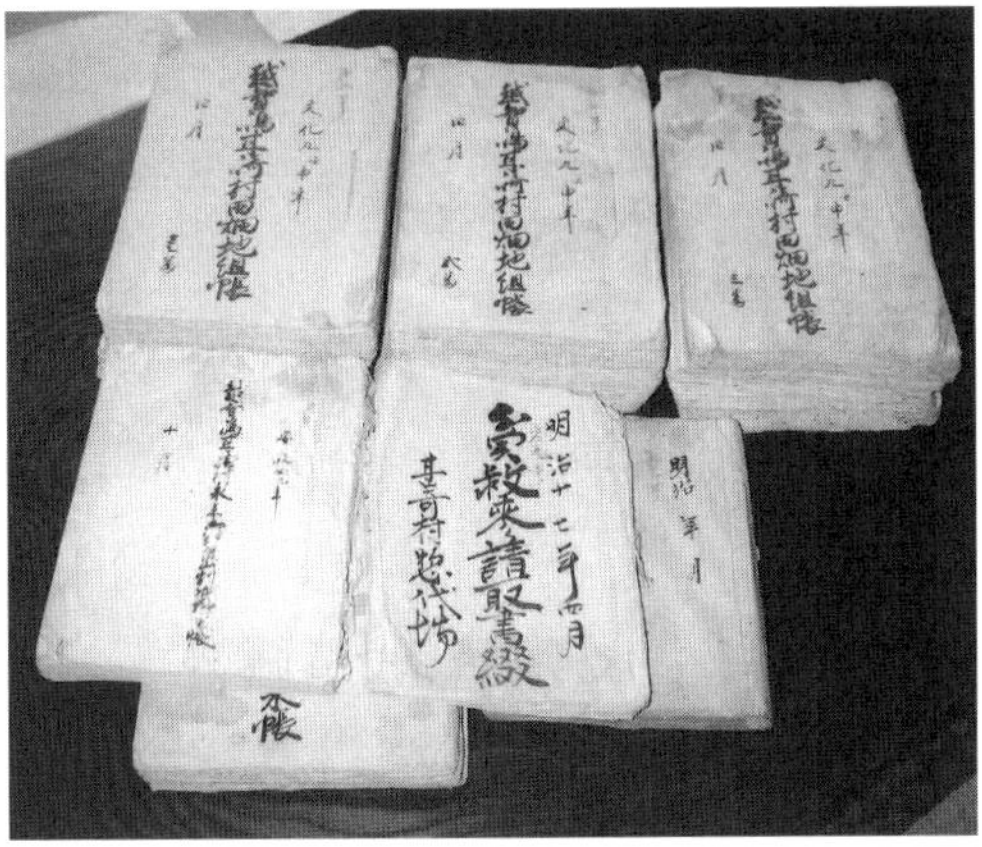

越智郡甘崎村田畑地租帳

運営にとって重要な土地はあらかじめ抜かれ、くじ引きから除外された。「庄屋抜地」の名称は、庄屋のために割り当てられたくじ引き除外地から由来していると考えられる。「庄屋抜地」は、村政実施の責任を負っている庄屋の生計を担保すると同時に、村民たちに村政を一同で支えているという気概を育むものであった。

私は、二〇年ほどまえ南海放送の番組取材に同行して大三島の割地制度のあとをたずねたことがある。このとき、上浦町の荒《こう》神社の神主を代々勤める越智家を訪れ、『越智嶋甘崎村地坪地組帳《じならしじぐみちょう》』などの古帳簿を拝見した。表紙に朱字で「第一号」とか「第弐号」の文字が鮮やかに描かれ、裁判所に証拠として提出されたことがわかる。はからずも、甘崎村庄屋抜地事件の痕跡を目にすることになったのである。

21　庄屋抜地事件（その３）

久米郡北久米村事件（明治一二～一四年）は、旧庄屋乃万栄三郎が村民たちを相手に庄屋抜地の返還を求めた事件である。旧庄屋側の代人は、栗田宏綱であった。旧庄屋側は、松山藩政期の三通の古文書を最大の証拠として庄屋私有論を展開した。これに対し、村民側は同村戸長の池田輝秀を総代に立て、代人・代言人の助けを頼むことなく、困難な訴訟を闘い抜いた。三通の古文書は、栗田がもたらしたものであったことを暴露し、仮に真正のものであるとしても、他村の文書であるから本村には関係がないと弁じた。さらに、久米村の事情に即して、庄屋抜地の設定や乃万が庄屋に任じられた経緯などを論じた。松山裁判所の第一審判決は村民側勝利、大阪上等裁判所の控訴審では庄屋側勝利と分かれたが、大審院の上告審は村民側の勝訴で結着した。

また伊予郡横田村事件（明治一二〜一七年）では、旧庄屋水口新太郎が原告となって、横田村総百姓を相手どり庄屋抜地の返還を求めた。第一審松山裁判所の判決は、原告勝訴であった。破れた村民側は篠崎謙九郎を総代に立て、控訴審以降を闘うことになる。篠崎謙九郎は、天保一一（一八四〇）年横田村の生まれ、維新後村用係などを経て、明治一一年横田村および大溝村戸長、同一七年には神崎村外八ヵ村戸長に就任した。のち明治二二年には県会議員選挙で当選、二七年まで県会議員をつとめることになる。控訴審の大阪上等裁判所判決も、再び旧庄屋側の勝利であった。

村民側が上告し、明治一四年の大審院判決は、控訴審への差戻しであったが、内容的には村民側の主張を容れたものであった。差戻し控訴審は、東京控訴裁判所で行われた。差戻審の判決は意外なものであった。原被告ともに所有権の所在を証明できていないので行政の処分を待てというもので、いわば両負けというめずらしい判決であった。これに対し原被双方が上告したが、明治一七年一月大審院は上告を棄却し、双方負けの判決が確定した。

両事件は、原・被告の当事者および双方の代言人に民権運動の関係者が関与していたことでも注目される。北久米村事件の被告村民に名を連ねた者のうち二名は、明治二〇年代になると自由党・改進党の運動に参加している。横田村事件では、篠崎謙九郎が伊予郡地域の改進党系の取りまとめ役であったのに対し、原告水口新太郎の長男啓太郎は、自由党系の活動家であった。啓太郎は、上告審で代人として訴訟に参加している。

そのほか大審院までもつれた野間郡波方村事件（明治一五〜一八年）や、県令関新平を訴えた行政訴訟である越智郡鈍川村事件などもあり、多彩である。

22 無役地事件（その1）

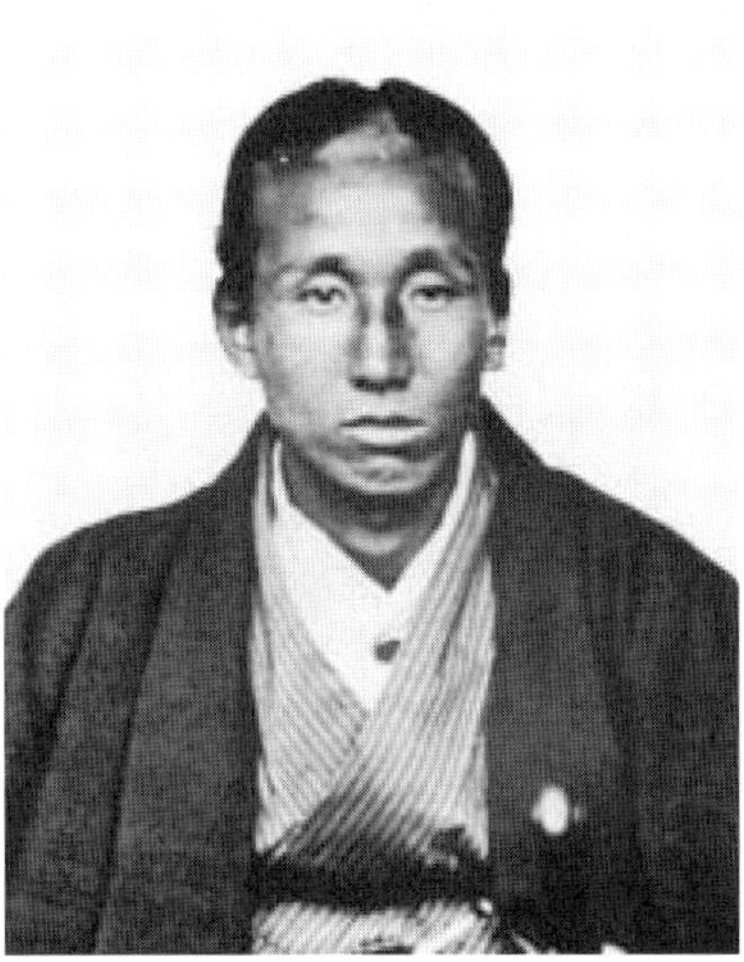

市村敏麿
徳田三十四『市村敏麿翁の面影』1955年
（東宇和郡黒瀬村教育委員会内史蹟刊行会）

無役地事件は、明治年間を通じて南予一帯をゆるがせた大事件であった。明治一〇（一八七七）年から同三六年まで、少なくとも一〇件の訴訟事件のほか、大小さまざまな紛議が存在したことが確認できる。訴訟の対象となったのは、旧宇和島・吉田藩領の「無役地」とよばれた旧庄屋の土地である。「無役地」とは、役すなわち本年貢以外の雑税や諸役の負担がない特権的な土地という意味である。両藩において庄屋の所持地はすべて無役地とされたが、厖大な無役地はすべて農民の夫役によって耕作されたと見られる。

維新後明治三年、南予で世直し一揆が勃発した。村民たちは、庄屋の特権廃止・無役地の解放を求めて起ち上がったのである。藩当局は事態を沈静化することができず、市村敏麿に協力を仰いだ。市村は、東宇和郡古市村

（現西予市城川町）の庄屋の家に生まれたが、幕末宇和島藩士に登用され、維新後太政官民事掛大属を勤めていた。市村は、無役地を四対六に分割する案（庄屋には四分を渡し、残り六分は当面藩預かりとするがゆくゆくは村の差配地とする）を提示し、騒動をおさめた。

その後六分の藩預かり地について、明治五年発足した宇和島県（県令間島冬道）は旧庄屋への全面返還を指令し農民の憤激を招いた。明治六年合併によって誕生した愛媛県もまた、この方針を維持した。これ以後、無役地処分の妥当性をめぐって長年にわたる裁判闘争が展開されることになる。

裁判闘争の主体は南予の農民たちであるが、有力な支援者となったのが、さきの市村敏麿と二宮新吉である。宮内村（現八幡浜市保内町）の造り酒屋の家に生まれた二宮は、広瀬淡窓の咸宜園《かんぎえん》で学び尊皇攘夷運動に参加した経歴の持ち主である。義侠心から農民側に参加し、家産を投じ裁判勝利のために東奔西走した。明治一〇年七月東宇和郡東多田村農民は、市村を原告総代とし県令岩村高俊を被告として、処分不服訴訟を提起した。しかし、同年一一月大阪上等裁判所の判決は、原告村民側の敗訴だった。

西宇和郡宮内村事件（明治一一〜一三年）では、農民たちは、市村と二宮を原告総代として大阪上等裁判所に訴えたが、明治一二年一月敗訴の判決があった。大審院に上訴したが、同年七月却下された。敗訴後も農民側は代表を上京させ、再審を求めて添翰《てんかん》願や内務省への訴願など運動を展開したが、上京中の代表四〇名余が拘置されるなど、弾圧があいついだ。責任を痛感した二宮新吉は、明治一四年一一月自宅で銃により自殺を遂げた。

23 無役地事件（その2）

明治一〇（一八七七）年の東宇和郡東多田村事件、同一一〜一三年の西宇和郡宮内村事件を第一のヤマとすると、無役地事件第二のヤマは、明治一五年〜一七年に闘われた北宇和郡保田《やすだ》村・同郡清水《せいずい》村、および東宇和郡予《よ》子林《こばやし》村の三事件であった。審理は同時に進められたので、第一審・控訴審・上告審とも三事件の判決言い渡しは同日であった。

東多田村事件・宮内村事件が県令を相手取った行政訴訟であったのに対し、三事件は各村の庄屋を被告に無役地の共有権回復を求めた民事訴訟のかたちをとった。今回は、市村敏麿は参加していない。市村は、さきの弾圧で重要証拠を官憲に押さえられておりこのままでは闘えないとして機会を待つよう諭した。しかし農民たちは、訴訟の提起を急いだ。

第一審は松山始審裁判所宇和島支庁で進められ、明治一五年一二月二五日判決の当日を迎えた。その日は強風雨であったが、一三〇〇名余りの農民が押しかけ立錐の余地がなかったと伝えられる。裁判所は不測の事態にそなえ、巡査数十名を配置し警備に当たった。実は判決のまえに、担当裁判官の吉本祐雄が判決の草案を郡長らに提示して書き直させたとの風評が流れていたのである。果たせるかな、原告敗訴の申し渡しを聞くや、農民たちが騒ぎ出した。血気粗暴の者は、暴れてガラス窓を破砕した。裁判所の門外に出た農民たちは、口々に叫び憤怒の情を表した。

控訴審は、大阪控訴裁判所に舞台を移した。明治一六年一一月二九日言い渡された判決も控訴棄却、原告農民たちの敗訴であった。この判決についても奇怪な説が流れている。担当裁判官の犬飼厳磨は原告農民側の主張を支持していたが、控訴裁判所長の児島惟謙によって判決案を書き直させられた。同じく判事の長安道一は原告の要求に理があると主張して調印を拒んだので、やはり児島によって後藤広賢に差し替えられた、と。以上は、「役地事件一夜説」に述べられているところである。児島が宇和島藩出身者で、庄屋層に係累を多く有していた所から流れた憶測だったかもしれない。今日その真偽をたしかめることはできない。

その後東宇和郡長谷村の農民たちは、旧庄屋を相手とする民事訴訟（明治一九年三月松山始審裁判所宇和島支庁判決、同二二月大阪控訴院判決）、そして県知事を相手取った行政訴訟（明治二五年三月行政裁判所判決）を提起し闘いぬいたが、いずれの訴訟においても敗れた。

24 無役地事件（その3）

無役地事件第三のヤマは、明治二〇年代半ばに訪れた。大井憲太郎が、農民側の代理人として登場したのである。大井憲太郎は、天保一四（一八四三）年八月豊前国宇佐郡高並村に生まれた。長崎ついで江戸で洋学を学び、明治維新後箕作麟祥のもとでフランス語を学んだ。明治七（一八七四）年民撰議院論争において、馬城台二郎の変名で加藤弘之と論争したことは有名である。民権運動では愛国社―自由党の闘士として活動した。明治八年『東京曙新聞』主筆となった。一四年代言人となり、東京代言人組合副議長に就くなど活躍した。一八年大阪事件に連座し懲役九年の判決を受けたが、二二年明治憲法発布の大赦により再び代言に従事するようになった。大井憲太郎の盛名は、愛媛県南予地方にまで及んでいた。明治二四年春、大井が宇和島を訪れると、無役地事件を引き受けるのではないかとの風評が流れ、南予の旧庄屋たちの間に動揺が広がった。

明治二四年六月、東宇和郡中川村清沢の農民たち三四名が無役地返還の訴えを提起するにあたって、大井はそ

大井憲太郎

の代理人を引き受けた。原告農民たちの気勢はあがった。しかし大井は、第一回衆議院選挙で当選し代議士となったばかりである。この事件にどの程度全力を投入しえたであろうか。原告代理人には、東京の辻村共之（埼玉県平民）も加わっていたから、実質的には辻村が実務を担ったのではないだろうか。

「大井、起つ」の報をうけて、旧庄屋側の危機感は頂点に達した。緒方陸朗・玉井安蔵らが上京して在京の有力法律家に相談し、大井に対抗できる大物代言人を立てようと奔走中（「海南新聞」六月一七日号）などの記事が当時の新聞紙上をにぎわせている。しかし結局旧庄屋側の代言をつとめることになったのは、地元宇和島の代言人清水新三であった。

明治二四年一二月一六日、松山始審裁判所宇和島支庁で判決があった。結果は、原告農民側の請求棄却、旧庄屋側の勝利であった。農民側には、大井の代言人としての力量を疑う意見も出はじめたが、改めて結束して控訴審を闘うこととなった。しかし、明治二五年六月大阪控訴院でも原告敗訴、さらに大審院に上告の手続きがとられたが、同年一二月二日上告棄却の判決があった。

その後も、北宇和郡明治村事件（明治三〇年）、東宇和郡笠置村岩木事件（明治三五〜三六年）など断続的に訴訟は提起されているが、いずれも農民側は勝利することはできなかった。南予の無役地事件は、庄屋側の全勝、農民側の全敗という結果に終わった。

25 市之川鉱山事件（その1）

伊予の鉱山と言えば別子銅山が有名であるが、新居郡大生院村市之川（現在、西条市市之川）に、かつて国内有数のアンチモン（輝安鉱）鉱山があった。アンチモンは、他の金属に混ぜるとその堅さを高めることから、多彩な用途に用いられ、砲弾の一部に使用されたことから、戦争期には大いに需要を高めた。市之川のアンチモンはとくに良質で、その名は世界に聞こえていた。最盛期（明治中期）には、山中に鉱夫ら約二〇〇〇人とも三〇〇〇人とも言われる人々が暮らし、ちょっとした街を形成していた。

アンチモン鉱石（市之川公民館提供）

この市之川のアンチモン鉱山をめぐって明治一〇年代から二〇年代にかけて、一連の紛議がおこり、多くの刑事事件・民事事件が争われた。まず「西条疑獄」とよばれる著名な刑事事件からはじめたい。

明治一七（一八八四）年、西条で民権結社興風会が結成された。興風会は、翌一八年五月二八日に政談演説会を開くことを計画し、西条署に届け出た。しかし、同署はこれを許可せず、結局演説会は中止のやむなきにいたった。演説会を企画した小川健一郎（旧西条藩士族）らは、官憲の横暴な処置によって演説会は死亡したとして、二九日演説会の葬式を盛大に執り行った。葬儀を終えた小川らは、翌日鉱山借区人の河端熊助宅を訪問し、酒宴をくり広げた。しかし六月二日、小川ら七名は、西条警察署に恐喝の容疑で拘引された。葬式費用の捻出のため河端を恐喝したというのが容疑で、六名が西条治安裁判所に起訴された。これに対し民権派は藤野政高・岩本新造・高須峰造・近藤繁太郎らから成る弁護団を結成して、被告人の無実をかちとろうと論陣をはった。藤野らは、公判で検事側の矛盾点をするどく攻撃し、西条治安裁判所では全員無罪の判決をえた（六月二九日）。しかし検察側は控訴し、松山軽罪裁判所では、五名有罪（一名は無罪）の逆転判決があった（八月八日）。これによって、芽生えたばかりの西条における民権派の活動は、打撃を受け壊滅した。※

なぜ当局は、西条における民権派の活動にこれほど神経をとがらせたのであろうか。島津豊幸氏は、『愛媛県の百年』の中で、葬式の位牌が「大声院《おおじょういん》殿不平怒鳴《ふへいどなる》居士」と記されていたように、演説会の背景には市之川鉱山問題があり、演説会は県営市之川鉱山と藤田伝三郎を標的としていたから、警察当局は彼らの運動を阻止することを狙った。すなわち「西条疑獄」は、当局によって仕組まれたフレームアップだったのではないかと記している。

※　西条疑獄事件について、詳細は第二部第二章を参照されたい。

26　市之川鉱山事件（その2）

明治一三（一八八〇）年二月、岩村高俊が愛媛県令を免ぜられ、内務大書記官に転じた。後任県令に任じられ

藤田伝三郎

たのは佐賀県出身の関新平だった。関県令は、岩村県政を担った県官吏たちを次々に罷免し、県庁から〝民権色〟を一掃したと言われる。明治一〇年代から二〇年代初頭における市之川鉱山の動向は、このような県政の流れと無関係ではないように感ぜられる。

市之川鉱山は、延宝七（一六七九）年、曽我部親信が市之川で輝安鉱《アンチモニー》を発見したのがはじまりとされる。廃藩置県後、鉱山は小松県ついで石鉄県に引き継がれた。明治六年「日本坑法」のもとで、坑物は政府の所有とし、開坑せんとする者は借区の許可を受けて試掘するという法制に移行していた。市之川も、試掘借区人が続々現れて濫掘の様相となったので、明治一〇年ころ曽我部陸之助に一本化することとなった。曽我部は自ら採掘せず、各地の鉱山開発に実績のあった山口県萩出身の藤田伝三郎に代理を委嘱し、稼行するようになった。

ところが愛媛県は、明治一六年同鉱山の借区税が滞納となっていることを理由に借区引き上げの処分を断行し、鉱区その他一切を愛媛県庁勧業課の直轄とした。翌一七年八月、県は藤田伝三郎を鉱山の用達に指名し、借区開坑の事業を任せることとした。藤田は、可能性を秘めた優良鉱山を独占しようとして借区税をわざと滞納したのではないかと、旧借区人や村民たちが騒ぎだし、不穏の情況を呈した。前回ふれた「西条疑獄事件」が起こったのも、この頃のことである。

さらに明治一九年六月に至って県は、向こう一五年間採掘を藤田組にゆだねる旨の命令を下した。かくして藤田の野望は、達成されるかに見えた。ここで予想外の事が起こった。明治二〇年三月七日、関新平知事が在任中急死したのである。後任には藤村紫朗、ついで内務官僚の白根専一が就任した。

明治二二年九月、白根知事は市之川鉱山の稼行から藤田組を引き上げる旨を通告した。これに対し藤田は、行政訴訟「鉱業解約命令差拒ノ訴訟」を大阪控訴院に提起し、抵抗した。明治一九年の命令を履行するか、さもなくば開坑準備に要した費用二六万四千円余を損失補償せよというのが藤田の要求であった。この訴訟の審理は進まず、結局法廷外の和解─藤田に創業費八万円を支払うことで結着した。和解に至る過程では、網島会議（大阪網島の藤田邸で白根知事・古沢滋農商務書記官・野村靖顧問官らと藤田が会談した）や農商務大臣井上馨の介入などさまざまな動きがあったことを当時の新聞は伝えている。

27 市之川鉱山事件（その3）

明治二二（一八八九）年、藤田組の引き揚げ断行によって、市之川鉱山は再び民坑に復することになった。これに先立つ同年八月、白根知事は、農商務大臣にあての「稟請書」において、その理由を述べている。「憲法が発布され地方自治制も次第に実施されようとしている現在、このような官行事業を継続すると県治上収拾できない事態を招くおそれがある」と。藤田の強引な処置に対する旧借区人たちの憤まんや地元の騒然たる情勢などが、白根知事をしてかように果断な処置をとらせたといえよう。

民営に移行することになったが、鉱山を取り巻く情勢はとても落ち着いたとはいえない。当初県は、民坑回復

現在の市之川鉱山千荷坑口

にあたって、旧来の縁故者に共同借区させるという方針を採用し、五九名に限って株を交付することとした。旧借区権者たちは、官行期間中鉱山から排除され収入途絶の窮状から借区権の売却や質入れによって金策した者が多かった。ところが、民坑回復の見込みが濃くなるや、二束三文だった旧借区権は高値をもって取引されるようになり、株の売買・譲渡、名義切換等をめぐる訴訟事件が多発した。

　私が知り得た範囲で、市之川鉱山をめぐって争われた民事訴訟事件は、三四件を数える。うち、一〇件が控訴され、上告審まで行ったのが一件ある。また三四件のうち、前半（明治一三年～一八年）が一四件、後半（明治二三年～二七年）が二〇件である。前半は大生院村民同士ないし近隣村民との争いが多いのに対し、後半は地元関係者が減少、近隣の借区権者対他地方（松山、神戸その他）の資金主の争訟が多くなっている。紛議の絶えない市之川鉱山をみて、東京から来た某氏は「これはアンチモニーではない、アンチ・モニーすなわち金にならぬということだ」と喝破した（森恒太郎「市之川見聞記」より）。地元有力者の中にも、度重なる訴訟によって財産を蕩尽し没落した者が多かった一方、代言人・弁護士たちには仕事の場を提供した。

　そのほか、硫化精製専売特許をめぐる刑事被告事件、硫化販売をめぐる違約訴訟など数々の困難が見舞った。中でも神戸に居住する英国人「ハンダー」※が鉱山買い占めをはかった件は、深刻な問題だと新聞紙上でも度々取り上げられた。

　このように混乱をきわめる鉱山情勢を収拾するため、株式会社組織への移行が模索されるようになる。愛媛県出身の名士長屋忠明や三浦安、そして岡崎高厚が請われて調停役として登場しているが、混乱収拾までは相当の紆余曲折があった。明治二六年三月に株式会社が発足したが、経営をめぐる争いはその後も続いた。

※「ハンダー」は、神戸外国人居留地の英人実業家E・H・ハンターであると考えられる。第二部第三章を参照。

28 もうひとつの無役地事件

曾我健氏から『ふる郷もの語』（大成社、二〇一一年）という書物を送っていただいたことがある。氏の祖父曾我鍜《きとう》氏は、愛媛の郷土史の大先達で多くの著書がある。『井上要翁伝』などは私も大いに参照させてもらった。本書は、鍜氏が戦前新聞に連載した記事などを集めて一冊にまとめたものだそうだ。故郷双岩村を中心に、南予の興味深い話が掲載されている。その中に「旧庄屋無役地事件を解剖す」と題する八回分の記事が含まれていた。

このうち一〜七回目は、本書第一部の〈22〉〜〈24〉と重なるところが多い（なお矢野『庄屋抜地事件と無役地事件』創風社出版、も参照）。そして八回目では、翁の故郷西宇和郡布喜川で起こった事件を取り上げているが、争った土地は旧庄屋の無役地ではなく、組頭に属した無役地であった。

江戸時代村政を預かった村役人（村方三役）を、西日本では、庄屋―組頭―百姓代というが、宇和島・吉田藩領では、百姓代を横目と称した。庄屋は世襲が多かったが、組頭・横目役は一代かぎりであった。庄屋無役地をめぐって熾烈な裁判闘争が戦われていた時期、組頭や横目の役地をめぐる争いもあったのである。

布喜川村は、横平と鴨山の二組から成るが、当時の組頭横平組の菊池幸六が役地を自己の所有地にしようとしたのに対し、鴨山組村民ら三六名から村民共有地であるとの異議が出され、裁判となった。明治一四（一八八一）年八月大洲区裁判所で判決があり、原告村民側敗訴となった。「下札帳」に「組頭家督」と記されているから、組頭私有と解すべきだというのが理由である。

この種の争いは他にもあり、宇和郡立間尻浦・東宇和郡渡江浦・西宇和郡宮内村の諸村では、組頭無役地を争った訴訟があった。このうち東宇和郡渡江浦では、同時に横目役地をめぐる裁判も提起された。以上の諸事件のうち村民側の勝訴が確認できるのは、宇和郡立間尻浦の大阪上等裁判所判決だけである。渡江浦では組頭無役地・横目役地のいずれも大審院まで持ち込まれ争ったが、村民側が一敗地にまみれた。明治初年の行政処分でも、組頭や横目の役地については、「以後都《すべ》テ村持ノ地ト可相心得候」と達していたので、村民側勝訴のケースが相継いでもよさそうであるが、敗訴判決が多かったのは不思議の感がする。裁判所としては庄屋無役地事件と同じ論理を適用したのであろう。

ところで前掲『ふる郷もの語』によると、布喜川事件では、被告の菊池幸六が「勝っても負けても訴訟沙汰はうるさい」と示談を提起し、結局五五〇円支払うことで円満解決したとのことである。

29 東予と南予の代言人たち

このころ東予や南予にはどのような代言人がいたであろうか。東予には、西条に夏井保四郎・安永景長・近藤繁太郎らがいた。夏井は、元治元（一八六四）年温泉郡阪本村久谷の生まれ、県師範学校卒業のあと、東京の和仏法律学校を出て、明治二三年（一八九〇）年代言人の免許を得た。

南予でも、宇和島や大洲を中心に活動した代言人がいたことはたしかである。もっとも古手株は、曽根一真であろう。曽根は、喜多郡大瀬村出身、明治一〇年大阪で代言人試験に合格し、免許を得た。庄屋抜地事件および無役地事件の双方に関与した代言人は曽根だけである。政治運動の面では、改進党グループの一員であった。明治二二年三月、従事中死去した。

つぎに宇和島で活躍した代言人として、高知県出身の坂義三の名を挙げることができる。坂は、嘉永五（一八五二）年土佐国土佐郡明石で士族の子に生まれ、高知立志社設立に参加した。明治一三年、高知の代言人試験に合格し、免許代言人となった。明治一六ないし一七年ころ、宇和島に寄宿、山崎惣六らを説得して三大事件建白運動のきっかけを作った。明治二〇年には、建白署名を携えて上京したが、保安条例で退去二年六ヶ月を命じられた。建白署名促進のための来宇と推測されるが、その後宇和島に居つくようになった。明治二一年には、宇和島に代言人組合を設けんと主張し、「宇和島支庁検事竹端氏より右組合設立すべき様達しあり」との「海南新聞」の記事があるから、このとき宇和島にも代言人組合が発足したようである。翌二二年には、県会議員選挙で当選したが、県会で有友正親から資格に疑義があると追及され、翌年一月議員を辞職した。昭和七（一九三二）年三月、死去（享

清水新三
（原本は『南予人士写真帳』より）

年七九歳）。

明治二〇年代、南予地方で係争中の無役地事件訴訟で、被告旧庄屋側の代理人をつとめたのが清水新三である。清水は、嘉永六（一八五三）年、宇和島藩士清水長蔵の嫡男として生まれた。一時東宇和郡長告森《こつもり》良の下で郡書記を勤めたあと、松山の弁護士岩本新蔵と交わり法律学を修め、その成果あって、明治一八年、代言人試験に及第、免許を得た。明治二一年の県会選挙で当選、県会議員となったが、この時、坂・山崎惣六らと絶交し、愛媛の改進党旗上げに参加した。してみると、さきの坂義三経歴詐称問題は、大同派（旧自由党系）と改進党の熾烈な党派争いの中から生じた事件であったことがわかる。清水自身は、明治二三年の県会議員選挙では、大同派に敗れたが、明治三二年には、再び県会議員となり、明治三六年、県会で副議長をつとめた。大正五（一九一六）年死去（六二歳）。

30 愛媛県初代警部長　真崎秀郡

真崎秀郡は、明治一三（一八八〇）年から二三年までおよそ一〇年間にわたって愛媛県警察のトップに君臨した人物である。※明治一三年六月愛媛県二等属（本局詰め）に採用され、同年八月同警察本署長に就任した。そして、明治一四年一一月府県官職制の改正によって警部長が設けられるや、同一五年一月初代警部長に就任した。警部長という職は、府知事県令に直結し府県警察上一切の事務を「調理」する文字通り府県警察のトップである。『愛媛県警察史第一巻』によると、真崎は、全国に先駆けて巡査教習所を開設し、水上警察区および巡邏船を創設するなど数々の施策で手腕を発揮した。

真崎は、天保八（一八三七）年八月佐賀小林家に生まれた。幼名を俊助といった。一六歳のとき、真崎家の養子となり、名を秀郡と改めた（望月茂『小林芳郎翁伝』）。それ以外の前半生は謎につつまれている。少ない手がかりのひとつに、向井弥一著『佐賀先覚遺聞』がある。この書中に彼の回顧談が残されているが、奇怪な話が多い。佐賀の藩校弘道館に寄宿していた一五、六歳の折り、一日鏡で自分の顔をながめて愛想がつき、以後一切鏡を見ず、生涯写真も撮らさなかったなどと書いている。

二〇一三年に刊行された大日方純夫著『維新政府の密偵たち』(吉川弘文館)は、明治維新政府が使用していた「監部」とよばれる密偵の存在を明らかにした。彼らは、太政官正院に属し（責任者は大隈重信であった）、身分や名前を秘し、各地の政情などを探索した。本書の中に、監部所属の九等出仕として真崎秀郡の名が明記されている。

真崎は、明治五年三月から同七年一二月まで、正院監部であった。その後茨城県出仕・愛知県警部などを経て、明治一〇年から一二年の間、熊谷裁判所の判事補をつとめた。このときの上席判事（所長）が、関新平である。明治一三年三月に愛媛県令（のちに知事）となった関は、真崎を警察幹部に登用した。同郷者を優遇した藩閥人事というより、その経歴と資質・能力を知悉したうえでの任用と言えよう。

愛媛県に赴任した真崎は、今度は密偵を使用する側になった。民権派の動向や活動家の履歴・私生活・資産等を隈《くま》無く調査し、中央にも情報を上げていた。「圧制家」と言われた関県令の意向に従って、演説会の中止・解散など運動を弾圧しただけでなく、市之川鉱山独占の陰謀にも加担したと私は見ている。

真崎は、関の死去後も警部長の職にあったが、明治二三年長崎県警部長に転じ、愛媛を去った。

※　真崎秀郡について、詳しくは、本書第二部第一章を参照されたい。

31 裁判所構成法の施行と松山地方裁判所の発足

明治二二（一八八九）年二月一一日、大日本帝国憲法（明治憲法）が公布され、翌二三年一一月二九日から実施された。

憲法では、司法について、「司法権ハ天皇ノ名ニ於テ法律ニ依リ裁判所之ヲ行フ」（第五七条）と規定した。それを象徴するように、憲法施行後の一時期、判決書に菊の紋章と「天皇ノ名ニ於テ」の文字を朱色で印刷した罫紙が使われたことがある。しかし、畏れ多いとして、翌年二月には廃止され、短時日で使用されなくなった。

憲法の制定と並行して、裁判所構成法の立案が進められ、明治二三年二月八日公布された。それまでの治罪法がボアソナードの起草にかかりフランス式であったのに対し、裁判所構成法はドイツ人オットー・ルドルフが起草し、ドイツの裁判所構成法に範をとるものであった。明治憲法がドイツ・プロイセンをモデルとし、きわめて君主権の強い憲法であったことはよく知られているが、裁判所の構成や制度もまったくドイツにならったものになったのである。

治罪法時代の裁判所制度はきわめて複雑であったが、裁判所構成法では、裁判所の機構と制度はきわめてシンプルになった。名称だけをみれば、最上級裁判所としての大審院はそのままとされたが、控訴裁判所は控訴院に、始審裁判所は地方裁判所に、治安裁判所は区裁判所に、それぞれ変わった。

裁判所構成法の重要な内容としては、裁判官の身分保障が法定されたことであろう。「判事ハ刑法ノ宣告又ハ懲戒ノ処分ニ由ルニ非サレハ其ノ意ニ反シテ転官転所停職免職又ハ減俸セラル、コトナシ」（第七三条）。しかし皮肉なことに、この法の施行後、いわゆる「老朽判事の淘汰」の嵐が吹き荒れることになる。

そもそも裁判所構成法の制定は、条約改正交渉の条件づくりの一環であった。ところが、明治一七年「判事登用規則」導入まで、裁判官任用には資格も要せず試験もなかった。幕末・維新期の志士たちから裁判官になった者も多く、法に則って公正な裁判を遂行する能力があるかどうか危ぶむ向きもあった。近代的法学教育を受けた若い判事たちが育ってきたことを背景に、多数の「老朽判事」たちを休職・退職に追い込んだのである。反発を抑えるため、いったん昇任・昇級させて数日後に休職・退職を命じるという手段が多用されたが、それにしても本人の意思によらない「淘汰」は、身分保障の趣旨を逸脱し、あまりにも強引であった。

明治二三年一一月一日、裁判所構成法の施行によって、松山地方裁判所が発足することになった。初代所長には、津田要が就任した。

32　松山地方裁判所初代所長　津田要

松山地方裁判所の初代所長は、津田要である。津田は、明治二三（一八九〇）年八月一一日から松村操一のあとを継いで松山始審裁判所長をつとめていたが、同年一一月一日松山地方裁判所発足にあたり、そのまま松山地方裁判所の初代所長となった。

津田は、兵庫県の出身であった。※『兵庫県百科大事典』によると、津田は弘化四（一八四七）年尼崎藩士市川長寧の三男に生まれた。幼くして丹波柏原藩士津田頼道の養子となり、津田姓を名乗るようになった。幕末の動

旧小田県庁跡（現笠岡小学校）

乱期、柏原藩の藩政改革に尽し、また勤皇運動にも身を投じた。慶応三（一八六七）年、大政奉還後の政局に際し藩論をまとめ、鳥羽伏見の戦に、藩兵七〇人を率い山陰道鎮撫使護衛として参戦した。このとき二〇歳。廃藩置県後は、徴士、柏原県大参事、内務省書記官などを歴任した。

さらに明治八年九月、津田は、権参事《ごんのさんじ》として小田県に入った。小田県は、旧名を深津県といい、福山を中心とする備後地域の県名である。津田は、権令《ごんれい》矢野光儀（大分県士族）依願免職あとを受け、権参事ついで参事を命ぜられた。しかし小田県は、同年一二月一〇日岡山県に合併となり県自体が廃され、津田も免官となった。

その後津田は司法官に転じた。明治一五年広島控訴裁判所検事、同二一年頃大分始審裁判所長などを経て、同二三年松山始審裁判所長となった。津田は、撃剣を趣味としていたようで、自宅に道場を建て裁判所の職員などを呼んで稽古させたという記事が時々「海南新聞」に載っている。職員は、所長の道楽につき合わされたのであろう。

ところで『古希新人高須峰造』を読んでいると、控訴院長が巡視で松山を訪れた際、当時弁護士会長であった高須が、「所長の〇田が法律に明るくないので困っている、何とかしてほしい」と要望し、この結果「〇田」は転任となり後任所長として安井（重三）が赴任してきたという話が出てくる。明治の歴代松山地裁所長でこれに該当しそうな者は、津田のほかにない。じっさい明治三一年一二月、津田は松山地裁所長の職を解かれ、休職を命ぜられている（翌年六月、退職）。

しかし、高須の要望が控訴院長を動かし、津田を休職に追い込むきっかけとなったとは、にわかに断じられない。当時司法界には、「老朽判事淘汰」の嵐が吹き荒れており、多数の判事が休職または退職に追い込まれている。高須の讒言《ざんげん》は、津田を休職させる格好の好餌となっただけではなかっただろうか。

明治三七年四月一二日、津田要は死去した。享年五七歳。

※　津田要が兵庫県出身であることについては、広島修道大学名誉教授加藤高先生のご教示による。

33 娼妓千駒、法庭に立つ

明治二四（一八九一）年三月、松山地方裁判所で前代未聞の裁判が始まろうとしていた。道後松ヶ枝町の千駒という源氏名の娼妓が、自らを抱える遊廓の楼主梅木富次郎と同町の取締人津田安次郎の両名を相手取って、廃業届への連署を求める訴えを提起したのである。

訴えによると、千駒は、本年一月から子宮内膜炎症に罹ったので郷里広島県に帰って療養したが全快せず、松山の病院でも容易には全治しないとの診断を受け、ついに廃業を決心し、楼主と取締人に廃業届への連署を求めたが、拒否されたので訴えに及んだという。これに対し被告となった楼主梅木は井上要を、また取締人津田は同じく高須峰造を代言人に選定し、四月四日第一回口頭弁論が開かれた（「海南新聞」第四〇四七号、明治二四年四月五日）。

被告梅木側は、「原告は昨年一〇月実父親族らと協議のうえ二五〇円を被告から借用した。借金を返済し終わるまではゆえなく廃業を企てないという約束を交わしている。しかし原告は借金の返済を怠っているのみならず、病気を口実に廃業を企てるに至った」と廃業届への連署拒否の理由を述べ、被告津田側は、廃業届書には楼主の調印がなかったので、拒否したまでだと述べた。しかし、原告の千駒は代言人を依頼せず、本人が法廷に立って堂々と訴えの趣旨を陳述した。

かくて衆目の集まるなか、四月八日松山地裁で判決があった。判決は、「原告は被告から多額の前借金を借りたが、その返済方法は娼妓営業の稼ぎから返金するとの約束で、これは作為の義務である。この義務を強いて履行させようとするとすれば、身体を拘束しなければならないが、このような束縛は法理の許さないところである。本人が履行を拒絶している以上、どのような契約があったとしても、直接履行を要求することはできない」と述べ、被告両名に廃業届への連署を命じた。代言人の助けをかりず独力で裁判を闘った原告が、勝訴したのである。このきわめて近代的感覚に富む判決を下したのは、川地弥作・西村寿雄・杉本道定の三人の判事たちであった。

この話には、後日談がある。裁判に勝った千駒は、四月一八日広島から来ていた父親と一緒に帰ろうと三津浜まで下ったところ、「楼の物品を持ち逃げしただろう」と当局によって取り押さえられ、検事局に送られたというのである。その後予審で取調を受けていたが、結局五月七日になって証拠不充分をもって免訴の言渡しがあり、釈放された。このような誣告《ぶこく》と官憲による拘束は、裁判に負けた腹いせ以外のなにものでもなかったであろう。

※　本事件の意義については、第三部第三章で論じている。

34 漱石と松山地裁の判事たち

「北へ登って町のはずれへ出ると、左に大きな門があって、門の突き当たりがお寺で、左右が妓楼である。山門の中に遊廓があるなんて前代未聞の現象だ」。夏目漱石『坊っちゃん』の一節である。道後温泉にあった松ヶ枝町遊郭を描いたとされる。

夏目漱石は、明治二八（一八九五）年四月松山中学校の教師として赴任し、翌年三月熊本中学に移った。漱石が松山にいたのは、わずか一年間である。しかし、松山での体験や見聞をもとに、明治三九年に小説『坊っちゃん』を書いた。

松山中学校時代の夏目漱石

前回紹介した娼妓千駒事件は、明治二四年のことであった。道後温泉本館の改築落成は明治二七年四月だから、裁判の時と漱石が目にした時とでは、界隈の風景は一変していたであろう。じつは娼妓千駒事件を裁いた三人の判事のうち少なくも二人は、漱石と意外なところで関わっていた。

たぬき校長のモデルに擬されているのが、松山中学校長住田昇である。住田は松山地裁の判事たちと碁を囲むなど親交があった。住田の遺した日記に、碁友の川地弥作判事より「養子の事を嘱せらる」との記事（六月九日）がある。川地が自分の娘の婿捜しを住田に頼み、住田は独身の教師に片端から声をかけ、その一人が漱石ではなかったかと、日記を紹介した新垣宏一氏は書いている。※その後川地は海軍に転じ、日露戦争の際、法務官として旗艦三笠に乗り組んでいた。昭和一二年六月死去。享年八七。

『坊っちゃん』のマドンナのモデルが誰かについては、これまでいろいろと取りざたされてきた。なかでも有力なのが、遠田ステ説と西村小春説の二説である。遠田ステは、遠田喜代治大尉の妻で当時二九歳であった。西村小春は、松山地裁の西村寿雄判事の四女である。当時両人は、松山で一、二を争う美人と言われた。

漱石夫人夏目鏡子の回想(『漱石の思い出』文春文庫)によると、松山在住中漱石にいくつか縁談が持ち込まれ、県参事官の世話で見合いしたこともあった。この相手が西村小春ではなかったかとする説が有力視された。しかし当時の小春の年齢が一〇歳であったということがのちに判明し、見合いの相手としては若すぎるということになった(秦郁彦『漱石文学のモデルたち』中公文庫)。

小春の父西村寿雄は、天保一三(一八四二)年生まれ福井県出身、長崎・大阪・名古屋などで判事を歴任したあと、大洲治安裁判所・松山地方裁判所・松山区裁判所で判事をつとめ、明治三三年退職した。そのあと松山市内で公証人を営んだ。明治四二年四月一八日六二歳で没し、葬儀は末広町法龍寺で営まれた。

※ 新垣宏一「住田昇の松山日記について」(『四国女子大学・四国女子大学短期大学部研究紀要』二八号、一九八一年)。

35 弁護士法の成立と松山弁護士会の発足

明治二六（一八九三）年三月四日弁護士法が成立した。その後弁護士法は二度改正される（昭和八年と昭和二四年）から、この法は「旧々弁護士法」とよばれることが多い。名称は「代言人」から「弁護士」となったが、代言人規則の根幹を引き継いで、本法の中には、各地の弁護士会は「所属地方裁判所検事正ノ監督ヲ受ク」（第一九条）との規定が盛り込まれていた。

同法の施行（五月一日）を受けて、松山にも弁護士会が発足することになった。発足に先だち、同会の会則は六月七日付けで司法大臣の認可を得た。そして同月一九日、千船町の岩本新方にて記念すべき第一回の弁護士会を開き、初代の会長には岩本新を、また副会長には檜垣宗寿を選挙し、正式に発足した。

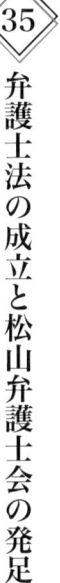

このとき制定された会則※の主な条項を見てみよう。まず、会長から検事正へ会員弁護士の氏名・所属地方裁判所庁名および事務所の位置を届け出なければならない（第六条）、また弁護士会開催に当たっては、総会の日時その他の事項は会の五日前に、また選挙の結果は閉会後二日以内に、届け出なければならない（第七条）など、検事正の監督に関連する条項が目に付く。定期総会は毎年四月に開くことになっていた。また臨時総会は会長の意見もしくは会員三名以上の請求によって開くほか、監督検事正の要求によっても開くことになっていた（第一二条）。

会員弁護士の義務として、「会員は廉恥を重じ品行を慎み常に弁護士たる名誉信用を毀損せざる事を勉むべし」（第二〇条）、「会員は訴訟事件の委託を受けたるときは忠誠以て任務を尽すべし」（第二一条）との心構えを規定

●松山辯護士會《まつやまべんごしくわい》　一昨日《さくじつ》松山千船町の岩本新氏方《しばう》に於《おい》て松山地方裁判所《ちはうさいばんしよ》々屬辯護士會《しよくべんごしくわい》を開《ひら》き正副會長《せいふくくわいちやう》を選擧《せんきよ》せしに會長《くわいちやう》には岩本新氏《し》副會長《ふくくわいちやう》には檜垣宗壽氏夫々《それぞれ》當選《たうせん》したり

●松山辯護士會々則《まつやまべんごしくわいくわいそく》　此程《このほど》司法省《しほふしやう》の認可《にんか》を得《え》たる松山辯護士會々則《まつやまべんごしくわいくわいそく》は左《さ》の如《ごと》し

松山辯護士會々則

第一章　組織

第一條　本會は明治廿六年法律第七號辯護士法に依り松山地方裁判所の辯護士名簿に登錄したる辯護士を以て之を組織す

第二章　役員

第二條　本會に會長及副會長一名を置く

第三條　會長副會長は毎年定期總會に於て會員中より之を互選し其任期を一ヶ年とす但し再選することを得べし

第四條　會長副會長共に其職を去りたるときは臨時總會を開き補欠選擧を行ふ

第三章　役員の職務

第五條　會長は本會の事務を管理し外部に對して本會を代表す

第六條　辯護士法第二十五條の場合に於ては會長より其氏名所屬地方裁判所廳名及事務所の位置を監督檢事正に届出づべし

第七條　辯護士法第廿七條に記載する選擧の結果は閉會後二日間に總會開會の日時其他の事項は開會期日五日前に會長より之を監督檢事正に届出づべし
但し至急を要し開會すべき場合は此限りにあらず

松山弁護士会発足を伝える記事（「海南新聞」第4709号）

するほか、係り裁判官との交際禁止（第二二条）、双方代理の禁止（第二三条）などが規定されていた。また本籍・現住所・事務所の位置の変更や、五日以上にわたる旅行は会長に届け出、会長は検事正に届け出なければならない（第三二条）など、その動静を逐一報告することを義務づけられていた。

気になる謝金＝弁護士報酬については、訴額五〇〇〇円以上は一〇〇分の一〇以下、一〇〇〇円以上は一〇〇分の一五以下、五〇〇円以上は一〇〇分の二〇以下、一〇〇円以上は一〇〇分の二五以下と最高限度額のみを定め、一〇〇円以下については依頼人と相対で決めるとした（第二五条）。また第二九条で、「謝金及手数料は訴訟を紹介せしものに分与し又は分与すべき約定をなすべからず」との規定を入れたのは、「三百屋」・事件屋などとよばれた訴訟仲介人の関与を排除するもくろみだったであろう。

※「松山弁護士会会則」については、巻末の史料編に掲載した。

36 松山弁護士会初代会長、コレラに倒る

明治二六（一八九三）年、松山弁護士会が発足した時の会員は、伊藤正巳、井上要、岩本新、近藤繁太郎、篠原資、清水新三、高須峰造、多賀恒信、玉井正興、夏井保四郎、檜垣宗寿、藤野政高、松下信光、森彦逸、安永景長、のわずか一五名であった。その中で初代会長に就任したのは、岩本新であった。岩本は、弁護士会の前身ともいえる松山組合代言人において、副会長（明治一八年から）や会長（明治二〇年から）にたびたび選ばれ、また明治一九年県会議員選挙に当選し一期つとめたほか、松山市会議員として活動していた。

明治二八年六月、岩本は大阪を訪れた。大阪控訴院で、越智郡富田村の水利妨害控訴事件の口頭弁論をなすのが主たる目的であったが、折りから第四回内国勧業博覧会が大阪で開かれていたので、見物を兼ねて妻を帯同していた。二八日午前一〇時ころ大阪の弁護士柿崎欽吾、東良三郎らと共に大阪控訴院民事第二号法廷に出頭した。法廷に入った岩本は、にわかに吐き気を催し、院内の便所で二、三回吐瀉した。大川町の宿所で医師の診察を受け、コレラに間違いないとの診断が下ったので、桃山避病所で治療を受けることになった。原因ははっきりしないが、あるいは航海中船中で伝染したものではないかというから、思いあたる節があったのであろう。追々快方に向かっているとみられていたが、七月三日夜、にわかに病状悪化し、ついに逝去した。遺骨は六日松山に還った。

日本におけるコレラは、文政五（一八二二）年はじめて発生し、明治以降も度々流行している。明治二八年は流行の年にあたり、日本全国では、五万五一四四人が罹患し、四万一五四人の死者を数えている。県内でも

一四三四人が罹患し、九九六人が死亡したと言われている。

「海南新聞」第五三二三号は、岩本の死を悼む記事を載せた。「岩本氏は、明治の初年郷里山口県萩を出でて本県に来た。それ以後の経歴を聞けば、かれが常人でないのを知ることができよう。厳冬に蒲団がないので、わずかな渋紙を衾として寒さをしのぎ、起きては字典をくりかえし読んで文字を学んだ。氏の周辺には、このような逸話の類が非常に多い。年齢はわずかに不惑を二、三年過ぎただけである。これからの活躍が嘱望されていたが、天はその年を与えなかった」と。享年四三歳。

その年一二月八日、大阪控訴院で水利訴訟の判決（越智郡富田村大字上徳対同郡北村）があり、北村が勝利した。

37 松山藩卒族積立米事件（その1）

明治維新後旧武士階級の者たちは、立身出世を果たした一部を除き、多くは窮乏化の途をたどった。なかでも足軽以下の軽輩のちの卒族は、最も貧窮の運命に陥った。松山藩の卒族たちが二〇年余りにわたって闘い続けた裁判事件を紹介しよう。

ことの経緯はきわめてこみいっているが、できるだけ分かりやすくまとめると、つぎのようである。

卒族たちの主張によれば、松山藩の足軽各組には、慶安年間（一七世紀半ば）から毎年一八〇俵づつの米を積み立て藩に預け置く慣習があった。藩に預けた米はやがて株とよばれるようになり、これを売買する習慣も生まれた。

明治二（一八六九）年一二月足軽以下の軽輩は一本化され、卒族とされた。明治三年松山藩の藩制改革によって、卒族二四〇〇人余は廃され、賦与金を与えられ解雇された。この措置は、明治五年大蔵省の措置によって取り消された。明治七年に旧卒族の多くは士族に編入されることになったが、三ヶ年分（明治五～七年分）の禄米支給と引き換えに、すでに支給済みの賦与金は返納を命じられることになった。これに対し卒族たちは、賦与金のうち積立米相当部分は自分たちに下げ戻すべきだと主張して争った。愛媛県当局は、賦与金は卒族たちの生活を慮って支給した恩恵であるから、禄米支給と引きかえに返金を求めるのは当然だと、あくまで拒否した。

明治一〇年、坂和幾太郎・西尾直衛・児島佐太郎の三名の旧卒族は、愛媛県権令岩村高俊を相手どって大阪上等裁判所に「家禄下付延滞之詞訟」を提起したが、裁判所は県の措置は正しいと却下した。明治二一年、中島周太郎は愛媛県知事白根専一を相手取り、大阪控訴院に「公私借処分不服」「家禄不足請求」の二つの訴えを提起したが、いずれも敗れた。明治二四年、宮本芳一ほか二三七名は大蔵大臣松方正義を被告として、行政裁判所に「積立米下渡請願ニ対スル訓示不服ノ件」を提訴した。行政裁判所は、本件は行政裁判所で受理すべき事項に当たらないとして、門前払いの判決を下した。さらに明治二八年、岡田吉備ほか五一一名が大蔵大臣松方正義を相手に「積立米金下戻請求事件」を東京地方裁判所に訴えたが棄却され、さらに東京控訴院に控訴したが、これも斥けられた。明治七年の処分は行政命令に基づくもので、積立か否かは関係ないというのが判決理由であった。

このように卒族たちは、つぎつぎと訴訟を提起して争ったが、裁判は負けに次ぐ負けで推移した。

38 松山藩卒族積立米事件（その2）

なぜ松山藩の卒族に、藩庫に積立米を預け置くという慣習が生まれたのかに関して、「海南新聞」第四〇二三号（明治二四年三月六日付）は、つぎのような話を伝えている。

もともと松山藩主久松家の祖先定行公が桑名藩より国替の際、引率の武士の数が不足していたので、松山に来着の上諸郡の庶民から逞ましそうな者を抜擢して召し抱えたのが卒族の由来である。しかし元来無頼漢の者が多かったため、時に遁走せんとする者があった。とくに江戸詰めの際などに脱走する者があっては他藩に対し見苦しいばかりでなく、藩政上誠に都合が悪いので、何かこれを防ぐ方法はないかと当局者は千思万考したがよい考えは出なかった。その時卒族の組頭がひとつの方法を考え出した。すなわち毎年俸禄の幾分を積立てさせたのである。以後卒族は、この積立米あるがために思い切った事もできず漸く弊害が減少するようになった、というのである。

この由来が正しいかどうかは別として、明治の時代にただでさえ生活の困窮した卒族たちは、積立米の返戻に一縷《る》の望みをいだいて、結束して運動を進めた。

「海南新聞」によると、卒族たちは、たびたび末広町法龍寺で集会を開き、運動の進め方を協議している。また代表を東京に派遣し、各方面に陳情して回った。このような記事を掲載するとき同新聞は、枕詞のように「卒族一二七九名総代」と記している。

県内でも陳情攻勢をかけた。明治二四（一八九一）年一月二〇日正午ころ、旧松山藩の卒族とその家族五〇〇名余の老若男女が、愛媛県庁に押しかけ知事に面談を求めた。勝間田知事は、意を決して県会議事堂に彼らを招き入れその要求に耳を傾けた。総代白石保誉は、「先年家禄奉還の際、（当然下さるべき米金が）渡されていない。これを我等に下されるよう運んでほしい」と述べた。これに対し知事は、「前県令の時からかような請願をされていることは承知しているが、明治九年太政官布告第一二三号が発せられて以来、そのような請願は一切受けとってはならないと命じられている、私の一存ではいかんともできない」と拒否した。これを聞いて一同は騒ぎだし、午後八時ころまで騒ぎは続いた。さらに二二日にも、卒族代表百数十名が押しかけ、一行は夜まで騒いだ。

陳情団の有様について、「卒族は憫然《ふびん》なものだ」と題する記事（「海南新聞」第三九九四号、明治二四年一月二九日付）は、「其の県庁や市役所に行き居る卒族連を見ると見スボラシキ風体にて此の寒い日に単衣もの一枚で震ふて居るもの多きは如何にも気の毒でならない」と書いている。

39　松山藩卒族積立米事件（その3）

松山藩旧卒族たちの闘いには、多賀恒信らの県内弁護士が論陣をはったが、そのほか県外の著名な法律家が加勢していたことは記憶されるべきである。明治二九（一八九六）年三月「不当利得金請求」事件の東京地方裁判所宛て訴状、同年六月東京控訴院への控訴状には、鳩山和夫・城数馬が原告側弁護士に名を連ねている。鳩山和夫は、安政三（一八五六）年美作勝山藩士の家に生まれる。開成学校卒業後米国へ留学、イェール大学で法学博士号を取得した。代言人・弁護士を経て、衆議院議員となった。のちの首相一郎は長男、由紀夫は曾孫である。

城数馬は、元治元(一八六四)年生まれ、司法省法学校正則第三期生、明治二一年帝国大学卒業、弁護士・東京市会議員などを勤める。

そして旧卒族たちの裁判も、明治三〇年代に入ると、様相が変わってきた。裁判で勝利する展望が開けてきたのである。

明治三一年一月二七日、岡田吉備ほか三四名を原告とする「卒族積立米事件」の上告審において、大審院は原判決を破棄し、東京控訴院へ差戻すと判決した。判決は、本訴で争われている積立米について、上告人たちが身元保証の性質をもって積み立てた米金であると認定し、さらに愛媛県庁がかつて積立米名義で上告人らに下げ渡した事実がある以上、積立米の所有権は上告人らにあるとするのが筋合であると述べた。

ところが同年一一月一四日の東京控訴院判決は、「本件の賦与金は、旧松山藩庁が控訴人らに賦与した恩恵金である」と述べ、大審院の判決趣旨を否定してしまった。しかし、最終的には「本訴の賦与金は単純の贈与であるから、「贈与者の単独の意思をもって取り消すことはできない」として、控訴人(卒族ら)を勝たせた。大蔵大臣は上告したが、明治三二年六月一五日大審院はこれを棄却し、最終的に卒族たちの勝利が確定した。

なぜこのように明治三〇年代になると、急に風向きが変わったのであろうか。その原因として、全国の士族たちの秩禄処分に対する執拗な復禄請願運動が考えられる(落合弘樹「帝国議会における秩禄処分問題」『人文学報』七三号を参照)。

政府は士族たちの要求に門前払いの態度を続けたが、ついに明治三〇年一一月法律第五〇号「家禄賞典禄処分法」を制定し、禄高是正の審理に応じることとなった。落合氏によれば、同法の結果とし、全国で二〇藩一〇八件三九〇六人の旧士族らに対し三七万四二九一円余が再給与されたが、そのうちもっとも多かったのは、松山藩の五一件二二二四人、一一万一九六七円余であった。これは人員で全国の五七%、金額で三〇%に当たる。旧松山藩の再給与の相当部分は、旧卒族に対する積立米の払い戻しに当てられたことだろう。

40 師範学校敷地事件

愛媛県師範学校跡（松山市若草町）

明治二〇（一八八七）年三月、関知事死去のあとを受けて就任した第二代愛媛県知事藤村紫朗は、無類の洋風建築好きであった。大阪府参事ついで山梨県の権令（のち県令を経て知事）を歴任した藤村は、各地に擬洋風の建物を建てさせ、とくに山梨県では小宮山正太郎を起用して一〇〇以上の洋風建築を建てた。地元ではこれを「藤村式」と呼んだ（藤森照信『日本の近代建築（上）』岩波新書）。

さて、明治九年創立の愛媛県尋常師範学校は、松山二番町の旧松山藩校明教館跡にあったが、明治一九年生徒定員が二〇〇名に増員されると手狭になり、移転・新築が急務となっていた。藤村知事は、新しい任地にも洋風建築を建てさせようと、果断に事を進めた。県は、敷地予定地として木屋町・府中町に校地を決定、地所購入の交渉を進めた。校舎の設計は、知事が甲府から呼び寄せた小宮山に任せた。

明治二一年二月二九日、藤村知事は突如解任された。わずか一年の在任であった。後任には山口県出身の内務官僚白根専一が就任した。知事は交代したが、師範学校建設は続けられた。しかし地所の買収交渉は難航した。

もともと古町に決定するにあたっては、有志者数名から同地方の衰頽を挽回するためにとの請願があり、金若干円の寄付も寄せられた。県のほうでは、県会によって予算が減額されたため、建築費を極力抑制しなければならない事情もあった。県の示した土地買上代価及移転料は、地主希望額と大きな開きが存在した（請求額の約三分の一程度）のである。明治二一年五月八日、県は公用土地買上規則を執行し、二八名の土地家屋の買上を強行した。これに対し、桜井義廉ほか一一名は、公用土地買上移転料が不当であるとして、大阪控訴院に提訴した。明治二三年五月二六日、判決が下った。県は新評価人の評価額（当初の二〜三倍の価格に法定利息額を加えた）で買い取るべきことが命ぜられた。本件の原告側代言人として、小島忠里・日野国明（両人とも松山出身）がついていることに注目したい。

これで桜井らとの争いは一応の結着をみた。しかしこのほか、この訴訟には参加せず形勢を観望していた残りの地主もおり、彼らも家屋取り除けに抵抗していた。これに対し、県は制定されたばかりの土地収用法（明治二二年七月公布、二三年七月施行）を適用し、この収用を実施した。

これに対し、三名の地主は、土地収用法の適用は不当であり、県の提示した価額は不当に廉価であるとして松山地方裁判所に訴訟を提起した。明治二六年二月判決があり、原告は敗訴した。原告らは控訴したが、控訴審も敗れた。

師範学校の建物は、裁判闘争が続いているさなか明治二三年九月に竣工した。周囲を圧する壮麗な洋館であり、「愛媛の阿房宮」と称せられたという。

41 伊予郡元二四ヵ村共有地処分事件

江戸時代には、いわゆる共有財産をもつ村々が全国的に存在した。これは備荒儲蓄《びこうちょちく》すなわち凶作などに備えたものや、村の負債の引き当てのために蓄えられたものであった。しかし明治維新後、このような共有財産の維持は難しくなり、処分問題をめぐる紛議が多発した。ここではのちのちまで紛議を重ねた「伊予郡元保免村外二十三ヵ村共有物売却」事件を紹介しよう。

松山藩政下にあった伊予郡の二四ヵ村は、明治二二（一八八九）年一二月一五日町村制の施行時に、北伊予村、岡田村、余土村、垣生村、松前村の五ヵ村に合併された。旧二四ヵ村は、村々共有の財産を保有していた。具体的には大字西垣生所在の田一町二反余、畑一二町二反余である。かなり厖大な土地であるが、いつごろどのような経緯で備えられたか、判決文や新聞記事だけからはよくわからない。

維新後これら共有物は伊予郡長が管理していたが、町村制施行後新町村に引き継ぐか処分するか迫られることになった。そこで新五ヵ村の村会は、五名づつの委員を選挙して処分委員会を構成し、処理にあたることになった。委員会は協議の結果、これを代金五八〇〇円で特売することを決め、明治二六年三月売却契約は締結された。しかしこの決定はすんなりとは承認されなかった。北伊予村長水口啓太郎、松前村長武市庫太は、途中で委員を辞任した。また、時価一万円相当の共有物が低価で落札されたとの懐疑が飛び交い、西垣生の小作人からも異議が出された。さらに四月五日の委員会では森恒太郎から建議が提出されこれを可決、それに対して傍聴者の一部が激昂し暴行するなど、荒れに荒れた。

結局、この問題は法廷で争われることになった。第一審は松山地方裁判所において、元北伊予村長水口啓太郎が原告となって、六名の被告（共有物の買得者と思われる）を相手取り提訴された。原告は、本件売却は町村制の規定によっていないので無効と主張した。ほかに原告従参加人として片桐健助が、また被告従参加人として森恒太郎が加わった。明治二六年一一月一四日、松山地裁は原告勝訴の判決を下した。

これに対し控訴がなされ、翌年五月八日大阪控訴院で判決があった。勝敗は逆転し、共有物売買契約は有効とした。さらに上告審で争われたが、明治二七年一二月五日、上告棄却の判決があり、本件売買契約の有効が確定した。

もともと本件は、共有物の処分を賛成派だけで押し切ることに対する異議申立からはじまったのであるが、裁判では町村制の適用いかんが争点となり、町村制の規定は適用されないという大審院の論理によって売却処分は有効という結果を導いたのである。

42 広島控訴院管内への管轄変更

明治九（一八七六）年以降、松山の裁判所は、大阪の裁判所の管轄下に位置づけられてきた。明治二三年裁判所構成法の施行後も、松山地方裁判所は大阪控訴院の管轄に属した。

しかし明治二五年ころからこれを見直そうとする動きが出てきた。同年一二月玉井正興ほか三名は、愛媛県会に控訴院管轄を広島控訴院に改めることを求める建議を提出した。

移転論の主たる論拠は、費用の問題であった。すなわち、一審松山地裁で有罪の宣告を受けた被告人が控訴し、控訴院まで護送することを想定した場合、大阪と広島では相当な差が生まれるというのである。建議書によれば、大阪までは陸路四哩《マイル》、海路一七九海里《カイリ》で管内陸路護送費は七円一二銭、海路護送費は一一円八三銭、これに管外護送費を加えれば、約三二円が必要である。これに対し、広島までは陸路四哩《マイル》、海路三五海里《カイリ》、これに要する護送費は約六円五〇銭にて足る。したがって、囚人護送の費用は約四分の一ないし五分の一に減少する。また、広島は地理も本県に接近し交通往来が便であるのみならず、生活物価の程度も本県と異ならないので、民事刑事の訴訟人はおおいなる便利を得るという。

広島控訴院　『図説判決原本の遺産』信山社、1998 年

県内各地の町村長や代言人に意見を聴取したところ、松山ではほとんど異論が出なかったが、宇和島の町村長および代言人たちは従来通り大阪控訴院管轄を望む意見が多いと伝えられた。しかし同二六年になると、宇和島でもこの意見を翻し、広島控訴院への管轄変更を支持する意見が多くなった。この意見変更の背後にいかなる事情が介在したか、詳しいことはわからない。

明治二八年法律第二一号が成立し、大阪控訴院の管轄していた伊予国は広島控訴院の管轄に変更となり、広島控訴院の管轄していた因幡・伯耆両国は大阪控訴院の管轄に変更された。新しい制度は、同年四月一日から施行された。

ところで、控訴院管轄が広島に移ったことによって、法曹界の交流も変化が生じたように思われる。これまでは大阪の代言人・弁護士との交流が主であったのに対し、これ以後広島の弁護士との人的交流が生じたのである。たとえば、篠原資のように広島に居を移し弁護士業を営む者があらわれた。また裁判官辞職後広島で弁護士を開業していた三坂繁人が、無役地事件で村民側代理人を勤めるなどの例が生まれた。

広島控訴院は、明治一四年広島控訴裁判所として竣工した。明治一九年以後、広島控訴院として使用された。写真で見るように和風の建物であるが、昭和二〇年の原爆により焼失した。

43 夏井保四郎の「法界時言」

明治三一（一八九八）年七月一六日から民法が施行された。「海南新聞」は、「新民法一夕談」と題する記事を五回にわたり連載した（九月六日〜一三日）。連載は、利子・返済期限・連帯借主・保証人・貸金証文譲渡・義務弁済・時効などを取り上げ、民法の内容と注意点を洒脱な筆致で素人にも分かりやすく説明し、好評を博した。筆者は弁護士の夏井保四郎だった。

夏井は、〈29〉で紹介したように、東予（西条地方）で代言人として活躍していたが、弁護士法施行と共に弁護士資格を獲得、明治二九年八月、事務所も松山に移した。

好評に気をよくしたか、「海南新聞」は再び夏井を起用し、三三年四月から法にまつわるさまざまな話題をとりあげたコラム「法界時言」の連載をはじめた。

連載第一回は、「権利思想と日本人」（四月一〇日）であった。日本の人民は「政治上の権利即ち公権を重んずるの思想は、近来やゝ発達進歩を来し」てきたが、「財産上の権利即ち私権の消長に就ては、頓と冷淡極まる」と述べている。この度施行された民法商法の法典は、「幾多の博士たちが十数年の間、一字一句心血を絞りて弁論討議の末、漸くに編纂」したものだが、人民は「猫に小判同様で、鰯の頭ほども有難さを感ずる模様の見へぬ」のは、慨嘆に堪えない。ここで夏井は、一つのエピソードを紹介する。ある英国人が旅行中宿屋で不当の支払い請求を受けた。これが一銭または二銭の差であっても、宿屋がこの違いを明瞭に説明しなければ、英国人は数日出発が遅れても争った。これは金銭を惜しむのではなく、権利の問題として争ったのである。「イエリング」は「此精神こそ実に堂々たる大英国をして、屹然世界に雄視せしむる所以《ゆえん》である」と賞賛した。これを日本人の現状と比較して、権利思想の養成がわが国目下の急務であると、夏井は締めくくっている。

かの英国人の話はルドルフ・フォン・イェーリング『権利のための闘争』（一八七二年）に出てくる逸話である。川島武宜『日本人の法意識』（一九六七年）は、同書や他の例を引きながら、日本人は欧米人に比し権利の意識が弱く、また訴訟に訴えることを嫌う傾向があると論じた。私は、川島氏の著書より半世紀以上も前に、愛媛の弁護士が同様の指摘をしていることに驚いた。※

連載が第五回まで進んだところで、「海南新聞」に投書があった。「法界時言に就いて夏井君に注文―現今の警察を論じて貰ひたい」というのである。夏井はこれに応え、第六・七回は、「司法警察の改善」と題するコラムを掲載した。その後「養子と家督相続」を二回にわたって論じ、連載は第九回で終了した。

※　夏井の「法界時言」については、第三部第一章で検討している。

44 久万警察署疑獄事件※

明治三三（一九〇〇）年二月二五日深夜、上浮穴郡久万警察署の元警官阿部伝が官吏抗拒罪の現行犯で同署の二名の巡査KG喜代馬・NI信貫に逮捕された。阿部伝が巡査KG喜代馬に突き当たり、これを取り押さえようとした際巡査に抵抗したというのが容疑である。

しかし同年三月三一日起訴されたのは、阿部伝ではなく、阿部伝を逮捕した二名の巡査を含む久万警察署の五名の警官であった。その中に署長のKB精一の名もあった。

予審終結決定書および判決書の認定に従い、事件を整序してみよう。事件の一週間前明治三三年二月一九日、松山で警察署長会議が開かれた。これに出席するため警察本部に出頭したKB精一は、馬場晴利警部長より「新聞の記事の事に付き厳重なる注意を受け」た。新聞の記事とはこの頃時折「愛媛新報」紙に掲載されていた久万署の内部事情のことである。注意を受けたKB精一が、同紙に内部事情を投書したのは退職巡査ではないかと疑い調査したところ、阿部伝の線が浮上した。二五日午後署長のKB精一は署員KD珍隆を呼び阿部伝を引致・拘束することを命じ、さらに巡査KG喜代馬・NI信貫にもその具体的手段を告げた。警官たちは当初難色を示したが、KB精一に強要されこれを実行することになった。当日KG喜代馬・NI信貫は阿部伝を待ち伏せ、夜一二時頃出てきた阿部伝と行き違った際に、KG喜代馬がわざと突き当たり、「愛媛県警官に故意に突き当たったな」と大声を出し、阿部伝を警察署に引致しようとした。阿部伝が拒んだので、傍らの田圃に突き倒し阿部伝に挑みかかった。さらに阿部伝が抵抗したので、制服のボタンを自らひきちぎった。これは暴行の証拠とすべく容易に脱落するようあらかじめ工作したものであった。そして、官吏の職務執行に抗拒した現行犯であるとして久万警察署に引致した。そして同署で取調調書を作成し、松山地方裁判所検事正に送検した。

要するに本件は、阿部伝を逮捕・拘束すべく計画・実行された、久万警察署員らによる自作自演のでっちあげであった。

事件は松山地方裁判所において、裁判長川地弥作、陪席は西岡茂房・三宅昌興の両判事の担当で審理された。五月二四日松山地方裁判所で判決言渡があった。KB精一は重懲役九年、KD珍隆が重禁錮五年、KG喜代馬とNI信貫が重禁錮二年、そして「逮捕告発調書」を筆記したAH順信は事情を知らなかったとして無罪となった。

判決書を注意深く読むと、本件の背後に馬場晴利警部長の強い指図があったことが浮かんでくる。ではなぜ馬場は、阿部伝逮捕をそれほど急いだのであろうか。それは「愛媛新報」紙への警察情報、とくに高等警察関係の秘密情報が流出することを強く恐れたためではなかっただろうか。

馬場は、翌明治三四年五月三一日、本県警部長の職を解かれ、千葉県警部長に異動した。

※　本事件の顛末については、第三部第二章に詳しく紹介した。

45　それからの児島惟謙

戦前の最も有名な裁判官といえば、それは文句なしに児島惟謙《これかた》であろう。言うまでもなく、明治二四（一八九一）

児島惟謙
（国立国会図書館「近代日本人の肖像」）

年勃発した大津事件において、政府の介入を排して「司法権の独立」を守った大審院長として記憶されているからである。児島が宇和島藩の出身であったことも、周知のことであろう。「海南新聞」も、児島の動静については注目し、その都度記事にしている。

大津事件の翌明治二五年六月、児島を含む大審院判事たち七名が待合で花札賭博を行ったという容疑が生起し、懲戒裁判を受けることになった。世にいう司法官弄《ろう》花《か》事件である。七月児島は免訴となったが、八月辞表を提出し依願免官となった。他の判事たちも、辞職もしくは依願免官となった。児島は、「一旦このような醜悪な事態が発生しては、現職に恋々とすることはできない」と述べた（「海南新聞」第四四七五号）。

免官後の児島の進路は注目されたが、明治二七年貴族院議員に勅選された。さらに三一年には貴族院議員を辞し、地元愛媛第六区から衆院選に進歩党無所属として立候補し、当選した。

この頃司法界は、いわゆる「老朽裁判官淘汰《とうた》問題」で揺れていた。明治二三年制定の裁判所構成法によって裁判官は身分が保障されていたにもかかわらず、退職もしくは休職に追い込まれる事例があいついでいたのである。これに対し、明治三一年七月、児島が大東義徹司法大臣あてに「忠言書」なる私書を送って司法官淘汰に異議を唱えたことが新聞に報道され、世上の注目を集めた。

「忠言書」は、司法官の大量淘汰は、司法官独立の根拠を失わさせ、憲法の保障を空文にすると述べている。

その違法性を法律論として大上段に論ずるだけでなく、具体的な人物名をあげながら、駆け込み人事（前司法大臣の曽根荒助は、内閣総辞職に際し辞表提出した後に司法官淘汰を断行した）や裁判官・検察官内部における派閥の実態を指摘している。筆者が大津事件で名を馳せた元大審院長だけに、反響は大きかった。しかし、もともと私信として書かれたものが何故新聞に報じられたのか、あるいは執筆者は別にいるのではないかなど、いろいろ取りざたされた。真の筆者は北畠治房（元大審院判事）であると断ずる書もある。この点に関し児島は、肯定も否定もせず、沈黙を貫いたようである。

明治三五年まで衆議院議員を勤めた児島は、同三八年再び貴族院議員に勅選された。そして明治四一年、東京で死去した。享年七二歳。

46 燧灘漁場紛議事件（その1）

昭和三〇年代半ば平凡社から刊行された『日本残酷物語』というシリーズがあった。高度経済成長のまっただ中にあって、前近代から近代に接続する日本社会の中に澱《おり》のように沈殿する庶民の姿を描いている。谷川健一と宮本常一を両輪に企画・立案・編集されたシリーズであった。

このシリーズの第四巻「保障なき社会」の第三章「流離の世界」の中に燧灘《ひうちなだ》漁場事件が取り上げられている。燧灘は、北は備後灘、西は高縄半島の大角鼻、東は香川県観音崎、南は愛媛県越智郡の海岸によって囲まれた広大な海面である。とくに燧灘漁場という場合には、「この灘の中央にある魚島を中心にした海域」を指している。

江戸時代この漁場は、今治藩が厳重に取締り他領の者は容易に網を入れることができなかったが、廃藩置県以後広島県漁民の進出がめざましくなった。明治一三（一八八〇）年三月野々江沖合での広島県漁民と岡村島の紛議、同年六月の大島・大三島間の大州漁場での争いなどを経て、広島側が地元に入漁料を支払うことが漁民間の協議でまとまり、一応の解決をみた。

ところが明治二〇年五月になると、広島県の漁民が岡村島と伯方村の沖合へ大群をなして侵入し、地元側はこれを拒否した。事件は海上の大喧嘩となり、政府にも上申されたが、明確な処断はくだされなかった。そして、穏当な交渉によっては解決することはないとみた広島側は、「明治二七年四月の鯛の漁期がくると、各浦々大挙して燧灘にうってでた」。

さらに、魚島の武田仙次郎さん（当時六歳）の話を引く。「魚島では広島方の漁船がくるというので、戦闘準備にとりかかった。男も女も子どもも、やっさやっさと小石を船につみこんだ。これは魚島に石合戦の風習があったことから思いついたものだ。壮年の男子は総がかりで竹槍をけずった。こうして船中には暴力団をのりこませ、四丁艪、八丁艪をおしてでた。やがて広島方の漁船めがけて石を投げ込み、先方も負けずに応戦した。両方の船群はまったくいりまじり、舷々相寄せて竹槍でわたりあったが、喚声をあげてたたかううちに双方ともかなりの負傷者がでた。広島方の船は白ぬりであるのに対し、愛媛方の船は黒くぬっていたので、島にのこった人々が山上からみていても合戦のもようは手にとるごとくわかった。」

以上は『日本残酷物語』の記述である。小島憲「燧灘漁業の実態」（明治大学『政経論叢』）も、全く同じ話を伝えている。しかも両者とも、この衝突を明治二七年四月のこととするが、これは明治二六年の誤りではなかっただろうか。

47 燧灘漁場紛議事件（その2）

燧灘漁場をめぐって、愛媛と広島の漁民のあいだで、数えきれない衝突や小ぜりあいがあったが、明治二六（一八九五）年五月三一日起こった事態は、参加者の数や規模だけでなく、暴力が行使されその態様や負わせた傷害の程度の点で、他の群小の紛議を圧していた。この事件は刑事裁判として裁かれ、政府の政策にも大きな影響を与えることとなった。

この日、愛媛県の巡査五〇名が、水上警察所属第二愛媛丸ほか一艘に乗り込み警戒していた。午後〇時一五分頃、魚島沖で広島漁民の船一艘が無鑑札で縛り網を曳いているのを認めた。そこで巡査らは、この船に乗り込んで入漁を差し止めようとした。このような場合に備え、予め借り入れていた長久丸・無事丸の二艘に漁民三〇〇名余が待機していた。漁民らは現場に急行し、愛媛県巡査の職務執行を阻止すべく棍棒をふるって抵抗した。愛媛県警官も応酬し、双方に流血者を出す海上の惨事となった。結局この日、広島漁民からは一〇〇名余の逮捕者を出し、そのうち四七名が今治署その他に拘置された。

両県民間の感情を悪化させたのは、新聞報道である。愛媛県側（「海南新聞」・「愛媛新報」）と広島県側（「芸備日日新聞」・「中国」※）は連日のように相手方の非道ぶりを書き立てた。「芸備日日」が「愛媛県警察官は抜剣して漁民に切りつけた」と報じるや、「海南新聞」は、警官は抜剣していない、むしろ広島側はごろつきの無頼漢を雇用していると応じた。紛争の原点に関して、「芸備日日」は、広島県漁民には慣習としての入会漁業権があるという立場から論じたのに対し「海南新聞」は、越智郡漁民に専用漁業権ありという立場から論じた。

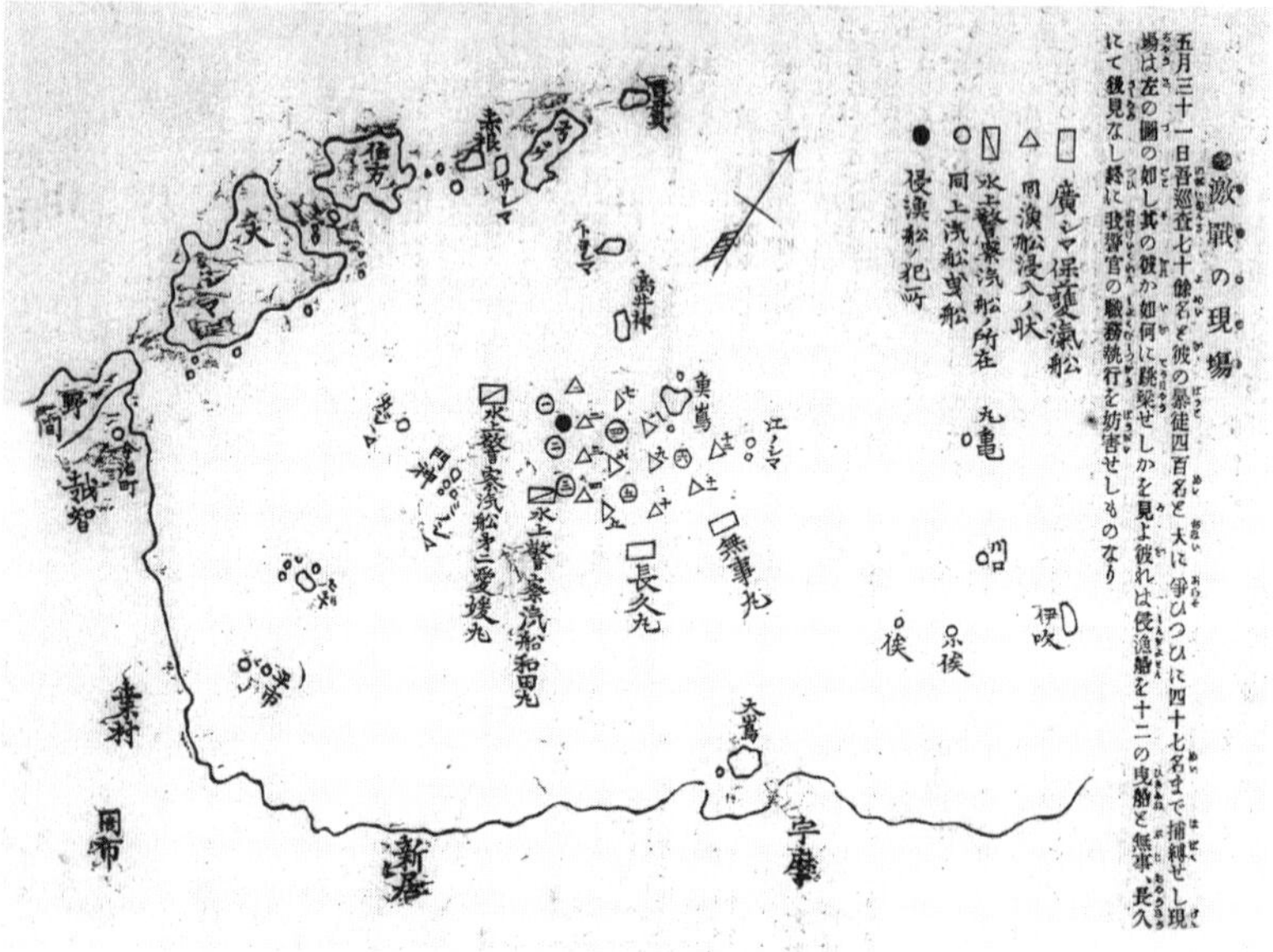

燧灘漁場紛争の図（「海南新聞」明治 26 年 6 月 9 日付より）

拘置された広島県漁民のうち二一名は、松山地方裁判所の軽罪公判に付されることになり、残り二六名は、証拠不十分として免訴となった。被告たちは、「敵地」たる松山地方裁判所で公判を受けることを潔しとせず、管轄変更を申し立て、これが認められた結果神戸地方裁判所で審理することになった。

神戸地方裁判所では、明治二七年一月一八日公判を開始し、同年二月七日判決の言い渡しとなった。被告人のうち四名は有罪、残りの一七名は証拠不十分として無罪となった。有罪となった四名は大阪控訴院に控訴した。

控訴審は六月二〇日開廷、二二日には判決が言い渡された。判決では、三名は証拠不十分として無罪となり、とくに凶悪な暴力をふるったと認定されたUM良助のみが重禁錮四月、罰金一〇円の有罪判決に処せられた。

※　広島県側の新聞記事は、増田修氏（広島弁護士会所属）から提供を受けた。

48 燧灘漁場紛議事件（その3）

難航をきわめた燧灘漁場問題に対し、行政はいかに対応しただろうか。明治二六（一八九三）年九月一六日内務・農省務両大臣は、「広島愛媛両県燧灘漁場の議追而何分の沙汰及ぶ迄目下の現状に依り両県の平和を保持せらるべし」と通牒を発した。しかしこれは、現状を固定し暫時の平和を要請したもので、解決を先送りにした応急的措置にすぎなかった。

明治三二年になると、紛争収拾へ向けた動きが活発になった。この年二月農商務・内務両大臣が愛媛広島両県に対し、協議会の開催を要請した。両県協議会は、三二年四月京都の頂妙寺で開始された。広島県側は江木千之知事以下郡長・県官や漁業組合委員ら一四名、愛媛県側は大庭寛一知事以下警部長・郡長・県官、漁業組合委員ら一〇名が出席した。その後東京ついで尾道そして三津浜と会議の場所を移しながら、協議をかさねた。途中協議は間もなくまとまるとの観測が流れたこともあったが、しかし結局協議は破裂した。

問題となった「大体の綱目」とは、「(1) 燧灘漁場が愛媛県の所属であることを、広島県は認める。(2) 燧灘漁場において広島県漁民が入漁の慣行を有することを、愛媛県は認める」というものであった。広島県は (1) が「愛媛県の専有」を意味するかにこだわり、愛媛県は (2) の「慣行」という言葉を嫌い、妥結に至らなかった。

明治三〇年代半ばになると、政府は漁業法（旧漁業法）の制定をすすめ、この枠組みの中で懸案に決着をつけようとする動きがあらわになった。

明治三四年四月漁業法が成立（同三五年七月施行）し、同法にもとづく農商務省令が発せられた。これは各地の紛争を画一の取締で収拾しようとするものであった。この方針のもと、燧灘漁場についても、明治三六年一一月徳久恒徳広島県知事と本部泰愛媛県知事の間で協約が締結された。この協定は、愛媛県の「管轄」を承認したが、広島側に入漁料支払いを要しない自由入漁権を与えたもので、従来の経緯を考慮すると愛媛側漁民が納得するかどうか懸念された。

はたせるかな、愛媛側は広島漁船阻止の決意を示し、三七年五月燧灘において広島漁民の操業を妨害する事件を起こすなど、紛争の再燃をみた。

明治四四年に至り、両県漁業者の話し合いをもとに新しい協定が成立し、同年一二月調印された。愛媛県からは、初代燧灘漁業連合会会長村上紋四郎が署名した。協定書では、愛媛側が「専用」漁業権をもつとし、広島側も入漁料支払いを要件に漁業権が認められた。これは、大規模な紛争がはじまる前の原則が、再び確認されたと言えるのではないだろうか。

49 宇和海の大網・刺網紛議（その1）

明治二〇年代は各地で激しい漁業紛議が相次いで起こっていた。前回まで紹介した燧灘漁場をめぐる広島県との争い、佐賀関漁場をめぐる大分県との紛争、高知県との漁場の境界争いなど愛媛県と他県との争いが熾烈に闘われている。愛媛県内においても郡域を越えた争い、村（浦）同士の争いなど多様な紛争が記録されている。ここでは、明治二〇年代宇和海を舞台に展開された大網漁業者と刺網漁業者の紛議を紹介しよう。

宇和海は、古来より鰮《いわし》の豊富な漁場として知られてきた。江戸時代、宇和海沿岸では庄屋や村君という各村(浦)の有力者が大きな支配力を持ち、一挙に大量の鰮を水揚げする大網とよばれる漁法によって収穫していた。大網には、地曳網と船曳網の両様あったようであるが、いずれも一網につき五〇名以上という大規模な労働力を動員して、沿岸近くに来遊する鰮を待って漁獲するものであった。宇和島藩も、藩の重要な財源としてその収穫に課税するとともに、鰮漁業にさまざまな保護政策をとってきた。

鰮地曳網図　（愛媛県立図書館蔵）

　ところが明治期に入ると鰮の接岸が少なくなってきたため、積極的に沖合の漁場で獲る漁法として刺網が盛んとなった。刺網は、三人程度の小規模で操業できるため、急速に普及するようになった。このため大網業者は、鰮が接近しなくなったのは刺網のためと危機感を募らせ、刺網の厳重取締を求めるなど、両者の対立が激しくなった。一方、刺網業者中においても、操業を許され鑑札を所持する業者と無鑑札の営業者との間に対立が存在した。宇和漁業組合は、古くからの有力者が要職を抑えており、大網業者の牙城であった。

　これに対し南予漁業改良倶楽部が結成され（結成の年月は不明）、刺網業者の利害を代表していた。南予漁業改良倶楽部は、漁業組合の分離や、公許刺網数の増加などを求めて運動した。

「刺網公許問題」は、明治二〇年代半ばから愛媛県会にも登場するようになった。明治二五（一八九二）年末通常県会に南予漁業改良倶楽部の柴田修知ほか二名が、六五九名の総代となり、「刺網公許請願」すなわち新規漁業公許の請願を県会に提出したが、一敗地に塗《まみ》れた。翌二六年末の通常県会にも請願を提出、一次会を通過したが、二次会は翌年度に延期された。さらに二七年末の通常県会にも請願を提出し、このときは武市庫太の動議で次回に延期ということになった。

50 宇和海の大網・刺網紛議（その2）

この頃宇和海周辺では、大網業者と刺網業者の紛議に関連する暴力事件や訴訟沙汰が頻繁に発生していた。明治二五（一八九二）年には、北宇和郡の御五神島・下灘・南君浦沖合で互いに武器を携行してのにらみ合い、また南北宇和郡の境界由良ケ鼻沖合では大網業者と刺網業者の衝突や追跡・逃走劇が発生している。さらに、明治二六年には御五神島・日振島沖合において大網業者による刺網業者の漁具強奪・暴行事件が発生している。

中でも激しかったのは、北宇和郡下波《したば》村の大網漁民と同郡北灘村の刺網漁民の争いである。『愛媛県警察史第一巻』によると、両漁民の闘争は明治二三年ころから度々発生していたが、明治二五年に至り刑事事件に発展した。訴えによると同年一〇月下波村の大網漁夫数十名が北灘村の公許刺網業者を沖合において差押え、刺網方の漁具を押収した。これに対して、刺網業者四名は大網漁夫一七名を松山地方裁判所宇和島支部に告訴し、宇和島支部では、強盗罪の成立を認め有罪となった。ところが、松山地方裁判所の控訴審では、明治二六年六月被告一七名全員無罪が言い渡された。被告大網業者は名誉を毀損されたのみならず、一〇〇日余も拘留されたとして収まらず、刺網業者を誣告罪で訴えることも検討中と、「海南新聞」は記している。

大網業者側の実力行使に対抗して、明治二六年から二七年にかけて、刺網者側も防御船を仕立てて抵抗する勢いを示すようになった。そして二七年五月二七日夜北宇和郡九島沖合において、刺網業者が宇和島警察署の水上警察船に対して乱暴をはたらくという事件が発生した。第一報では、「多数の刺網船に於て法螺貝或は喇叭を頻やに吹き立つると間もなく七八十艘の漁船矢庭に湾内に集り警察船を目掛けて一時に漕ぎ寄せ来たり水竿或は其他の器具を以て所構はず警察船を乱打し乗組員に対し非常の暴行を為したり。右に付同船は船体破砕して用に堪へざるに至り巡査二名と並に水夫とは何れも軽からざる創傷を受けたり」と伝えたので驚かされるが、第二報によると実際は以下のようであった。当夜刺網船を認めた水上警察船が漕ぎ寄せて鑑札の有無を問うたところ、答弁に苦しんだ刺網船が合図のラッパを吹き鳴らすと七〇〜八〇艘の漁船が集まり、警察船を取り巻き肥松（松明に使用する太い松）を投げつけたので、水夫が軽傷を負い、船体も破損したというものである。いずれにせよ「刺網の跋扈」「宇和海上の闘争」が連日新聞に報道され、この問題の処理は猶予のならないものとなった。

51　宇和海の大網・刺網紛議（その3）

前に述べたように、刺網業者は明治二〇年代半ば以降何年のように県会に対し「刺網公許請願」を提出してきた。刺網業者の主張は、刺網を禁止することによって水産業の改良進歩を妨げてはならないというものであった。大人数非効率の大網に比し、少人数高効率の刺網のほうがはるかに勝っている。大網を保護して刺網を禁止するは、優勝劣敗・自然淘汰の大原則にもとり、また営業の自由の権を妨げるものであると主張した。これに対し、大網派は、従来の取締方法―無鑑札者の新規営業禁止、有鑑札者の五〇町制限（沿岸から五〇町以内に網を設置してはならない）を踏襲することを主張した。

明治二七（一八九四）年の暴力をともなった紛議の拡大を受けて、明治二八年五月になると仲裁の動きが本格化してくる。すなわち三郡長（西宇和郡長、東宇和郡長、南北宇和郡長）が仲裁に乗り出してきたのである。その中心となったのは南北宇和郡長竹場好明である。竹場は、もと宇和島藩士で、廃藩後神山県ついで愛媛県の役人を勤めたあと、明治一四年南北宇和郡長に任命された人物であった。竹場は、両派代表の意見を慎重に聞きながらことを進めていった。

七月になり、大網側は従来の五〇町制限は解除するかわりに漁期の制限を設けようという提案を示してきた。毎年一～六月の上半季は刺網業者の、七～一二月の下半季は大網業者の専有とするものであった。これに対し刺網業者は、不漁の時季たる上半季を我々に与え、好漁期の下半季を大網業者で独占しようという不公平極まる案であると反発した。竹場郡長は熟慮ののち、これまでの制限を解除する、これに替えて漁季の制限を導入し九～一二月は刺網営業の禁止期間とする、の二点を骨子とする調停条項を示した。この提案は、柴田修知派（刺網派のうち最強硬派）を除き、おおむね両派から好感をもって迎えられた。

九月に至り、小牧昌業知事が来宇し、知事臨席の下で調停会が開かれることになった。席上知事が新提案を行った。刺網営業期間を一〇日間延長し、九月一一日～一二月を刺網の禁止期間とするものであった。郡長提案に比し、わずか一〇日間の相違だったが大網業者が激しく反発した。結局調停は破裂し、翌年に持ち越された。

明治二九年五月、漸く大網・刺網調停がまとまった。鰮刺網新規営業の禁止を解除するとともに、懸案の刺網営業の禁止期間を九月六日〜一二月三一日とするものであった。

妥結に至る過程を通観すると、大網業者が大幅に譲ったとの感がつよいが、朝鮮近海出漁が解禁となり、新たなフロンティアが示されたことが追い風となったとみられる。

52 明治中期・松山の弁護士事情

明治二九（一八九六）年一〇月三日「海南新聞」第五六九八号に「松山の弁護士」という記事が掲載されている。当時の弁護士事情を知る重要な手がかりである。そのままでは読みにくいので、現代文に翻訳して引用しておきたい。なお〔　〕内は、矢野が補ったものである。

「松山組合弁護士は目下一〇名である。藤野〔政高〕氏の事務所が少しはなれて北歩行町に在るのを例外として、他は皆一番町、二番町、千船町あたり即ち市の外側中央部に事務所を構え古町には一人もいない。地の利がそうさせているのである。〔日清〕戦後社会の多事にもかかわらずこの頃一般依頼事件は少なく弁護士の業務が閑散なのはどうしたことだろうか。これについては種々の説があるがここでは省略しよう。なかでも藤野氏や、井上〔要〕氏などは比較的多忙と言われているが、果してそうだろうか。この閑散時に夏井〔保四郎〕、大久保〔雅彦〕の二氏が来松、新たに事務所を一番町に構え一〇日余りを経た。最も松山の経歴が浅い弁護士だ。今試に同組合一〇名の弁護士を年齢によって区別してみよう。四〇歳以上は藤野、高須〔峰造〕、玉井〔正興〕、多賀〔恒信〕、松下〔信光〕、檜垣〔宗寿〕の六氏であり、四〇歳以下は井上、大久保、夏井、天野〔義一郎〕の四氏である。また同業の新旧別でいえば、多賀、天野、大久保、夏井の四氏を新参に数えることができる。弁護士の党派別を求められれば、記者の知るかぎりでつぎのようである。

自由党……藤野、玉井、松下、大久保

進歩党……井上、高須、多賀、天野

中　立……夏井、檜垣

藤野氏が多年公共事業に熱心に尽して功労が少なくないのは、自由党の中で有名であり、井上氏が最近実業に傾倒して信用を高めているのは、進歩党中で有名である。そして中立者中の檜垣氏が老実の名で別格であるのも、既に人の知るところである。とに角井上氏が先日「海南新聞」「愛媛新報」両紙へ「専ら法律弁護の事務に従事す」云々の広告を掲載したのを見ても、最近の弁護士業務の閑散を察するに余りありと言えよう」。

いわゆる旧々弁護士法が施行され、松山弁護士会が発足したのは、明治二六年であった。当時の会員名簿（一五名）から伊藤正巳、岩本新、近藤繁太郎、篠原資、清水新三、森彦逸、安永景長の名が消えている。発足時の会長岩本新はコレラで没した（〈36〉参照）。近藤繁太郎・安永景長はもともと西条で活躍していた弁護士であり、篠原資は広島に活動の場を移したと見られる。

このほか清水新三や山村豊次郎（明治二八年開業）らは宇和島組合を立ち上げていたはずであるが、宇和島組合について詳しいことは分かっていない。（「海南新聞」第五六九八号）

53 重岡薫五郎

重岡薫五郎は、内子町が生んだ類いまれな法律家である。学者、裁判官、弁護士、高等学校教師、政治家と多様な経歴を有し、いずれの道を進んでもひとかどの人物になったであろうと思われるが、若くして世を去った。重岡薫五郎は、文久二（一八六二）年一月喜多郡内ノ子村で重岡嘉平の長男に生まれた。松山中学校、帝国大学法科大学を経て、明治二〇（一八八八）年司法省法学校を卒業した。この年判事登用試験に合格、一〇月一一日判事試補として松山始審裁判所勤務を命じられた。以後薫五郎が裁判官としての道を歩むと信じたのは、母のエイだけではなかっただろう。ところが、在官一〇日で職を辞し、フランスに留学した。重岡忠三編『重岡薫五郎小伝』によれば、当時はフランス法の全盛時代で、「法学の蘊奥《うんのう》を究めるためには本家本元のフランスまで出向いて研究しなければ駄目だ」と決心したからに他ならない。

重岡薫五郎

薫五郎は、同年一一月南フランスのエクス大学に入学した。明治二四年七月同法科大学に民法とローマ法の二論文を提出し、法学博士の学位を授与された。どのような論文だったのか興味引かれるが、現物が残っていないのは残念である。エクス大学在学中、仏大統領カルノーが同大学を訪れた時のエピソードとしてつぎのような話が伝えられている。その時薫五郎は、大学を代表して大統領歓迎の演説を述べ喝采を得た。そして翌日、大統領招待の宴会に招待を受けた。当日氏が会場に進もうとすると、警護の巡査から行く手を阻まれた。短躯の東洋人を不審と認めたためであろう。氏は大統領からの招待状を提示したので、かの守衛は謝って会場に通したとのことである。

明治二四年一〇月帰国した薫五郎は、明治二五年三月の第二回衆議院総選挙に愛媛県第三区に自由党から立候補したが、有友正親（改進党）との争いに敗れ落選した。捲土重来、明治二七年三月の第三回衆院選挙に再び立候補、再び有友正親との対決となったが、今度は見事に勝利した。以後六回連続当選。この間の明治二六年四月には、代言免許証を得た。同年五月弁護士法施行を見越して、弁護士資格を確保しておく目論見だったと思われる。

そして同二八年五月法典調査会委員に任命された。旧民法が施行延期になったあと、穂積陳重・梅謙次郎・富井政章が起草した明治民法草案の審議に参加することになったのである。中途から審議に加わった薫五郎であったが、出席した回では必ず鋭い質問を投げかけている。ただし多忙のためか、欠席の回も多い。

その後明治三一年憲政会内閣の誕生に際し、外務省通商局長拝命、同三三年政友会内閣で文部省官房長など、着々と実績を積み重ねていたが、明治三八年胃がんが見つかり、翌年六月二一日死去した。四一歳だった。

54 松根権六

松根権六《ごんろく》は、宇和島藩城代家老松根図書《ずしょ》の長男である。松根図書は、藩主伊達宗城《むねなり》を補佐して幕末・維新の激動期を乗り切るのを助けた。宗城の代に、宇和島藩は雄藩の一としての声望を高め、宗城自身も四賢侯の一人として活躍した。宗城は、王政復古後も議定、明治元年外国事務総督、明治二年民部卿兼大蔵卿、同四年清国派遣全権大使など新政府内で重要な役職を歴任した。それを蔭で支えたのが家老の松根図書であった。図書は、明治四年に隠退した。

権六に関する史料は少なく、現在の私は、彼の生年月日すら知ることができていない。ネットの渉猟によって「大隈重信文書」（早稲田大学図書館所蔵）や「真田家文書」に、権六名義の書簡が数点含まれていることを発見した。これらは宗城の意を体して送った書簡とみられる。あるいは図書の引退後、短期間ではあるが権六が父親の役を引き継いでいたのではないだろうか。

権六の妻敏子は、藩主伊達宗城の次女である。俗な言い方をすると藩主の娘を家老の息子が嫁にもらったということになる。もって伊達家と松根家の主従を超えた緊密なつながりを推しはかることができよう。明治一一年、権六、敏子の間に次男として生まれたのが、俳人の松根東洋城（幼名豊次郎）であるというのも有名な話である。

さて権六は、その後司法畑を歩むことになる。大植四郎編『明治過去帳』によると、明治七（一八七四）年司法少解部《ときべ》となり、同八年ころ四級判事補に転じ、同一〇年東京裁判所判事を拝命、同一五年京橋治安裁判所判事補長となった。松根東洋城の「生まれざりし故郷」によると、東洋城が生まれ落ちたのは東京の築地二丁目で、家はもとの伊達屋敷と道を隔てた所であったという。東洋城の随筆を見ても、父親の権六に関するエピソードは余り書かれていない。ただ、「図抜けた芝居好き」との記述がある。新富座という大劇場を中心に町全体が芝居茶屋の街並みという地理的環境が大いに影響していたであろう。

権六は、明治二一年松山治安裁判所判事となり、同二三年大洲区裁判所判事として大洲に赴任した。故郷の伊予に帰ってきたのである。権六は明治三一年判事を退職するが、それまでの八年間権六一家が暮らした家が、「俳人松根東洋城旧居」として現在も大洲城二ノ丸近くに保存されている。現在郷土史家澄田恭一氏のお住まいとなっているとのことである。

権六は、明治四四年一月初旬頃没した。『明治過去帳』には死去時の年令も記されていないので、そこから生年を推測することができないのは残念である。

55 水利紛争（1）重信川・麻生対徳丸

伊予国は瀬戸内海に面し、古来から降雨量の少ないことで知られてきた。農民にとって水の確保は死活問題である。渇水の年は、村と村で熾烈な闘いが展開されてきた。双方とも必死なので、激しい暴力沙汰に及ぶこともまれではなかった。門田恭一郎『愛媛の水をめぐる歴史』（愛媛文化双書、二〇〇六年）は、「伊予の水論史話」の章で近世以降の水論（水騒動）を多数掲載している。

村民同士の暴力的激突のほか、裁判という手段によって自村の水利権を確保しておこうとする場合もあった。以下六回にわたり、明治中期に闘われた水利をめぐる裁判を取り上げてみよう。

門田前掲書に、伊予で最も有名な水論として「麻生水論」が紹介されている。現場は、重信川左岸の八瀬より上麻生村（大洲領）・下麻生村（新谷領）に用水を引く水路（古樋井手）と松山領徳丸村など五ヵ村の用水路（一の井手）が並行して設置されている場所であった。元禄年間以降たびたび乱闘がくりかえされてきた。中でも明和八（一七七一）年の紛争は激烈で、二人の死亡者がでている。

明治二二（一八八九）年、町村制の実施とそれに伴う町村合併によって、かつての徳丸村は伊予郡北伊予村大字徳丸に、また両麻生村は下浮穴郡原町村大字麻生となった。現地では、かつての古樋が効用を逓減したため、享保年間ころ森松・井門の二カ所に泉を穿《うが》って水源とし、これから原町村の上下麻生を通過し徳丸に至る水路施設が設置されていた（図参照）。

明治二四年、徳丸の農民ら六八名が、麻生の農民を被告として松山地方裁判所に「水利妨害解除」の訴えを提

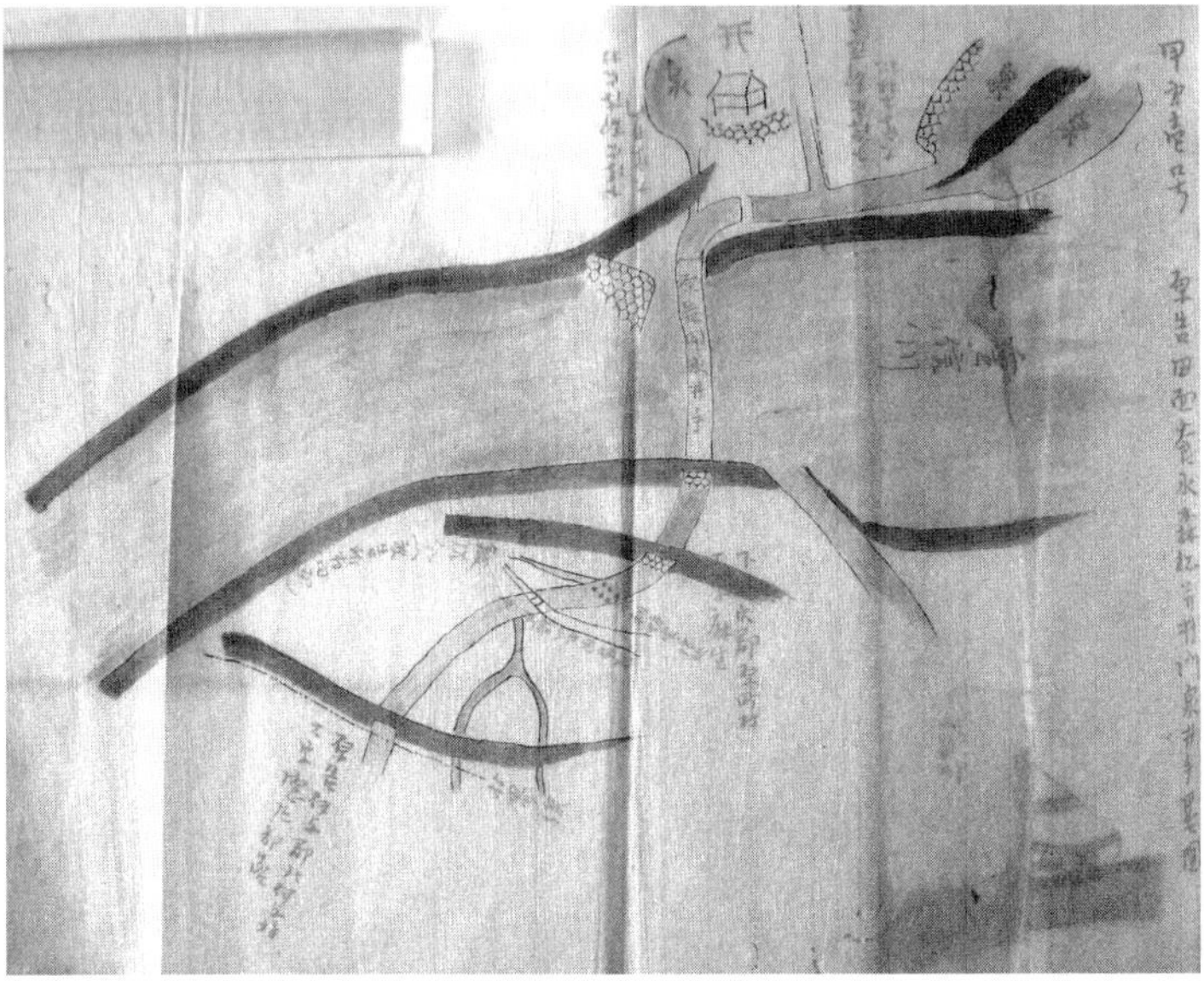

麻生水論の図（原告側証拠絵図）
『明治二十四年判決原本』（松山地方裁判所民事部）

起した。請求の趣旨は、重信川渇水の場合泉源からの養水は原告徳丸の専用であることを確認するというものである。これに対し被告麻生側は、水路は被告村の土地を通っているから当然麻生側にも水利用の権限はあると主張した。同年八月一〇日松山地裁で判決があった。判決は、水路は原告村の専用として開設されたことが明らかで、被告が費用・労力を分担した事実がないとして、原告の主張を容認した。この判決を不服として被告は控訴したが、明治二五年二月九日大阪控訴院は、控訴を棄却した。

　何がきっかけでこの裁判が提起されたかは不明だが、渇水時の予防的灌漑用水を確保しておこうという麻生側とそれを拒否する徳丸側の間で葛藤《かっとう》が存在していたのであろう。果たせるかな、翌二六年、二七年未曾有の大渇水が県下一円を襲った。

56 水利紛争（2） 国領川・洪水堰

国領川は、四国山地を北流する先行河川で、扇状地的地形を形成している。扇の頂点に位置するのが洪水堰（新居浜市山根）である。釜の口からの疎水は角野・中村・上泉川の一部を潤し、余水を金子・新居浜浦に流した（以上、門田恭一郎『愛媛の水をめぐる歴史』による）。

明治二六（一八九三）年は春先から降雨がなく、夏には深刻な事態を迎えた。この年の「海南新聞」は、連日水騒動の記事で紙面が埋まっている。なかでも角野村と他四村（中萩村大字中村・泉川村・金子村・新居浜村）の間で勃発した騒動は激烈であった。七月六日、金子村長・新居浜村長を交えた仲裁交渉が決裂したとの報が伝わるや、大太鼓・梵鐘・突鐘《つきがね》等が打ち鳴らされ泉川・中村は二〇〇〇人余、角野村は一〇〇〇人余が群集した。急報をうけた西条警察署警官三二名が制止しいったん騒ぎはおさまったが、七日深夜、中村勢が井手筋の分け股二ヶ所を突き崩したことをきっかけに乱闘がはじまった。黒白分からぬ闇夜に総勢二、三百人が入り乱れ、敵も味方も分からず鋤・棒・割木などで殴り合い、双方三、四十名の負傷者をだした。うち重傷の一人（角野村大字立川）は、九日未明に息絶えた。その後八月にも農民の発砲・投石、爆裂弾の破裂、家屋破壊、巡査の抜剣などを伴う衝突事件が発生し、二名即死、重傷者一一名を出す惨事となった。

これは刑事責任が問われて然るべき事件と思われる。泉川村民は角野を告発、また角野側も凶徒聚集家屋破棄の告訴をなしたが、郡長・三村長の調停の過程で、双方告訴を取り下げることになり、結局刑事責任が問われたか否か、判然としない。

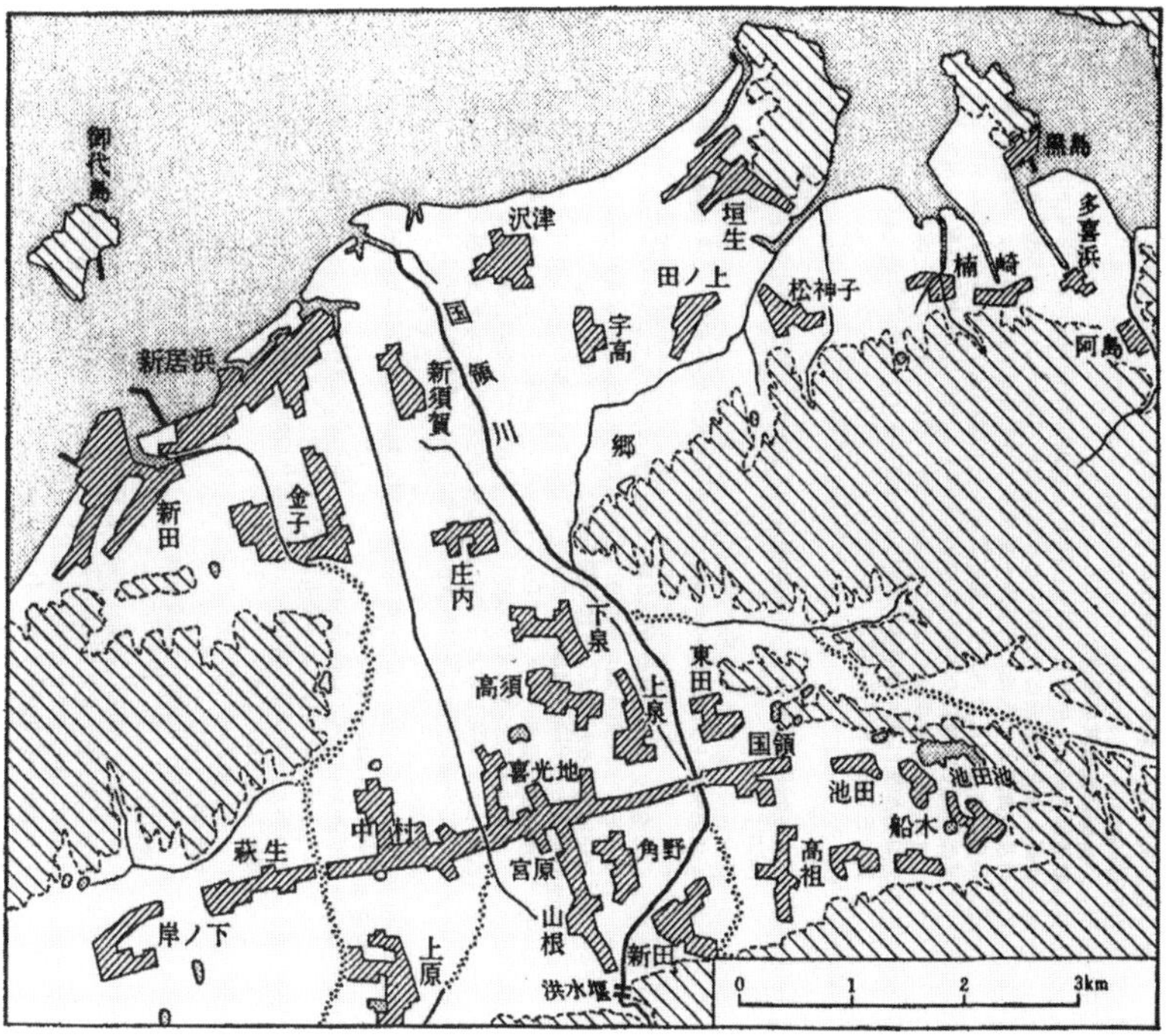

国領川流域図（喜多村俊夫『日本灌漑水利慣行の史的研究 各論編』岩波書店252頁より）

事件のきっかけとなった水利慣行については、松山地方裁判所に訴訟を提起しそこで争うこととなった。裁判では、洪水堰の養水引用法が争点となった。原告（中村など五カ村）が五カ村で六昼夜に一回まわす番水法を主張し、被告（角野村）が六カ村で七昼夜に一回の番水法を主張した。両者のちがいは、角野村分を東角野村と西角野村の二カ村として扱う（被告側主張）か否かにあった。同年一二月一一日、原告勝訴の判決があった。甲第二号証（寛文年度の協定書か）に「五ヶ村一日一夜宛、其内金子村ハ二日二夜」との文言をみれば、たとえ角野村が東西二カ村になったとしても水利関係では一村と見なされるというのが理由であった。角野村は広島控訴院に控訴したが、明治三〇年五月七日控訴棄却の判決があった。

57 水利紛争（3）石手川筋・草葉川

前年に引き続き、明治二七（一八九四）年も大渇水の年であった。同年七月一九日付け「海南新聞」第五〇三三号は、「昊天《こうてん》なんぞ無情なる」と題して、松山市内の惨状を伝えている。「目下日照り続きで泉源尽き河底涸《か》れ、農民は日夜汲々として井を穿《うが》ち池を掘っているが、白日天を覆い、惨憺たる光景が広がっている。昨年まれな旱魃を経験したというのに、昨年に倍する旱魃に遭うとはなんたることか」と記している。そして、連日のように各地の水論の記事を掲載した。

その翌明治二八年七月、温泉郡桑原村大字樽味が同郡素鵞村大字枝松を相手どり、石手川の支流である草葉川の水利権を求めて松山地方裁判所に訴えを提起した。新聞は判決文を掲載するが、訴訟に至る経緯を紹介しないので、提訴に至った事情はよく分からない。たぶん前年の大渇水時に、両部落間で熾烈な争いがあったのであろう。そこで原告樽味部落は、予防的に水利権の確定を求めたのである。

原告の請求は、「原告が草葉川から養水を引用することを被告は堰止めてはならない」との判決を求めるというものである。原告によれば、草葉川は、溝辺・石手・東野を過ぎ大字樽味そして字天王に注ぎ、前記諸部落の田を潤している。ところでこの川は途中で分岐し、枝松・松末・新百姓の被告三部落に流れている。従って渇水の時、枝松のところで堰止められると原告らの田一町二反余りが干上がることになる。これに対し被告の主張によれば、草葉川は往古から被告三部落の田反別六一町余を灌漑する養水であった。三部落は、井手堤の修繕、水掛かりの役入用等も負担してきた、また安政二（一八五五）年小坂堰再興にあたって樋の修繕・付け替え工事を負担し川床の川さらえ等の費用も負担してきたと述べる。さらに、原告所有の田はもともと石手川市の井手掛かりに属し、同掛りの水を引用すべきものである。草葉井手の水が豊富で余裕がある折りは、余水の引用を許しているが、渇水で養水欠乏の場合の引水は許されないと主張した。

明治二八年七月一七日、松山地裁で原告敗訴の判決があった。判決では、被告三部落の費用・労力負担を認める一方、原告にはそのような負担を分任した形跡はないとして、原告の権利を否定した。原告は控訴したが、明治二九年五月一八日広島控訴院において控訴棄却の判決があった。水利権の有無を判定するにあたって、労力・費用負担の実績を重視する裁判所の姿勢を示したといえよう。

58 水利紛争（4）洪水堰ふたたび

曽我鍛《きとう》『井上要翁伝』を読むと、井上が弁護士時代担当した水利権訴訟が紹介されており、「新居郡芦谷川の水利権をめぐる繫争事件でもって論争前後八ヶ年、明治三十三年六月、大審院における最終判決で、遂に翁が代理訴願せる同郡中萩村大字中村など原告側の勝訴に帰した」とある。果たしてこれはどこの事件で、どのような裁判だったかと、明治三三（一九〇〇）年版の『大審院民事判決録』を繙《ひもと》いてみた。すると驚いたことに、〈56〉で紹介した洪水堰をめぐる水利紛争の再燃であった。

第一審の裁判所や判決年月日は不明だが、原告中村が芦谷川の用水につき「交番法ニ従ヒ原告人ハ一回六昼夜ノ内一昼夜其全部ヲ大字中村ノ田面ニ引用スルノ権アルコト」の確認を被告角野村に求めたことが発端のようである。控訴審の判決言渡は、明治三一年一月三一日広島控訴院であった。それに対し角野村が上告したが、明治三三年六月一五日大審院で上告棄却の判決があった。

なぜこのように洪水堰をめぐる紛争は、繰り返し起こるのであろうか。

喜多村俊夫『日本灌漑水利慣行の史的研究』〔各論編〕の中で、「わが国用水問題の複雑性の縮図」のような存在として、国領川の用水関係が紹介されている。同書によると、洪水堰懸かりでは、古くは寛文五（一六六五）年の墨付が残っており、近世前半期から番水制が実施されていることがわかる。そしてその三八年後に調印された宝永元（一七〇三）年七月の「洪水懸かり村々の取替し連判一札」には、金子村・新居浜浦・中村・上泉川村・東角野村・西角野村の村役人が連印している。その書状には、その中に「洪水横井用水…五月中五日前ヨリ五ケ村一日一夜其内金子村ハ二日二夜」という文言があった。この文書こそ、後日裁判のたびに証拠として提出され、その解釈が問われることとなった文書と考えられる。同文書については、なぜ金子村の引水のみ他村の倍となっているのか、六か村の村役人が連署しているのに「五ケ村」と記しているのか、不明な箇所が多い。にもかかわらずその後永年にわたってこの番水規約は旧慣を体現するものとして踏襲されたのである。

井上要の名前は、大審院の判決には記載がない。第一審や控訴審で関わった代言人や弁護士も、上告審では外れることも多い。出張の煩雑さを避けて東京の弁護士に任せたのかもしれない。

59 水利紛争（5）蒼社川

水利紛争の特色の一つに、同じ当事者の間で同じ堰、同じ箇所をめぐってくり返し紛議が起こることがあげられる。裁判にもち込まれた紛争でも、同様の紛争が何度も提起されているケースがまれではない。今回はそのような例のひとつとして、蒼社川の堰をめぐる鳥生《とりゅう》村と郷村の紛争を紹介しよう。

蒼社川は、髙縄山に源流を発し、今治平野を貫流して燧灘に注いでいる。門田恭一郎『愛媛の水をめぐる歴史』によれば、北方筋（郷村など一四か村）と南方筋（鳥生村など九か村）の代表者の協議で取水堰の位置や管理権が確認されてきたが、そこでは今治城のある北方筋に有利、南方筋に不利な灌漑水利慣行が踏襲されてきた。

明治一四（一八八一）年、大字鳥生の村民一二〇名余りが松山裁判所に郷村を訴えた「田方養水旧慣分水差拒ノ詞訟」を提起した。原告鳥生村の請求は、中井手・青木井手の二つの堰について、一日一夜替の番水により原告が取水することを被告郷村は差し拒んではならないというものであった。これに対し被告は、原告の第一号・第二号証は偽造などと主張した。同年二月の判決は、原告の主張を認め、鳥生の勝訴であった。これに対し郷村は大阪上等裁判所に控訴した。同年一二月二八日の判決は、第一号・第二号証は偽造などとする郷村の主張を認め、逆転郷村の勝訴となった。この判決に対し、鳥生村民は、大審院へ上告した。明治一五年一〇月三日の大審院の判決は、控訴審判決の不備を認め、原判決を破棄し、広島控訴裁判所への移送を命じた。そして明治一六年二月二八日広島控訴裁判所で判決があり、鳥生の勝訴が確定した。

このあと明治一七年にも、字春日・成願寺の二耕地への引水の特権があるか否かが松山始審裁判所で争われた。五月三一日判決があり、ここでも被告（鳥生村）が勝訴している。

さらに明治二四年の「水利妨害訴訟事件」では、番水の時期が争われることになった。原告（鳥生村）が挿秧＝田植え前の田に引水しようとしたところ、郷村は鳥生など下流の村は上流の村が挿秧終了した後でないと引水できないと妨害した。それに対し被告（郷村）は原告等の引水を妨害してはならないとの訴えを求めたのである。

九月の松山地方裁判所、一二月の大阪控訴院、いずれも原告（鳥生村）の解釈が妥当であるとの判決を下した。

いずれの裁判でもカギを握ったのは、享保一〇（一七二五）年四月の裁許状の存在である。この証拠の真否や解釈をめぐって激しい争いが繰りひろげられたのが本紛争の特色である。

60 水利紛争（6）頓田川

松山弁護士会の初代会長岩本新は、明治二八（一八九五）年大阪控訴院に出頭した際コレラに倒れ亡くなった（〈36〉）。岩本が大阪を訪れたのは、越智郡富田村の水利妨害控訴事件の口頭弁論をなすのが主たる目的であった。では、岩本が命をかけることになった「富田村の水利妨害控訴事件」とはどんな事件であっただろうか。

本件で争われた頓田川は、前回取り上げた蒼社川の南に位置し、この両川であたかも今治市を挟むような位置関係にある。本件で問題になったのは、富田村大字上徳にある廻り松堰の引水問題である。同堰には、四つの井手が存在した。中井手・寺井手および神宮寺井手・丁字井手の四井手である。すでに中井手・寺井手の二井手については、「水利権確定ノ訴訟」で争われ、明治二五年月日不明の大阪控訴院で「植付水ハ交番ノ請求相立タス、植付后ノ養水ハ各二昼夜ツヽ交番ヲ以テ平等ニ引用スヘシ」との判決が言い渡され確定していた。

そして明治二七年、今度は神宮寺井手・丁字井手の二井手の水利をめぐって、富田村の喜田・東村の両大字が大字上徳を相手どった「水利権確定」訴訟が提起された。原告が二昼夜交番引水時間中は、被告は神宮寺井手・丁字井手に養水を引用してはならないとの判決を求めたのである。同年六月四日松山地方裁判所の判決は、原告の請求を認めた。

この判決書では、代理人の顔ぶれも注目される。原告側の代理人となったのが、高須峰造・井上要・森彦逸の三弁護士であった。高須峰造は、越智郡大新田村の出身であるから、出生地の知人から依頼されたのかも知れない。井上要は、高須と同じ弁護士事務所を経営していたから、本訴訟に名を連ねたのも不思議ではない。これに対し被告側の代理人は、岩本新・大宅伊敏の二弁護士であった。

事件は大阪控訴院に控訴された。控訴した大字上徳は、明治二五年の裁判を引用し、この時は神宮寺井手・丁字井手について争わなかった被控訴人が、今回更に神宮寺井手・丁字井手に対し訴えを提起し、原裁判所がこの請求を認容したのは不服であると述べた。明治二八年一二月四日、控訴棄却の判決があった。明治二五年の判決では、「寺井手・中井手引水権を執行する方法」について判決しているが、丁字井手水落は、他の井手に比し水底最も低く水量も多く吸引されるので、控訴人が神宮寺・丁字井手から引水できるとすると、被控訴人は字廻り松の井手の水量を平等に引用できないことになる、とその理由を述べた。判決書の被告人弁護士の欄に、岩本新の名前は記載されていない。

61　入会紛争（1）上灘村久保組対三島組

明治時代人びとの生業は、農業中心に営まれていたから、水の確保は、稲作を中心とする農業には文字通り死活問題であった。だから、前回まで紹介したように、渇水時には、村と村の間で血で血を洗う紛議がくり広げられた。いっぽう山のもたらす恵沢も、農村生活の維持には不可欠であった。下草や刈敷＝柴草の採取は田畑に投入する肥料として、また牛馬の飼料用として必要であった。小枝・枯枝や炭焼き用材の確保は、燃料用として欠くべからざるものであった。その他建築用材の伐木、ワラビ・ゼンマイや茸など食用林産物の提供など、山は多様なかたちで農山村の経済を支えてきたのである。

　このような山の利用を「入会（いりあい）」とよぶ。明治三一（一八九七）年施行の民法では、入会権については、各地の慣習が法律と同じ効力をもつと定めている。

　入会山の所属や境界、利用方法をめぐって村同士が対立した事例は珍らしくない。村同士が力と力の対決、実力行使に及んだ例も多数存在するが、ここでは裁判となった事例を紹介しよう。

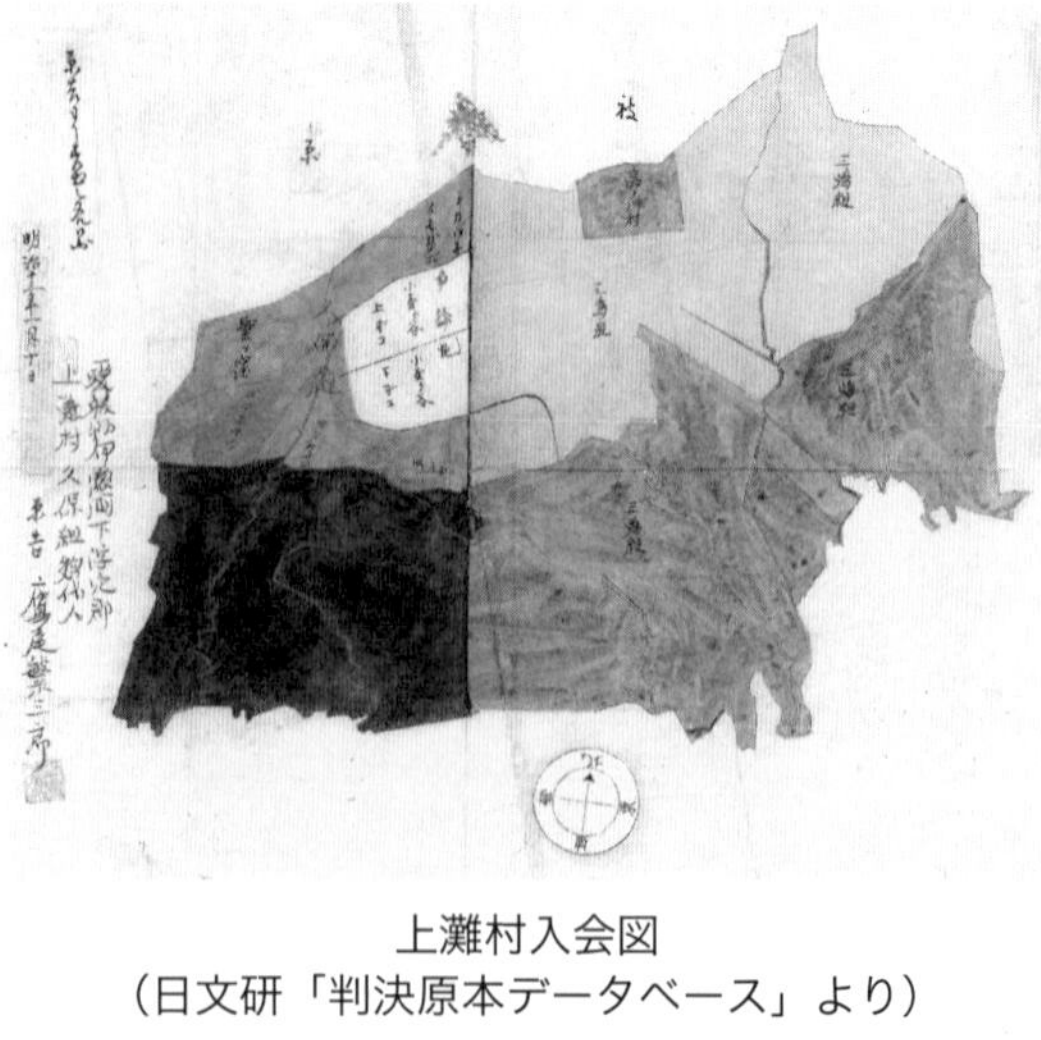

上灘村入会図
（日文研「判決原本データベース」より）

　下浮穴郡上灘村の久保組と同村三島組の草山争論は、大審院にまでもつれこんだ。ことの起こりは、明治一一年頃同村字小屋ケ谷の「下サコ」とよばれる草山をめぐって、原告久保組が山の利用を被告三島組によって妨害されたのに対し、自己の所有を主張して松山裁判所に訴えを提起したことに発する。これに対し三島組は、論所は自分たちの持地であると主張した。始審の判決は、原告・被告とも自組の所有を証明できていないので、「其筋へ申し立て、処分を受けるべき」というものだった。これに対し、大阪上等裁判所に控訴がなされた。原被告両組は、明治三年にも論地をめぐって争論を起こしていたようであるが、その際旧大洲藩民政局から「定書」なる文書が下げ渡されていた。明治一三年九月一一日の控訴審判決は、この「定書」を重視し、論山「下サコ」は被告三島組と原告久保組の一部（替前）の立会いの草山であると断じ、原告の訴えを斥けた。

原告は納得せず、大審院に上告した。明治一四年四月一二日下された大審院判決は、原判決は「定書」の読解を誤っているとして破棄自判した。論地は、三島下組（被上告村の一部）と替前（久保組の一部）の立会い草刈り場であると判決した。

草山への立会い権が認められるかどうかは、当事者にとっては、大審院まで闘い続けるほどの重要性があったのである。

62 入会紛争（2）別子銅山周辺の村々

明治一五（一八八二）年月日不明、新居郡角野村住民一一〇名が、同郡立川山村の村民二四〇名を相手に、入会山をめぐる訴えを松山始審裁判所に提起した。訴えの主旨は、角野村は往古より立川山村の山に入り柴草薪等を採取する権利があるのでこれを妨害しないこと、また被告が住友吉左衛門に一五六〇円余でこの山を売却して原告の権利を侵害したので賠償を求めるというものだった。翌明治一六年六月七日下された判決は、原告の請求を認め、角野村が論山に元禄一二年より入会してきたことを認定し、かつ売却代金の半額を弁償することを命じた。上訴された形跡がないので、この判決は確定したものと思われる。

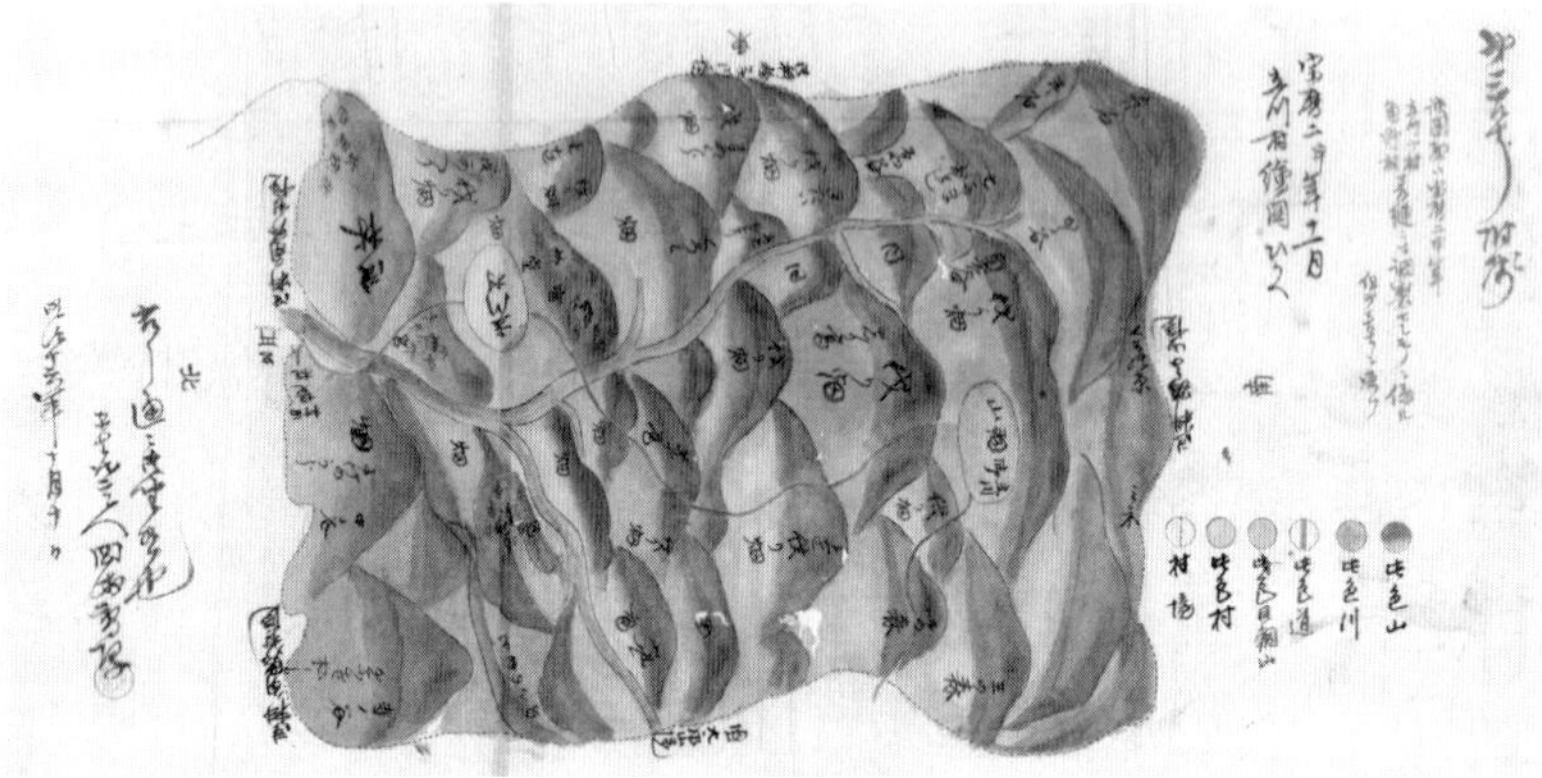

立川山入会絵図
（日文研「判決原本データベース」より）

問題となった論山の名称や面積などは判決書に明記されていないので不明である。しかし、この判決書には原被双方から提出された八点もの図面が添付されている。これを見ると、別子銅山に接する広大な山々が角野・立川山両村民の入会山であったこと、そしてこの山々が住友吉左衛門によって買い取られたことが分かる。周知のように、元禄四（一六九一）年開坑の別子銅山は、大坂の泉屋によって経営されてきた。維新後も泉屋の後継たる住友に明治五年銅山稼行の許可が下り、経営が継続された。採掘された銅鉱石の製錬には多量の木材を必要とする。明治八年以後、住友は周辺の官有・民有の山々から木材を買い集めている。本件もその流れで生じた事件であったと思われる。

　こうして住友が銅山周辺の山々を買収すると、村民の入会地は縮小することとなる。村民たちはどこにその代替地を求めたのであろうか。上記判決に直接関連するわけではないが、明治二二年一〇月五日の松山始審裁判所判決は、そのことを考える手がかりになりそうだ。原告は新居郡種子川山村の村民三一名、被告は角野村の村民一二名である。原告の請求は、種子川山村の字種子川柴草山（地券上一五八〇余町歩）は、両村ほか三ヵ村の共同入会地であるが、被告村民が入り込んで炭焼きをなし原告の特権を侵害しているので、これを差し止めたいというものである。これに対し被告は、我々には「小炭仕成」の慣行がある、また論地は相当広大であるからわずかな稼行を認めても何ほどのこともないと、反論した。判決は、甲第一・二号証「約定証書」（入会五ヵ村の総代と戸長が会同して本訴共有山の収益方法や地租の負担等を規定したもの）の効力を認め、炭焼きその他の業は原告村の特権となっているとして、原告を勝たせた。

63 第一部のおわりに

「愛媛民報」に連載した「伊予松山・裁判所ものがたり」は、二〇一二年一〇月から開始された。それから約五年、連載回数も六〇回を超えた。

この連載に取り組んだ私の意図は、つぎの点にあった。第一は、地方の歴史を描くにあたって、法や裁判を中心にした歴史をふりかえると、これまでには知られなかった側面が見えてくるのではないかということである。県史・市町村史はもちろん大学や民間の研究者の歴史書も、政治史・経済史・産業史・文化史などの観点から書かれた業績は多いのだが、地域法制史あるいは地域司法史というものはないようである。いっぽう私の専攻する法学の分野では、現行法の研究に集中し、過去の法は余り顧みられない。まれに検討される場合も、中央法令の成立過程、あるいは大審院や最高裁の判決は研究されるが、その法令の適用・執行過程や原審の判決については、ほとんど関心を持たれないし研究もされない。

古い話だが、法社会学や労働法学に先鞭をつけわが国法学の創造的革新者とされる末弘厳太郎《いずたろう》は、これからの

末弘厳太郎

法学はすべからく「法のローカル・カラー」を探究すべきであると宣言し、法学界に衝撃を与えた。大正九（一九二〇）年のことである。末弘は、西洋にはない日本法の「ローカル・カラー」を問題にしたのだが、私は文字通り日本の中の「ローカル」＝地域の法を明らかにしたいと考えた。

では、どこを検討の素材に選ぶか。私は人生の大半を愛媛県で過ごしてきた。生まれ育った土地だから愛着心はある。しかしこの県の過ぎこし方を振り返るとどうしても感心しない面も目立って仕様がない。「愛媛よ、おまえはいったいいかなる存在なのか」という問いが脳裏につきまとって離れないのである。

そのような次第で、愛媛を舞台とする法の「ローカル・カラー」解明をめざして本連載の筆をとってきた。「裁判例」と「新聞」が手がかりである。とくに「海南新聞」の悉皆調査によって、これまで知らなかった数々の事実に接することができた。

ここらでこれまでの分を、『伊予松山・裁判所ものがたり〈明治編〉』として、まとめさせていただくこととした。私の意図では、さらに大正編、昭和戦前編につなげていく所存であるがいま少し充電期間をいただきたい。

第二部

市之川鉱山事件の深層

第一章　愛媛県初代警部長・真崎秀郡とその周辺

はじめに

大日方純夫『維新政府の密偵たち―御庭番と警察のあいだ』（吉川弘文館、二〇一三年）は、衝撃的な本である。氏は、この書において、太政官政府の雇用する「監部」＝隠密警察の存在と実態を明らかにした。本書によると、「監部」は明治四（一八七一）年から同一〇（一八七七）年ころまで、政府中枢部に設けられていた密偵機関であった。「監部」の密偵たちは、太政官正院に属し[1]、反政府勢力（不平士族、農民たち、キリスト教など）の情報収集活動にたずさわった。

「監部」の密偵たちを使用して反政府勢力の動向を探らせていた政府中枢として、大隈重信の名が登場するのにも驚くが、私が注目したのは真崎秀郡である。彼こそは、明治一三（一八八〇）年から同二三年まで愛媛県警察に君臨した人物である。その真崎が太政官正院「監部」の要員たる経歴を有していたことが本書で明かされた。

本章では、真崎秀郡の人物像に迫るとともに、愛媛県の明治初期政治史において真崎の果たした役割を検討したいと考える。しかし、真崎の経歴や活動に関する手がかりは極端に少ない。国立国会図書館近代デジタルライブラリーで、「真崎秀郡」の語を入力して検索すると、二点の書がヒットした。当面はこの二冊、向井弥一『佐賀先覚遺聞』（自費出版、一九二六年）、望月茂『小林芳郎翁伝』（壱誠社、一九四〇年）が手がかりである。

向井弥一『佐賀先覚遺聞』は、佐賀県出身の著名人九名（成富兵庫、石田一鼎、武富咸亮、古賀精里、井内南涯、今泉千秋、江藤新平、富岡敬明、真崎秀郡）の逸話をまとめたものである。このうち「真崎秀郡」の部分は、真崎本人の回想を向井が録取した形をとっている。一方、望月茂『小林芳郎翁伝』は、元検察官僚小林芳郎の伝記である。小林にとって真崎は叔父であり、本書に真崎のエピソードがたびたび出てくる。しかしその多くは、向井著前掲書に掲載された逸話の繰り返しである。[2]

回想録の類は、日時や事実の先後などについての記憶ちがいや大言壮語などがあり、全面的に信頼することはできない。それだけではなく、真崎の回想は、都合の悪い事実を隠蔽したり、虚偽の説明をする場合もあって、とくに注意が必要である。吟味しながら使用することとしよう。

真崎秀郡の生涯は、一佐賀時代、二「監部」時代、三熊谷裁判所判事補時代、四愛媛県警察官僚時代、五長崎県警察官僚時代、六それ以後、に大別することができる。順次検討してゆこう。

一　佐賀時代（一八三七〜一八七二）

(1) 真崎秀郡の誕生

真崎秀郡は、天保八（一八三七）年八月、佐賀藩小林家に生まれた。幼名を俊助と言った。嘉永六（一八五三）年、一六歳のとき真崎家養子となり、名を秀郡と改めたとある。[3] これでいくと、真崎は、明治維新期には、三〇歳に達していたことになる。しかし佐賀藩時代については、向井前掲書を見ても、他愛もない二、三のエピソードが掲載されているほかは、真崎の姿が浮かび上がってこない。年齢的に、青年期から壮年期にさしかかろうかという多感な時期である。しかも幕末は激動の時代で、佐賀藩も幕府方と反幕府側のいずれに組するか激論が交わされていた。その時、真崎がこの時代をどのように見つめ、何を考え、どのように行動していたか全く語られないのは、不思議としか言いようがない。あるいは、他に言えない秘密の活動に従事していたのだろうか。

（2）佐賀時代、二三のエピソード

とりあえずここでは、前記他愛ないエピソードの概要を記しておこう。まずは、秀郡が真崎家に養子として入った初めての正月に、実家へ立派な祝儀をもって帰ったところ、実家の父に叱られたという話である。このとき秀郡は、「私今日は金満家真崎の主人でござる　此主人が実父の祝儀に参るに此位の物持て来たりしとて何等の不都合ありとは考えす」と言って実父をやりこめたという話である。[4]

その二は、少年の折り江藤新平に「真崎サン近頃ハ本読ドルカ」と尋ねられ、「イヤ学者ニナルト皆馬鹿ニナル様デスカラ本ハ悉皆クレテ仕舞ッテ読マンコトニシマシタ」と答えたところ、江藤からやはり本は読んでおかなければいけないとたしなめられたという話である。[5] この話から、真崎が江藤より三歳ほど下であった事、そして江藤とこのような話を交わすほどの面識があったことがわかる。

その三は、一五、六歳の頃、藩校弘道館に寄宿していた時の話として語られる。一日鏡で自分の顔を見たが真に愛想がつき、これ以後鏡を見ないことにしたと述べている。[6] この話はどこまで本当だろうか。後年警察幹部になった時に、警官練習所への掲示用として写真を請われたが断り通したとある。[7] 彼が、生涯を通じて写真に写されることを極端に嫌ったことは事実のようだ。しかしこれは、彼の従事していた仕事（＝密偵）から身についた性行ではなかったろうか。そのことを隠蔽するためのとってつけた逸話のように思えなくもない。

二「監部」時代（一八七二～一八七五）

(1) 大日方純夫著『維新政府の密偵たち』から

冒頭で述べたように、大日方純夫著『維新政府の密偵たち』は、政府密偵としての真崎の存在を明るみに出した。明治五（一八七二）年から明治七（一八七四）年ころまで、大隈重信配下の「監部」要員として働いていたのである。「監部」とは何か、大隈の回想（『大隈侯昔日譚』）から引用する。

　ところが弾正台は廃せられたが、人心の動揺は益々甚だしく、陰謀暗殺が随所に行われるので、その後新たに監部と云うのを置いた。四十万の武士がつぶれて失職し、不平家は沢山ある。扇動家もあり、人心甚だ安定を欠いて、非常な危険状態になったので監部を置いて人心の動きを窺い知ろうと云うのである。…その時の相談で、わが輩がその長官と云うことになったが、こちらはそう云うことにはすこぶる不得手である。そこで当時わが輩の所には、沢山の浪人やら豪傑連中やらが出入していたので、これを用いることにした。この役目は表面の官吏としたのではいけぬので、表面の官吏と云うことにせず、今で云う刑事とか密行とか云うもので、極めて隠密の間の仕事である。…このときやはりその仲間で北畠（治房）の乾分の屈強者が大分役に立ったが、…北畠と云う男も妙な男だが、その初めは五代才助（友厚）が紹介したのである。[8]

大隈の回想によると、もっとも「監部」の中心を担ったのは土佐人（高知県）であったという。また「監部にはわが輩の部下も三十人程いたが、実に奇々怪々の人達ばかりであった」とも述べる。大隈自身の使っていた三〇人ほどの部下とは、多くは佐賀藩出身者だったのではないかと推測される。その中に真崎が入っていたことは確実であろう。[9]

大日方、前掲書において、真崎の名が登場するのは、四箇所である。年代順に並べ替えて、列記するとつぎのようである。

① 明治五（一八七二）年一〇月二二日　山梨県の大小切騒動につき「探偵書」を提出した。[10] この「探偵書」では、暴民騒擾に対する対応として、山梨県首脳部（参事と権参事）に内部対立があったことが手に取るように紹介されている。[11] 真崎は、いかにしてこのような県庁の内部情報を入手することができたのであろうか。

② 明治六（一八七三）年一一月二九日　九等出仕の真崎秀郡は、高知から四国一円を巡回し、明治七年一月二九日　四国巡回から帰京した。[12] このとき高知県から愛媛県を経由したことがうかがえる。愛媛県内でどこを廻り、誰と接触し、どのような情報を得たか興味をもたれるところであるが、不明である。

③ 明治七（一八七四）年六月付で、属諜者として東京府貫族中村透を召し使う旨の書類が残存している。[13] ただし中村は、同七年八月二七日付けで免じられている。[14] なぜ中村がわずか二ヶ月で解雇されたか、この間の事情については、うかがう術もない。

④ 明治七（一八七四）年「監部諸証署類」に九等出仕として記載されている。[15]

いったい真崎の「監部」としての経歴は、いつごろから開始され、いつごろまで続いたのだろうか。

これについて愛媛県立図書館に保存されている「履歴書」（全文は後掲）が参考になる。これによると、明治五年三月二五日に「正院九等出仕」に補され、同七年一〇月二〇日に「出仕」を免じられている。[16]「履歴書」によるかぎり、彼の「監部」在勤は二年半ほどに過ぎない。

(2) 活動停止後の「監部」要員の行方

大日方氏によれば、明治九年頃になると、「監部」そのものが活動を停止させたようである。大隈の回想（『大隈侯昔日譚』）は、「とにかく、このようにして監部を設けたが、…明治九年頃いい加減に切り上げた。十年戦争の頃までは少しは残ったものもあったのである」[17]と述べている。内務省が成立し、同省のもとで国事探偵が使用され始めたこと、（鹿児島を除き）士族反乱がヤマを越し地方の状況がやや安定度を増してしてきたこと、などが背景にあろう。

監部の活動停止に伴って、監部の要員たちはその職を失うことになった。大日方氏は、監部廃止後におけるメンバーの行方を検討している。元締めの位置にあった林直庸は、宮内省に入り同省職員となった。木下真弘は太政官修史館の四等書記などを勤めたあと、外務一等属として朝鮮ソウルに赴くなど外務省に勤務した。荘村省三は、免職後大隈に窮状を訴え大蔵省御用掛に任用された。関信三（安藤劉太郎）は、密偵としての過去を消し、日本の幼稚園教育の創立者となった。また、大友千秋は愛知県真清田神社の宮司となった、等々である。

では真崎秀郡は、監部免官後どのような経歴をたどったか。「履歴書」によると、真崎は明治七年一一月から同九年二月まで、「茨城県九等出仕」に任じられている。この時期の茨城県の参事は佐賀県出身の関新平であった（後述）。同郷の関新平を頼って就職したとの想像も難くない。そして同九年二月に茨城県出仕をやめたのも、関が同参事の地位を去った（明治八年六月）からだと考えれば、理解できよう。

その後同じく「履歴書」によると、真崎は、明治九年二月二五日から一〇年二月二八日まで、「愛知県二等警部」

に就いた。この愛知県警部への就任が、いかなる経緯によるものか、また何らかの指命を帯びたものであったか、一切不明である。

三　熊谷裁判所判事補時代（一八七六〜一八七九）

（1）真崎自身の語る判事時代

「監部」免職後、真崎秀郡は、司法畑に再就職先を見いだした。この間に事情について、真崎自身はつぎのように述べている[18]。

真崎曰く明治初年在京の折大木司法卿より月給百五十円の裁判官になれとの話あり。其頃で百五十円の裁判官は上等の部なり。我れ裁判事務の経験なきを以て断り、其代わり適当なる代人を差上ると云て目下窮し居る地人某を推挙す。其の今日あるは全く我か御蔭なり。其後我れ貧窮し食ふて行くにも困ると云ふ場合に陥り、今度は何でもやるから世話して呉れと頼み三十円の月給で前橋裁判所の判事となる。処で僅か三十円の小役人になったに付ては第一今迄のやうな贅沢生活を廃し緊縮した生計を取らねばならぬと言ふ訳で万端質素を旨とし衣服を綿服とし食事一汁一菜と云ふ位にやったら初めて多少の余裕を見るに至れり。唯綿服丈は如何にも着心地悪かりし為め在来所有の絹衣のなくなる迄着ることに改正せり。

大木（喬任）司法卿から「月給百五十円の裁判官になれとの話」があったが、これを断ったという話は本当だろうか。大審院の裁判官でも百五十円の月給をとっていたとは思われない。また「裁判事務の経験なきを以て断り」というが、ではその時期いったいいかなる仕事をして収入を得ていたか全く述べていない。この時期真崎は、前述の通り大隈の配下の「監部」要員だったから、この経歴を隠蔽する作り話ではないだろうか。

「其後我れ貧窮し食ふて行くにも困ると云ふ場合に陥り」というのは、失職後の困窮を語り案外本音であったかもしれない。「今度は何でもやるから世話して呉れと頼み」に行ったというが誰に頼んだのかはっきりしない。いずれにしろ佐賀人脈を利用しての猟官運動だったであろう。

再就職先は、前橋裁判所の判事であったと述べる。しかし、前橋裁判所という裁判所は、当時存在しない。『司法沿革誌』によると、明治五年以後における群馬県の裁判所の設置状況はつぎのようである。

明治五年八月五日「神奈川、埼玉、入間の三裁判所を置き各々其管内を管す」

　同年八月一二日「足柄、木更津、新治、栃木、茨城、印旛、群馬、宇都宮の八裁判所を置き各々其管内を管す」

明治六年六月二四日「宇都宮裁判所を栃木裁判所に合せ（中略）入間、群馬の二裁判所を合せて熊谷県に移し熊谷裁判所と称す」

明治九年一一月八日「浦和裁判所を熊谷に移し、熊谷裁判所と称す○熊谷裁判所管内に浦和、前橋の二支庁及熊谷、浦和、高崎の三区裁判所を置く」[19]

すなわち『司法沿革誌』によると、明治九年一一月に熊谷裁判所が設置された時、同所管内に浦和、前橋の二支庁が置かれ、前橋裁判所（支庁）という名前が登場するのはこの時がはじめてである。つまり熊谷裁判所というべきところを、故意か記憶違いか、前橋裁判所と記しているのである。

「履歴書」[20]によると、真崎の熊谷裁判所赴任は明治一〇年三月三〇日で、このときは「司法省一三等出仕、熊谷裁判所在勤」であった。その前は、明治九年二月〜同一〇年二月までおよそ一年間愛知県二等警部として勤務していた。「三十円の月給で前橋裁判所の判事となる」というのは、このような経歴を秘そうとしたのではないかというのが、私の解釈である。

では、判事（補）としての真崎の勤務状況はどのようだったのだろうか。本人の語るところを聞いてみよう。

扨今日までは事務官の経験なく殊に裁判の諸条例は全く盲目故、生来初めて職務勉励なるものをやって見□てからは深夜まで諸例規則法律等の研究をなし半年もたったら漸く事務も分る様になりたり。

本来裁判の本義に就ては素より黒白明瞭に承知しおる事故、我か判決は明断適確我が判決に不服して上訴せし事件は一件もなかりしと云ふ。[21]

判事（補）就任時点で法学の素養が全くなかったことを本人が自認している。半年ほど諸例規則法律等を研究すると実務に差し支えなくなっただけでなく、判事（補）在任中自分の下した判決には当事者が納得し、上訴された事件はなかったと自慢している。

国際日本文化研究センター（日文研）が運営する民事判決原本データベースにアクセスすると、熊谷裁判所判事補としての真崎の活動を確認できる。同データベースによると、真崎が関与した判決は、最も早いもので明治一〇年九月二一日付、[22]最も遅いもので明治一二年一一月一〇日付で、この間真崎はおよそ一二五件の判決に関与している。結局裁判官としての真崎の活動は、明治一〇年九月頃から一二年一一月頃の二年二ヶ月ほどであり、判事補としてその短い裁判官生活を終えた。[23]

見過ごすことができないのは、真崎関与事件のうち九六件について、上席判事（所長）として関新平が署名していることである[24]。すなわち、真崎はその短い判事補生活の大半を、熊谷裁判所で所長判事関新平と執務を共にしていたのである。

(2) 判事補時代の上司・関新平について

ここで、のちに真崎を愛媛県に招くことになる関新平について、ふれておこう。

関新平は、天保一四（一八四三）年佐賀藩士関迂翁の次男として生まれた。関の佐賀藩時代についても、それをうかがい知る資料は多くない。ただ「肥前の三平」（関新平は江藤新平・大木民平（喬任）と並び佐賀の俊秀であった）という英明さを讃える言葉は今日まで伝わっている。

戊辰戦争時には、奥羽鎮撫総督使役を務めた。明治五（一八七二）年一〇月には茨城県権参事、ついで翌明治六（一八七三）年九月には、茨城県参事となった（明治八年六月まで）。茨城県権参事・同県参事時代には、旧水戸藩士の救済に尽力したとして、かれの遺徳をたたえる「故茨城県参事関君遺徳碑」が、明治三〇年水戸偕楽園内に建立されている[25]。

権参事—参事と地方官としての階段を昇っていた明治八年六月、関は茨城県参事を辞任し、司法畑に転じた。関は、東京裁判所判事を経て、同九年九月二十三日から浦和裁判所長に、そして同年十一月十日熊谷裁判所所長に異動、同一二年五月二十九日まで勤務した。関の同所長退任は、大審院判事として赴任するためであった。

そして大審院判事転任後一年に満たない明治一三年三月八日、県令として愛媛県に赴任することになった[26]。前任者は岩村高俊であった。岩村県政についてはさまざまな評価があるが、民権派と目される青年士族層を用い、難治県と言われた愛媛県において宥和政治を遂行したことはたしかである。離任時には「民権県令」と称され別れを惜しむ県民多数が三津浜港に押し寄せたとの逸話が残されている。

これに対し、関の県令就任は、県政を一変させた。[27]関は、岩村県政を推進した人々を追放し、民権派勢力を一掃した。また県会とも対立し、「圧政家」の異名をとることになる。しかし関は、在任中勧業・養蚕・士族授産など殖産興業政策を推進し、また四国新道開削を最重要事項として取り組んだ。文字通り「開発独裁」の名にふさわしい施策を実施した政治家であった。

愛媛県令に就任した関が、就任三ヶ月後に招き県警察のトップに据えたのが、真崎秀郡であった。まさに関の県政を警察面から支える片腕としての役割を担ったといえよう。

四　愛媛県警察官僚時代（一八八〇～一八九〇）

（1）愛媛県赴任のいきさつ

明治一三（一八八〇）年六月　真崎は、愛媛県に赴任することになった。『佐賀先覚遺聞』は、その間のいきさつをつぎのように記している。

真崎諭して曰く自分は明治の初年先輩の勧めにより上京、左院の役人となる。行て見れば上役は皆俗物事毎に喧嘩となる。喧嘩すれば何時でも我が勝となる。如何となれば我が議論は正義なればなり。然し其結果は免職となる。斯くして何れに行ても同様、勝喧嘩をしては毎々免職と云ふ事になり終に京都に放浪す。或時内務卿より愛媛県警部長にならんかと内談し来る。由て熟考して想ふに此処の県令も多分俗物ならんと。

さすれば行ても直ぐ止めなければならぬ。是では世話して呉れた人にも気の毒であり又考へて見れば今の世に県令位の男で本当の人格がある気遣ひはなし。然し上官となれば服従と云ふ事をせざれば役所が成り立て行くものでなし。よし今度は俗物でも上官を立ててやろうと考へ従来の自分の態度を一変して就職せり。爾来十有余年県令の交代四五人に及ぶも我は依然たり……。[28]

この話は信頼できるだろうか。先述のように愛媛県立図書館保存の『職員履歴書』（明治一二〜一七年）中に、真崎の愛媛県赴任時の「履歴書」[29]が残されている。これと照らし合わせると、『佐賀先覚遺聞』の談話は全く事実と相違していることがわかる。

長崎県士族　元佐賀県
真崎秀郡
天保八年八月生
明治十三年七月ヲ以
四十一年十一ヶ月

明治五年三月廿五日
一　補正院九等出仕
同七年十月廿日
一　免出仕

同年四〔十一〕月廿〔十〕五日

一　補茨城県九等出仕

同八年七月廿八〔九〕日

一　依願免出仕

同九年二月廿五日

一　任愛知県二等警部

同十年二月廿七〔八〕日

一　依願免本官

同年三月三十日

一　補司法省十三等出仕

同十年三月三十日

一　熊谷裁判所在勤申付候事

同年七月十日

一　任判事補

同十二年十二月廿六日

一　任検事補

同十三年一月十九日

一　月俸金三拾五圓下賜候事

同年六月十五日

一　任愛媛県二等属
一　本局詰勤務申付候事
右之通相違無之候也

明治十三年六月　　愛媛県二等属
真崎秀郡　㊞

まず「左院の役人」という経歴は確認できない。左院は明治八年に廃止になっているから、その役人をしていたとすれば同年以前のことになるが、この時期は前述のように太政官正院「監部」の一員であったから、この経歴を秘したものと思われる。さらに「上司と喧嘩して免職となり京都に放浪」とあるが、履歴書では茨城県九等出仕―愛知県二等警部―熊谷裁判所判事補を歴任していることが確認できるから、この話もいささか疑わしい。さらに時の内務卿から「愛媛県警部長」にという話があり、「どうせそこの県令も俗物だろうが、今度は上官を立てるため赴任した」という話も、全く信じられない。真崎が愛媛県に赴任したのは明治一三年六月である。この時「警部長」の職はまだなかった。

内務卿より話があり、俗物知事の招きに応じたとする話は、『小林芳郎翁伝』の著者望月茂も信じていない。『同伝』は、「同郷の関新平が知事として赴任するについて、特に起用されたのである」[30]と記している。さきに県令に就任した関が、自己の片腕とすべく真崎を招いたと考えるのが最も自然である。[31]

しかし、上記談話にも一抹の真実は含まれているように思う。それは、関新平を「俗物」視していることである。上官たる関は、「俗物」である。「然し上官となれば服従と云ふ事をせざれば役所が成り立ちて行くものでなし。よし今度は俗物でも上官を立ててやろうと考へ」て、職にある間はこれに従ったというのは、存外彼の本音を語っているのではないか。それゆえ、後に関が死去し、県令が交替した時、真崎は執務の方針を一変させるのである。

(2) 愛媛県警察官僚としての事蹟

真崎秀郡は、明治一三(一八八〇)年六月、愛媛県二等属に就任した。二ヶ月後、同警察本署長に就任した。さらに翌一四年一一月、府県官職制の増補改正があり、奏任八等官相当の警部長が置かれることになり、翌年一月、愛媛県初代警部長に真崎が任命された。因みに警部長の職制はつぎのようであった。

府県官職制中増補

警部長　壱人

第一　警部長ハ事ヲ府知事県令ニ承ケ其府県警察上一切ノ事務ヲ調理ス

第二　警部長ハ国事警察ニ付テハ直ニ内務卿ノ命令ヲ奉シ又ハ直ニ其実情ヲ具状スルコトアルヘシ

警部長という職は、事を府知事県令に承けてその府県警察上一切の事務を「調理」するという文字通り府県警察のトップである。今日でいえば、各道府県警察本部長に相当しよう。さらに国事警察に関しては、内務卿に直属してその命令を奉じると同時にさまざまな情報を内務卿に伝えることになっていた。すなわち、中央直結の国事警察網の要に位置する職であった。

明治一九(一八八六)年地方官官制により、警部長は警察本部長と名称が替わった。真崎は、愛媛県警察本部長に就任した。

話を少し元に戻す。明治一三年成立した関―真崎の県政は、前任岩村高俊県政の払拭を断行することから開始された。『愛媛県警察史第一巻』は、明治一五年一月一五日現在の「愛媛県職員録」の検討から、警察幹部人事における長崎県＝佐賀閥の存在を指摘している。

さらには幹部の出身地に注目すべきであろう。名簿によって出身地別に分けると、愛媛県が一九人、他府県が一三人である。明治初年の幹部の出身地に比較すると、地元出身の幹部が徐々に増加しているものの、他県出身者の比率は四一％にもなり、依然としてかなりの多数を占めている。……その中に長崎県出身警部が六人もあり、警察本署長真崎秀郡をはじめとして、県警察の枢要なポストを占めているのが特徴的である。かれらの経歴を見ると、すべて旧佐賀藩出身である。[32] 明治一三年三月、同藩出身の士族関新平が岩村高俊の後任として、第二代の愛媛県令となった。関は就任後まもなく、同年六月一五日に真崎秀郡を迎え、後にかれを警察本署長に任命した。長崎県出身の警部は、真崎が警察本署長就任後、呼び寄せて任命したもので、その中には長崎県二等巡査から愛媛県一〇等警部に採用された秀島行成のような抜擢組もある。（中略）それが肥前閥というほどのものではなかったかも知れないが、県政上にかなりの影響を与えたであろうことは否めない。[33]

真崎は、警察機構の整備・改革にも取り組んだ。上記『愛媛県警察史第一巻』は、さきの文章の中略部分において、つぎのように記している。

真崎は同一三年八月から二三年一〇月まで一〇年以上にわたり、警察本署長（警部長）として愛媛県に在任した。その間、全国に先駆けて巡査教習所を開設したり、水上警察区および巡邏船を創設するなどの思い切った数々の施策を実施し、行政官としての手腕を残した。このような業績は、見方によれば、当時関県令以下同郷有力者のバックアップによって成し遂げられたとも言える。[34]

とくに、巡査教習所の設置、水上警察の創設は顕著な貢献であるとして真崎の事蹟を讃えている。

（3）「国事探偵」＝民権派の情報収集活動

右のように、愛媛県警察機構の整備に真崎が力量を発揮したことが指摘されているが、真崎の真骨頂は、民権派を中心とするさまざまな情報収集にあったと考えられる。

今日、愛媛県の明治一〇～二〇年代における県政界の動向を研究する場合必ず参照されなければならない史料として、『秘書雑書』、「政党沿革誌」などが存在する。これらは警察密偵の作成した資料と考えられている。まず、『秘書雑書』[35]は愛媛県行政文書の一環として愛媛県立図書館に保存されているもので、明治二〇年分および二一年分がある。明治二〇年分には、この年が建白署名運動の最盛期であったことを反映して、県内各郡の建白関係書類が「建白一件」という形で収められている。明治二一年分には、「伊予郡有志七八名建白一件」のほか「政党員名簿」が収められている。この「政党員名簿」は、当時の主要な政党関係者八七名の個人データを、「氏名[36]、族属、本籍、生年月日、性質、技倆、家属、財産、主義、挙動、名望、履歴、備考」の順に詳記したもので、詳細な個人データの集積である。また、冒頭に「内務省へ進達ノ分」とあることから、国事情報として内務省にまで報告されたことは疑いない。

ついで「政党沿革誌」であるが、この史料は、『愛媛県史　資料編近代2』（一九八四年）に収録されている。同書の「解題」には、つぎのような解説が付されている。

「政党沿革誌」は、愛媛県警察部が編さんして明治三〇年七月の警察署長会議に配布した文書で、昭和四五年『愛媛県警察史』の編集作業中に発見された。沿革誌は、明治元年秋に始まり、明治八年愛国社結成時の政情、同一〇年の西南騒擾国事犯事件、民権結社公共社の活動、海南協同会の結成、藤野政高ら政治活動家の政談演説会要旨、同一七年板垣退助の来遊、同一八年西条小川健一郎らの演説会葬儀事件、同二〇年末広重恭の帰省遊説、三大事件建白運動と県内政社の勃興、予讃分県前後の政情、二大政社の対立、大同派の分裂、国会議員選挙等々の内容を密偵報告や新聞記事を交えながら具体的に解説し、明治二三年一二月をもって終わっている。[37]

「政党員名簿」や「政党沿革誌」は、作成時期が真崎の警部長―警察本部長時代とほぼ合致しており、真崎警察時代の産物と断定してよいと考える。[38]警部長―警察本部長真崎は、かつて自らが従事していたごとく活動する密偵を駆使して、さまざまな国事情報を収集していたのである。

それにしても「政党員名簿」にしろ「政党沿革誌」にしろ、非常に詳細であるだけでなく、内部の者しか知り得ない内密の情報を含んでいるから、これら情報作成の背景には、内通者が存在していたことを強くうかがわせる。しかし、仮りにかような内通者がいたとしても、今日これを特定することは至難の業である。

しかし、たまさか史料群の隙間から内通者の顔がほの浮かぶことがある。

明治中期から後期にかけて代言人・弁護士として活躍し、明治末年実業界に転身し、昭和戦前まで愛媛県を代表するブルジョアジーとなった人物として、井上要（一八五五〜一九四三）の名をあげることができる。井上は、政界においてはほぼ一貫して改進党系活動家として活躍した。明治二九（一八九六）年ころ民党内における旧自由党系—旧改進党系の激しい主導権争いの渦中で、この井上要がかつて民権派に関する情報を警察に提供する役を担っていたのではないかとする疑惑が浮かび上がったことがある。明治二九年三月一日付「海南新聞」第五五一六号に「井上候補者の既往」と題される記事が掲載された。

○井上候補者の既往

旧改進党今の巾着切派が候補者と推せし井上要氏の既往に就て詳知する者は同氏が如何に今日に於て世人を誤魔化し居るも不義不信破廉恥の人物として当時に認められ居たることを記憶するならん。氏は曾て藩閥政府の犬として交友社会より絶交状を送られたるの人なり。時は明治廿一年真崎秀郡氏が本県の警部長なりし頃にて氏は同警部長の嘱託に応じ交友同志間の政事的秘密を探偵する不義不信の破廉恥漢として其絶交状を送られたるなりき。而して其絶交状を送りし人士の云ふを聞けば警部長と氏の連鎖は先に故人となりし正岡某によりて結ばれたるものにて正岡某も亦当時に於て犬の一人なりしと云ふ。今此に当時井上氏が受取りたりと云ふ絶交状の写しを掲げん。

拝稟小生等数年御交際仕居候処今回身上に疑を生候事有之候に就て疑団氷解仕候迄御交際謝絶仕候此段申入候早々拝具。

明治廿一年六月十五日

白川　福儀　　林　常直

生島　経則　　寒川　朝陽

藤野　政高　　岩本　新蔵
玉井　正興　　門田　正経
宮内　直拳　　森　恒太郎
永田　一二　　正岡　景幸
吉田　唯光　　内藤　正格

井上　要殿

而して右の絶交状は爾来尚ほ井上氏の手に在り。未だ其申込の取消されたるを聞かされば疑団は今も氷解せざるなるべし。其証拠の正確なればこそ其行跡の信ずるに足るものあればこそ斯くは今日に至るまで其申込の取消されずして存し、井上氏と右連署者の交際尚ほ旧に復せさること至当なり。噫井上氏は曾て藩閥政府の犬として知られたるものの其不義、不信、臭汚、醜穢、何ぞ之に過ぎん、然るに彼の巾着切派は自分の臭を知らずして妄りに議を自由派に挟みヤレ一万円で十年の苦節を政府へ売ったとか降参したとか云ひ度き儘の悪口、之が所謂「天に唾きして己が面に返る」ものなるべし。自由派は未だ嘗て藩閥政府の犬と成るまでに腐敗せしものを候補者とはせざりしなり世人の多くは既に彼れ等の腐敗を知る、其の之を知るが故に井上氏が嘗て其郷里喜多郡に県会議員の候補者となりし節も敗れ上浮穴郡に争ひし節も亦敗れたり。而も氏は其運動に於てありとあらゆる手段を尽したるのも拘はらず敗は到底氏のものなり。如何に今日に於て其醜を蔽はんとするも識者の眼を誤魔化さんことは六ヶ敷かるべく若利と慾に迷ひて氏の為めに意ならざる加担を為さば其者は素より氏を超へたるの破廉恥と知るべし。彼れ破廉恥漢到底世の厄介なる哉。（傍点—矢野）

さらに四日後の三月五日には、同記事の反響を伝える記事が追掲載された。[39]

○井上要氏の記事に就て

去一日の海南新聞は井上候補の既往と題して氏が曾て交友の間に絶交されし事を掲出せり。然るに三日の愛媛新報は之に就て勝手の言訳を為し井上氏は海南新聞編輯人を告訴したり。告訴の事我輩敢て云はじ。公明なる裁判官が判決を煩はして法律の下に是非を分んのみ。蓋事に表裏の観あり一面は法律、一面は徳義、法律に勝つ者必ずしも徳義に勝つ者にあらざるを知らざるべからず。単に愛媛新報の記事に就ては少しく言を費して彼が曲筆を明かにせんと欲す。新報の記事は恰も当世売薬の広告に似たり。一も井上二も井上天下の井上氏の如き偉人物なきかの如き筆鋒を以て氏の財産から位地声望を吹き立て隆々などの形様を並べて氏の面目を守らんとす。可憫彼一文奴崇拝せる人の為めにとは云へ其体面を崩して褌をかつぐも亦極まれり。开は兎に角我輩の一言を要さんとするは同記事中絶交状が二三某々の嫉妬心より出でたりと云ふの一事なり。井上氏彼何者ぞ。今に於て唯だ一個の代言人にあらずや。十数年の以前に於ける氏が当時の位地実に知るべきのみ。然り氏が明治二十年頃に於ける位地は一介の書生にして僅に新しく代言人の看板を松山三番町に掲げたるのみ。而も氏は器容の人物にして交友の間に愛せられ先輩は専ら氏の為に尽力するところあり。氏が此の援引に拠りて成就し得たりし位地名勢尠なからざりしなり。其証拠には交友が凡て当時の秘密を打ちあけて万般氏の斡旋に委ね氏は此信任に応じて円満の交際をなしつつありしに雲際微光を漏らして氏が政府《寧ろ当時の警部長真崎氏》に結びつけたる関係の一端を照らしたれば交友此に戒め夫れより氏の行動に注目するに果して怪むに足るもの続々として発見せられたり。此に於て密に氏に対するの処分を協議し成るべく世に公にせずして氏を遠ざくるの策を取るべしと決せし折柄誰が所為に出しか天狗回章と称して此件に関する羽檄世上に飛び初めたれば最早蔽ふに術なく此に断然公然の処決を施すべき必要を生じ（泣て馬謖を斬る）的の心情を以て是非なく絶交状を氏の手に置くに至れり然るに氏は此絶交状を受くるや一の弁解をも試みずして直に松山を去りて上京し後数年にして再び来松したるなり。絶交の事実に大略如此其嫉妬に出でたるものにあらざるは井上氏が当時の位地を知る者容易に首肯するを得んなり。アア我輩は最早多くを云はじ。新報記者が其崇拝者をかもふ為めなしたる暴言妄筆に向て一々に弁解せんの労は之れを節せざるべからず。

（傍点―矢野）

「海南新聞」の暴露記事に対して、「愛媛新報」[40]は反撃の記事を掲載した。また疑惑を指摘された当の井上は、「海南新聞」の編集発行人と印刷人を誹毀罪容疑で告発した。明治二九年四月六日、松山地方裁判所において判決があり、海南新聞発行兼編輯人の奥村直次郎は有罪、一五日の重禁固と五円の罰金、印刷人は無罪の判決があった。「海南新聞」側は、広島控訴院に上訴したが、同控訴院は同年五月一五日始審を取り消し、奥村を重禁固一五日に処し罰金五円を付加すとの判決があった。[41]始審および控訴審ともに、この記事の真偽には触れないまま、「故意を以て井上要を中傷誹謗したるもの」と認定し、編集人奥村に有罪の宣告をなしたものである。

私は、かつて曽我鍛『井上要翁伝』[42]を読んでいて、明治二一年前後の井上の行動についていぶかしい思いにとらわれたことがある。すなわち井上は、明治一八年に代言人試験に合格した後もいっかな開業しようとしなかった点、また明治二一年森チカヨと結婚した直後に新妻をおいて一人上京し、東京専門学校に入ったことなどである。井上の不可解な行動に、彼の親戚筋は危機感を覚え、義兄の有友正親を派遣して説得に当たらせた。この時、有友の「帰県し、愛媛で代言・弁護士業を営むしかない」との説得に対し、井上は愛媛ではなく大阪で開業したいと抵抗している。この背後に、二一年六月の「絶交状事件」[43]があったことを考慮に入れれば、不可解な行動の真相が垣間見えるような気がする。結局井上は、有友の説得を受け入れ、愛媛に舞い戻って代言人活動を再開するのであるが、この間にいたる井上の煩悶・懊悩はわれわれの揣摩・憶測を絶するものであったように思われる。

さて本稿の課題からすれば、情報提供を慫慂した人物として警部長真崎秀郡の名前が新聞紙上に明記されていることに留意したい。私は現在のところ、果たして井上が民権運動側の情報を警察に提供していたか否かを判定する材料を持たない。ただ本記事とさきの「政党沿革誌」等の史料を考え併せると、真崎の情報探索の手が民権派の奥深くまで伸びていたこともありえたのではないかとの推測もできるのである。

（3）民衆運動の抑圧と破壊工作

① 無役地事件との関わり

真崎が愛媛県警察のトップに位置していた時期、愛媛県では無役地事件や市之川鉱山事件など県政に大きな影響を及ぼす事件が続発していた。真崎は、これらの事件に関与し、民衆運動の抑圧者の役割を演じたと私はみている。

真崎が愛媛県に採用された頃、南予では無役地事件[44]が最初のヤマ場を迎えようとしていた。無役地の処分に不満をもつ村民たちが、内務省に嘆願を繰り返していた。これに対し内務省からは愛媛県庁に対し照会があり、関県政は、これへの対応を余儀なくされていた。明治一三（一八八〇）年九月、真崎は関県令の代理として上京し、内務省照会に対して意見を述べたことが、徳田三十四『市村敏麿翁の面影』に記載されている。

> 斯くて県庁より省の照会に対し県令関新平代理一等警部真崎秀郡氏上京して弁ずらく、抑も此嘆願は真純の願意に非ず、二三奸悪の輩己れが私利を謀らんが為めに無智の小民を扇動し今日の様相を演せり、若し願意を容れらるゝに於ては将来県治上大なる障碍を来たし、為に公安妨害の悪結果を見ん、請ふ速に棄却あら

んことを、然して県庁に於ては他日渠等が行為に於ては将に大に懲戒する所あらんとすと中立をなすに至れり。[45]（傍点―矢野）

明治一三年九月といえば、真崎が愛媛県に採用された直後の時期である。真崎が、この難事件の争点および本質を十分理解していたようには思われない。上記中立も、ただ「速に棄却あらんことを」の一点張りとなっているのはやむをえない。しかしこの一件は、関県政が南予の農民運動に敵対する姿勢を明確にしたことを意味し、真崎はその先頭に立ったのである。

② 西条疑獄事件

かつて愛媛県新居郡大生院村市之川に良質のアンチモニー（輝安鉱）を算出する鉱山＝市之川鉱山が存在した。この鉱山の権利をめぐって、明治一〇年代から二〇年代半ばまで民事・刑事にわたる大小の紛擾事件が続発し、混迷を極めた。一連の騒動のきっかけともなった「西条疑獄事件」と警部長真崎の係わりについて検討しておきたい。この事件は、愛媛県知事・関新平―県警部長・真崎秀郡ラインの承認のもとに計画され遂行された謀略事件ではなかったかと推測されるからである。

まず、事件の概要をのべよう。

明治一七（一八八四）年、西条で民権結社興風会が結成された。興風会は、翌一八年五月二八日に政談演説会を開くことを計画し、西条署に届け出た。しかし、同署はこれを許可せず、結局演説会は中止のやむなきにいたった。演説会を企画した小川健一郎（旧西条藩士族）らは、官憲の横暴な処置によって演説会は死亡したとして、二九日「大声院殿《おおじょういんでん》不平怒鳴居士《ふへいどなるこじ》」と記した位牌を掲げて行進し、演説会の葬式[46]を盛大に執り行った。葬儀を終えた小川らは、翌日夜鉱山借区人の河端熊助を訪問し、酒宴をくり広げた。しかし六月二日、小川ら七名は、西条警察署に恐喝の容疑で拘引された。葬式の費用捻出のため河端を恐喝したというのが容疑で、六名が西条治安裁判所に起訴された。これに対し民権派は著名な代言人藤野政高・岩本新造・高須峰造・近藤繁太郎らから成る弁護団を結成して、被告人らの無実をかちとるべく論陣をはった。藤野らは、公判で検事側の矛盾点をするどく攻撃し、西条治安裁判所では全員無罪の判決をえた（六月二九日）。[47] しかし検察側は控訴し、松山軽罪裁判所では、五名有罪（一名は無罪）の逆転判決があった（八月八日）。[48] これによって、芽生えたばかりの西条における民権派の活動は、打撃を受け逼塞したという事件である。

なぜ当局は、西条における民権派の動きにこれほど神経をとがらせたのであろうか。さきの、葬式の位牌銘が語るように、演説会の背景には市之川鉱山問題があった。山口県萩出身の政商藤田伝三郎は愛媛県当局（関知事）と結託して、この優良鉱山の乗っ取りを策していると西条の民権派はみていた。

藤田が当該鉱山を手中に収めんとした方法とは次のようなものであった。まず、当地の有力者曽我部親信から坑区稼行を請け負っていた藤田は、借区税を故意に滞納した。県は、明治一六年借区税滞納を理由に借区引き上げの処分を断行し、鉱区その他一切を愛媛県庁勧業課の直轄とした。そして翌一七年八月、県は藤田を鉱山の用達に指名し、借区開坑の事業を任せることとしたのである。

この措置に異議を唱える旧借区人や村民たちの騒ぎが大きくなった。前記の「西条疑獄事件」が起こったのも、この頃のことである。有罪判決によって、過激民権派の策動を排除した県は、翌一九年六月に至り、向こう一五年間の採掘稼行を藤田組にゆだねる旨の命令を下した。かくして藤田の野望は、達成されるかに見えた。

以上が、西条疑獄事件の概要である。島津豊幸『愛媛県の百年』は、「県営市ノ川鉱山と藤田組を標的としていた運動をこれ以上発展させてはならない」県当局と警察によって仕組まれた事件であったと述べている。私も島津の見解[49]は正鵠をえていると思うが、この事件全体の背後に真崎秀郡がいたのではないかと、さらなる想像をめぐらせている。

その理由は、まず第一に、演説会が当局によって禁止されたことが本件の発端であったことである。演説会の禁止は、末端の警察署限りで判断できることではない[50]。警察トップすなわち県警部長の地位にあった真崎の承認があったと見るべきである。

そして、当局が描いた〔演説会の禁止─演説会葬送の敢行─懇親会の挙行─費用捻出のための恐喝〕という図式を完結するためには、必ず運動側に内通者を必要とした。まず、演説会の葬式を挙行しようと持ちかける者が必須である。この役割は、皆川広済が担った。次に葬式挙行後に、河端宅で懇親会をやろうと誘う人物が必要である。さらに宴席が酣になったころ、河端に対し葬儀費用の拠出を強要する言辞[51]を発する人物を用意しておく必要がある。

さらに、この謀略の完結には警察・検察のみならず、裁判所の協力が絶対に必要である。警察・検察の協力が必要である事は言うまでもない。しかし、いかに運動関係者を逮捕し起訴に持ち込んだとしても、公判で無罪が宣告されれば何にもならない。かえってその者は弾圧の犠牲者＝英雄となり、反対運動の火に油を注ぐことになるであろう。本件の場合、じっさい第一審判決は無罪となり、危惧された事態に立ち至ったのである。かような場合、控訴審は何としても有罪を獲得しなければならない。裁判所内に、警察・検察の意を体して確実に有罪判決を書いてくれる人物が不可欠なのである。

以上のように、県当局とも通じ、かつ手足となって動く警察関係者を擁し、さらに運動内の内通者を確保し、そのうえ裁判所にも影響力を有する人物として誰がいるだろうか。かような人物として、真崎秀郡のほかに考えられないのである。

（4）県令・知事移動時のエピソード

松山軽罪裁判所での逆転有罪判決の影響は大きく、西条における運動拠点は壊滅、松山の海南協同会も解散するに至った。[52] かくて市之川鉱山を独占せんとする藤田伝三郎の野望は、完遂するかに見えた。しかしここで予想外の事が起こった。明治二〇年三月七日、関新平が知事在任中急死したのである。後任には藤村紫朗、ついで内務官僚の白根専一が就任した。明治二二年一二月、白根知事は市之川鉱山の稼行から藤田組を引き上げる旨を通告した。[53] 藤田は、市之川鉱山からの撤退を余儀なくされたのである。

『佐賀先覚遺聞』は、関知事が死去し後任の藤村紫朗が赴任してきた時の模様を次のように書いている。

然るに関死去し今度は藤村紫朗赴任し来る。従来旧知事の新任するときは大抵二三の股肱の者を連れ来るものなり。藤村も其通り三四人の参謀を連れ来りドンドン在来の佐賀人を追い出しドシドシ関のやりかたをたゝきこはすので残た佐賀人は誠に戦々兢々気の毒な様子をなし居れり[54]

しかし、その後一年も経たないうちに事態は再び転じ、「其後年余にして故あり藤村転任の電報あり」ということになった。その時ぼんやりとただ独り火鉢の側に座す藤村と、大喜びし酒盛りを始めた佐賀人を対照的に描いている。これに対し真崎は、佐賀人たちの尻馬に乗らず、万端藤村の相談にのるとともに、「人の窮鼠を喜ぶ法があるか」と佐賀人たちを叱責したと記している。このような県政トップ交替時の悲喜劇を見ると、藩閥で任用された者が県令（知事）交替後もその地位を維持し続けることがいかに困難であったかがうかがえる。

真崎が警察官僚として愛媛県に在任した期間は、明治一三（一八八〇）年六月から同二三年一〇月である。この間に、多くの県令もしくは県知事が交替したことは事実である。真崎が警察幹部として在任中仕えた愛媛県令および知事を列記してみる。（ ）内は県令・知事在任期間。

関新平―佐賀県出身（明治一三年三月八日～同二〇年三月七日）
藤村紫朗―熊本県出身（明治二〇年三月八日～同二一年二月二九日）
白根専一―山口県出身（明治二一年二月二九日～同二二年一二月二六日）
勝間田稔―山口県出身（明治二二年一二月二六日～同二七年一月二〇日）

真崎の人事が関県令の起用によるものとすれば、関の死去後もなお県警察のトップとして君臨し続けたことは、奇跡に近い。真崎がかような危機を乗り切り、県警のトップの地位を確保し続けることができた秘密はどこにあっただろうか。私は、当時の中央―地方を通じた政治状況が、真崎を有用な人物として押し上げたのではないかと考えている。当時は、三大事件建白運動が展開していた時期である。そして数年後の総選挙と国会開設をめざして政治運動が再び活性化しつつあった時期である。このような時期において、「監部」生活でつちかった情報収集能力、愛媛県内に構築した人的ネットワークおよび探知・収集・蓄積した情報群は、権力にとって垂涎の統治資源である。佐賀人脈で採用された多くの人材が淘汰されたとしても、当時の地方政治状況のもとで、真崎に替わりうる人材は存在しなかったのである。

五　長崎県警察官僚時代（一八九〇～一八九二）

（1）長崎県警部長への転任

真崎は明治二三（一八九〇）年一〇月、長崎県警部長に転任した。その模様を伝える当時の新聞記事を引用しておこう。

○前本県警部長（真崎秀郡の転出）

真崎秀郡氏は今や長崎県の警部長となり、不日任に其地に赴かんとす。顧みれば故関新平氏本県の令となり此地に臨むや、間もなく氏も来り以て警部長となり其職に鞅掌せり。当時高等警察の事に至っては多少有志者の非難する所となりしが、是を以て氏を責むるは或は苛酷の嫌なき能はず。何となれば当年政府が有志者に対する処置は実に言に忍びざる事あり。思ふに氏は其職に在るを以て止を得ず其旨を奉じ強顔県下の有志者を俟ちしものならん。左ればこそ星移り物変り政府の方針一転するや氏は幾んど別人の如く、能く有志者を迎へ大に優待する所あり。所謂緩急其宜に応せしが故に県下怨嗟の声なく十余年の久しき亦能く官海幾多の風波を凌き以て今日あるを致せり。今や氏去らんとす　為に別を惜むものあるや宜なり。[55]

ここでは、真崎が高等警察に従事していたことを地元紙がいわば公然のこととして記しているのは興味深い。また政府の方針「有志者に対する処置は実に言に忍びざる事あり」とも記し、真崎が民権運動弾圧の先頭に立っていたことをほのめかしている。しかしそのような態度も、「政府の方針一転」とともに変化し、むしろ有志者を優待するに至ったと記している。関知事死去のあと、弾圧一本槍の県政が変化したことは、認めてよいであろう。しかし、「政府の方針一転」とは何のことだろうか。また、有志者＝民権活動家の優遇とはいかなる事態を指しているのか、にわかに答えをだすことは難しい。慎重に検討しなければならないだろう。

真崎を招いた当時の長崎県知事中野健明も、旧佐賀藩士であった。中野は、何を期待し真崎を招いたのであろうか。長崎は、江戸幕府の時代から唯一ヨーロッパに開かれた窓口であった。開国後も国際都市の姿を長くとどめ、長崎に帰来する外国人は多かった。このような国際都市長崎における外国人とくに朝鮮人・清国人等の活動を探索する仕事が、真崎に期待された主な役割ではなかっただろうか。

(2) 来日したロシア皇太子の警備

真崎が長崎県警部長であった明治二四（一八九一）年、ロシア皇太子ニコライの搭乗する軍艦「アゾヴァ号」が四月二七日長崎に入港した。ニコライ一行の最初の上陸地は、長崎であった。

真崎は、長崎県警の責任者としてニコライの警備を実施することとなった。ロシア皇太子ニコライとギリシャ皇子ジョージの長崎上陸と警察の警備活動については、吉村昭『ニコライ遭難』(岩波書店、一九九三年)[56]に詳しい。

真崎の役割は、皇太子一行の警護と云うより監視という側面が強いように思える。常に私服の警官を尾行させ、一行が長崎市内の店に立ち寄れば、あとで何を購入したか逐一聞きただし記録している。またお忍びで稲佐郷に立ち寄りジョージ皇子とともに刺青を彫った件、夜の微行上陸の件なども丹念に調査し、記録に残している。

結局ニコライ一行の長崎上陸は何事もなく終わったのだが、その後鹿児島上陸―神戸寄港、そして京都から滋賀県大津を訪れた際巡査津田三蔵に襲撃され、「大津事件」とよばれる国家をゆるがす重大事件が出来することはよく知られている。

(3) 長崎県警部長を退任

真崎は、明治二五（一八九二）年三月一一日、長崎県警部長を退任、非職となった。[57]請われて愛媛県から転出、長崎県に赴任してわずか二年たらずの短期間であった。このように短期間で警部長辞任を余儀なくされたのは、何故であろうか。この点についても長崎県政治史の検討に待たねばならないが、目下のところは、第二回総選挙における選挙大干渉の責任を問われて職を辞したのではないかとの推測だけを述べておこう。

六　京都への隠棲（一八九二〜一九〇五）

真崎は、長崎県警部長をやめたあとは、京都に隠棲した。三本木の頼山陽旧家を十七円で借家し、住んだ。[58]この寓居には、白根専一（一八四九〜九八、愛媛県知事―内務次官―宮中顧問官―逓信大臣など）、鈴木馬左也（一八六一〜一九二二、愛媛県書記官―住友総理事）、大浦兼武（一八五〇〜一九一八、島根県知事―山口・熊本・宮城県知事、警視総監など）、清浦奎吾（一八五〇〜一九四二、司法次官―司法大臣など）らが度々訪ねてきた。上記人物たちに共通するのは、真崎の愛媛県在職中の知己（白根、鈴木ら）および山県系官僚（白根・大浦・清浦は平田東介と並んで山県系官僚の四天王とよばれた）という共通項である。彼等が、京都を訪れたとき、ただ風景を愛でるために真崎の寓居に立ち寄ったとは考えにくい。何らかの目的（たとえば政局に関する情報交換など）をもって、京都の旧頼山陽宅を集合場所に選び、折にふれ集散していたのではないだろうか。

真崎秀郡は、明治三五（一九〇二）年某日朝吐血し倒れた。そしてその三年後、同三八（一九〇五）年、六九歳で死去した。[59]

明治卅五年秋我れ故あり休職閑なり　京都に至り東山建仁寺管長竹田黙雷に参禅す　真崎に寄寓を頼みしに喜で居れと云ふ場所は東三本樹頼山陽の旧居にして頼三樹の生れし家なり　加茂川の清流に臨み東山の眺望あり　大に居心地宜し　真崎曰く先日朝突然吐血　翌朝復亦吐血す　妻驚き私かに大阪なる住友総理事鈴木

馬左也に急報す　鈴木驚き来り医者を呼んと云ふ　我れ曰く此病は医者の治しえるべきものに非ずと云て聴かず　爾来快復元気なりと云ふ　我れ翌年初秋に至る迄一年日夕起居共に行き殆んど肺病患者の側に居るを忘る。[60]（中略）
卅六年初秋既に日露罅を生じて風雲益急なり　我れ軍艦須磨副長を命せられ京都を去るに臨み停車場に於て訣別の辞をなす　其際真崎曰く　是れ最終の別れなりと　果して卅八年逝けり　実に其言籖をなし永別せり
噫悲しい哉　享年六十有九歳[61]

むすび

本章は、これまであまり注目されてこなかった真崎秀郡という人物に焦点を絞って、できるかぎり史料に依拠しつつその人物像を明らかにすることに努めた。これまで真崎は、愛媛県政治史のうえでは、関新平県令・知事によって同郷の誼から任用され、同県政を支える役割を果たしたと評価されてきた。しかし関による真崎の任用が果たして藩閥の要素のみからなされたのか、また真崎が具体的にどのような施策によって関県政を支えてきたか、明らかにされたとは言えない状況にあった。本稿では、大日方著『維新政府の密偵たち』によりつつ真崎には太政官正院監部として各地の政治状況探索に従事していた経歴があること、また前歴の茨城県および熊谷裁判所時代から、関新平とは昵懇の間柄にあったことなどを述べた。つまり真崎が愛媛県警察のトップに採用され一〇年にわたって君臨し続けた理由は、藩閥人事的要素を否定できないものの、真崎の有した秘密警察としての情報探索能力および人脈等の資源ではなかっただろうか。

大日方、前掲書は、太政官正院「監部」の密偵たちのその後を追っている。その中で真崎秀郡の経歴は、異彩を放っているように見える。裁判所の判事となり、その後愛媛県警察の幹部に就任し、地方統治、情報収集、さらには謀略活動に従事した。このように地方権力の頂点に位置し情報収集活動を継続した旧「監部」は他にいないのではないだろうか。

しかし旧「監部」に限定せず、権力内部の人事異動という観点でみれば、関新平や真崎のように司法官から行政官への横すべりも稀ではない。司法官人事における自由任用制がその制度的背景として指摘できよう。また、行政官人事においても、警察官から一般行政官もしくは司法官への任用、あるいはその逆など、かなり融通無碍な人事が行われていたように思われる。三権分立とか、司法権の独立の原則からくる謙抑という要請が歯止めになっていない実情がうかがえる。これは単に一地方における特例というよりも、当時他県においても、さらに中央政府を含めた日本政治全体でも同様の事情が指摘できるのではないだろうか。

開発独裁を思わせる関の強権政治もその死によって幕を閉じ、真崎の姿勢も軟化したと伝えられる。その背後には、議会政治の開始があり、また中央─地方を通じて、藩閥と民党の妥協・民党勢力の変質が顕著となったという事情が存在したように思われる。この具体的な有様については、今後別の形で分析・検討したい。

注　釈

1　大日方、前掲書によれば、監部課は正院の分課たる内史の所管のもとにある課であった。

2　小林芳郎は、安政四（一八五七）年生まれ。東京地方裁判所検事正のとき大逆事件および日糖事件捜査の指揮を執ったことは、有名である。昭和一一（一九三六）年、死去。
3　望月、前掲『小林芳郎翁伝』二四頁。
4　向井、前掲『佐賀先覚遺聞』一六頁、望月、前掲『小林芳郎翁伝』二四頁。
5　向井、前掲『佐賀先覚遺聞』九～一〇頁。
6　向井、前掲『佐賀先覚遺聞』二六頁。
7　向井、前掲『佐賀先覚遺聞』二六頁。
8　木村毅監修『大隈侯昔日譚』（早稲田大学出版部、一九六九年）一四一頁～一四二頁。
9　大隈文書の中に数は少ないが、真崎から大隈に宛てた書簡がある（明治四年三月付）。後注16を参照。
10　大日方、前掲『維新政府の密偵たち』一八七頁。大小切騒動とは、武田信玄創設と伝えられる旧租法の撤廃に反対する農民騒擾である。
11　大日方『維新政府の密偵たち』一八七頁。
12　大日方『維新政府の密偵たち』一五二頁。
13　大日方『維新政府の密偵たち』五九頁。
14　大日方氏提供史料による。
15　大日方『維新政府の密偵たち』四九、五二頁。
16　真崎が正院監部として正式に雇用されたのは、明治五年三月からであるが、大隈との関係はすでにその前からあったと見られる。たとえば、明治四辛未年の書簡が存在する（「大隈重信関係文書」早稲田大学図書館蔵ホームページより）。

覚

私儀御長髪御下ニ付乍蔭御寺務之心得ニ而帰藩拝命ニ付廿二日【ヨリ】宿元出立横浜高島屋へ到着仕候処大隈参議殿より御用有之付服（カ）島四郎へ其段相□（カ）被申付明日【ヨリ】一日帰京之心得仕候様御坐候翌廿四日則【ヨリ】帰京仕候様参議殿【ヨリ】之使者毎度到来仕候付同日【ヨリ】帰京為仕儀御坐候事

辛未三月　　真崎俊介

この書簡はまた、「真崎俊介」名義で署名されていることが注目される。

17　木村毅監修、前掲『大隈侯昔日譚』一四五頁。

18　向井、前掲『佐賀先覚遺聞』二〇頁。

19　司法省編『司法沿革誌』（法曹会、一九三九年）一八、二二、三八頁。

20　愛媛県立図書館蔵『職員履歴書』による。後述。

21　向井、前掲『佐賀先覚遺聞』二〇～二一頁。

22　真崎関与事件のうち初期の判決書には、「真崎」の押印のみで判事連名の中に署名がない。この時期は単なる「出仕」であったかと思われる。判事補としての署名は明治一〇年一一月二六日が初見である。

23　「履歴書」によると、真崎は明治一二年一二月、検事補に任命されている。翌一三年六月愛媛県二等属に採用されるまで、検事補の職にあったことがうかがえる。この点は、『佐賀先覚遺聞』における談話などでも全く触れられていない。

24　真崎と関新平と連名の判決は、明治一二年五月二一日がその最後である。すなわちこの判決を最後に、関は大審院判事に転任したものと考えられる。

25　「元佐賀藩士だった関新平は、当時失職の士族たちのために官林を払い下げるなど授産の道を開いた。……また、明治五年七月二六日早朝の水戸城焼失の際、多くの水戸士族が嫌疑をかけられ投獄されたが、捕らえられた人々の無実を上申し、明治七年五月に釈放を実現させた」（ホームページ「速報偕楽園　遺徳の碑」による）。

26　明治一三年二月末日まで内務卿は伊藤博文、三月以降は松方正義である。岩村更迭、関起用は、このどちらかが進めた人事であっただろう。

27　愛媛県議会編『愛媛県議会史』第一巻（一九七五年）、高須賀康生『愛媛県政ノート』（愛媛文化双書刊行会、一九九六年）などを参照。

28　向井、前掲『佐賀先覚遺聞』一七頁。

29　以下「履歴書」の引用は愛媛県立図書館蔵『職員履歴書』（明治一二〜一七年）による。引用文中□□□は見せ消ちを示し、〔　〕は朱による修正を意味する。

30　望月、前掲『小林芳郎翁伝』二五頁。なお、真崎と関との関係は、関の茨城県参事時代まで溯るであろうことは確認できたが、前述の通り両人とも佐賀藩出身であるから、同藩時代すでに知己であった可能性を否定できない。佐賀における両人の動静を明らかにすることは、今後の課題としたい。

31　内務卿の意向がこの人事に反映していたということはありえないではない。しかし、当時の内務卿は山県有朋であったと『小林芳郎翁伝』は記しているが、実際には当時の内務卿は松方正義であった。やはりこの人事は、関の抜擢によるもので、内務卿はただその推薦を受理しただけではなかっただろうか。

32　当時旧佐賀藩は、長崎県に統合されていた。再び佐賀県の分離・独立が実現するのは、明治一六（一八八三）年のことである。

33　『愛媛県警察史第一巻』（愛媛県警察史編さん委員会編、一九八三年）一二三〜一二四頁。

34　前掲『愛媛県警察史第一巻』一二三〜一二四頁

35　「秘書雑書」は、近代史文庫編『愛媛近代史料10　明治前期政治運動史料―国会開設前後』（一九六三年）に復刻されている。

36　氏名の上に、甲種と乙種に分けて記載するが、これが何の区別を意味するかはよく分からない。

37　『愛媛県史　資料編近代2』（愛媛県史編さん委員会編、一九八四年）一六〜一七頁。

38　「政党沿革誌」の記事は、「解題」の記すように明治元年から二三年一二月までをカバーするが、明治元年から同一三年までは「月日不詳」のアバウトな記載であり、この間に費やされた総ページ数も四ページ半（『愛媛県史』のページ数で）に過ぎない。これが、詳細な報告書となるのは、同一四年二月二〇日以降である。

39　「海南新聞」第五五一九号　明治二九年三月五日。

40　この時期の「愛媛新報」は失われているので、参照することができない。

41　控訴審判決は、間違いあったとして始審を取り消したが、結論は「重禁固十五日と罰金五円」で前審と同じであった。

42 曽我鍛『井上要翁伝』(伊予鉄社友会館維持会、一九五三年)。

43 これを曽我前掲書は、義兄の「判決」と表現している。

44 無役地事件とは、旧幕時代宇和島藩および吉田藩領内に存在した無役地とよばれた庄屋役地の所有権をめぐって、明治期に旧庄屋と村民の間で争った事件である。矢野達雄『庄屋抜地事件と無役地事件』(創風社出版、二〇一〇年)を参照されたい。

45 徳田三十四編『市村敏麿翁の面影』(史蹟刊行会、一九五五年)四八頁。

46 高知県立志社は、明治一五年七月「高知新聞」が五回にわたる発行停止を受けて、新聞の葬式を挙行した。西条興風会による演説会の葬式挙行は、これにならったものであったと考えられる。

47 西条治安裁判所の担当判事補は、勝野昌盛(東京出身)であった。判決文は、「海南新聞」第二三二六号、明治一八年七月三日に掲載されている。

48 松山軽罪裁判所の担当裁判官は、裁判長判事補が宮地美成(高知県出身)、陪席判事補が安井重三(岡山県)、百島一八(佐賀県)の三名であった。判決文は、『愛媛県史　資料編・近代2』を参照。なお同資料集では、裁判長が宮地義成となっているが、宮地美成の誤りと思われる。

49 島津豊幸『愛媛県の百年』(山川出版社、一九八八年)五二〜五六頁。

50 大日方純夫『近代日本の警察と地域社会』(筑摩書房、二〇〇〇年)によると、明治一九(一八八六)年内務省は「機密通則内則」を定め、地方長官は内務大臣に「機密通報」を年四回、また「臨時通報」を随時提出することになっていた。「臨時通報」事項は一一項目に上るが、その中に「演説禁止を言い渡したとき」という項目が含まれていた(大日方、前掲書三二一頁)。本規定は明治一九年のものであるが、「改正ス」とあるところからこれ以前から規定があったと推測されている(現物は未発見)(『日本近代思想大系―官僚制・警察』(岩波書店、一九九〇年)三九九頁。いずれにしろ演説会不許可は事前または事後に警部長に達せられ、その了解を得なければなしえない処分であったと考える。

51　検察側は、小川ら宴席参加者は「出さねば血祭りにせらるるやも知れぬ」と河端に強要したと主張した。これに対し被告側は、宴席につきものの冗談めいた発言で、誰がいいだしたか覚えがないと述べた。
52　島津、前掲『愛媛県の百年』五六頁。
53　明治二二（一八八九）年八月、白根知事は、農商務大臣にあての「稟請書」において、憲法が発布され地方自治制も次第に実施されようとしている現在、このような官行事業を継続すると県治上収拾できない事態を招くおそれがあるとその理由を述べている。
54　向井、前掲『佐賀先覚遺聞』一八～一九頁。
55　「海南新聞」第三九一九号　明治二三年一〇月二五日
56　同書は、小説の形式をとっているが、諸種の歴史史料を丹念に閲覧しており、歴史的事実に忠実に叙述している。なによりも私は、吉村のこの書によって、真崎がニコライ警護に携わったことを知った。
57　『長崎県警察史上巻』一八一四頁。
58　向井、前掲『佐賀先覚遺聞』二二～二六頁。
59　望月、前掲『小林芳郎翁伝』二五頁。
60　向井、前掲『佐賀先覚遺聞』二三頁。
61　向井、前掲『佐賀先覚遺聞』二六頁。

第二章　「西条疑獄事件」の構図

はじめに

かつて愛媛県新居郡大生院村市之川に良質のアンチモニー（輝安鉱）[1]を算出する鉱山＝市之川鉱山が存在した。市之川のアンチモニーはとくに良質で、その名は世界に聞こえていた。アンチモニーは、他の金属に混ぜるとその堅さを高めることから、多彩な用途に用いられた。砲弾の一部にも使用されたことから、戦争期には大いに需要を高めた。

この鉱山の利権をめぐって、明治一〇年代から二〇年代半ばまで民事・刑事にわたる大小多数の紛擾事件が生起し、混迷を極めた。本章はまず手はじめとして、一連の騒動のきっかけとなった「西条疑獄事件」について検討しておきたい。

この事件は、関新平愛媛県知事の時代に起こった奇怪な事件であった。起訴された被告人の多くは、関県政に異議を唱える民権派であった。彼らは、始審では無罪となったが、控訴審では逆転有罪となった。この判決の影響は大きかった。民権派は壊滅的打撃をこうむり、この時点で関県政を批判する勢力は一掃されたのであった。

この事件については、『愛媛県史』[2]でも扱われ、『愛媛県の百年』[3]では本件の謀略的性格にも言及されている。

しかし、事件発生からすでに百年以上の時が経過しており、今日その真相を明らかにするには多くの困難が伴う。本稿では、今日入手可能な史料[4]から判明する限りで、この不可思議な事件の関与者と構図を明らかにしたい。

一　市之川鉱山事件の概要

（1）事件の背景

市之川鉱山の開発は、延宝七（一六七九）年、曽我部親信が市之川で輝安鉱《アンチモニー》を発見したのがはじまりとされる。廃藩置県後、鉱山は小松県ついで石鉄県に引き継がれた。明治六（一八七三）年「日本坑法」のもとで、坑物は政府の所有とし、開坑せんとする者は借区の許可を受けて試掘するという法制に移行した。市之川も、試掘借区人が続々現れて濫掘の様相となったので、明治一〇年ころ曽我部陸之助に一本化することとなった。曽我部は自ら採掘せず、各地の鉱山開発に実績のあった山口県萩出身の藤田伝三郎[5]に代理を委嘱し、稼行するようになった。ところが愛媛県は、明治一六年同鉱山の借区税が滞納となっていることを理由に借区引き上げの処分を断行し、鉱区その他一切を愛媛県勧業課の直轄とした。翌一七年八月、県は藤田伝三郎を鉱山の用達に指名し、借区開坑の事業を任せることとした。これに対し、この間の不透明さを追及する旧借区人や村民たちの声が大きくなり、西条地域は不穏の情況を呈するようになった。

市之川鉱山をめぐるこのような動きが、本事件の背景となった。

（2）事件の経過

明治一七（一八八四）年、海南協同会[6]に呼応して、西条で赤堀五郎吉、宇治村固作、丹正之らが中心となって民権結社興風会が結成された。

興風会は、明治一八年五月一、二の両日政談学術講演会を開催した。会場には多くの聴衆がつめかけた。第一日目の第二席に登壇した小川健一郎の演説中、治安に妨害ありと立会の巡査から中止命令を受け、そのまま演説会も解散を命じられた。第二日目は学術講演会に切り換え無事会を終えた。

盛会に勢いをえた面々は、第二弾を企画し、あらたに二八日に政談演説会を開くことを計画し、西条署に届け出た。しかし、西条署は演題のすべてを不許可とした。二八日当日、予告にしたがってつめかけた聴衆を前に、主催者らは、官憲の横暴な処置によって演説会は死亡したも同然であるとして、翌日演説会の葬式を挙行することを予告した。

翌二九日、小川や宇高喜代蔵らは、「大声院《おおじょういん》殿不平《ふへい》怒鳴《どなる》居士」と記した位牌を掲げて行進し、演説会の葬式[7]を盛大に執り行った。

そして問題の五月三〇日、松山から来て新居郡大町村の宿屋柳下亭に泊まっていた門田正経を丹正之、小川、皆川広済、宇高喜代蔵、岩田久蔵、渡辺奇秀らが柳下亭に迎えに行ったところから事件がはじまる。気分がすぐれないという門田を散策かたがた新居郡大生院市之川の山中（通称白目山）へ案内することになった。途中鉱山事務所、そして藤波神社に立ち寄った。

そのあと、丹の知り合いであり、県勧業課雇として雇用されていた河端熊助[8]宅を訪問した。午後一時ころのことである。丹らは酒を入れた瓢箪を持参し、河端も燗酒とつまみを提供し酒盛りになった。門田・近藤格之助は中座した。そのあとも六人は残って、河端と呑んだ。四時ころ（五時ころという証言もある）、熊助の二男岩田梅吉が帰ってきた。そして夕暮れ近く、六人は河端宅を辞し、山を降りた。当日の出来事は、単にこれだけのことである。

ところが六月二日、西条警察署は小川、丹、皆川、宇高、岩田、渡辺[9]と門田の七名を拘引した。葬式の費用捻出のため河端を恐喝したというのが容疑であった。逮捕者中門田は中座したことが判明し、彼だけが釈放された。そして門田を除く六名が西条治安裁判所に起訴された。

釈放され帰ってきた門田から事情を聞いた松山の海南協同会では、藤野政高・岩本新造・高須峰造・近藤繁太郎の著名な代言人四名から成る弁護団を結成して、西条へ向かった。

藤野ら弁護団は、公判で検事側の矛盾点をするどく攻撃した。西条治安裁判所は、検察の立証は、「証拠充分ナラス」と認定し、全員無罪の判決を与えた[10]（六月二九日）。

これに対し、検察側は控訴した。松山軽罪裁判所では、五名有罪（一名は無罪）の逆転判決[11]があった（八月八日）。逆転有罪判決によって、今治そして松山の運動は大きな打撃を受けた。

二　西条治安裁判所と松山軽罪裁判所の公判

以上本事件の概要を記した。以下では、裁判所における第一審および控訴審の審理過程に即しながら、少し掘り下げて検討しよう。

明治一八年六月二四日、第一審の西条治安裁判所[12]で審理がはじまった。公判進行の模様は、「海南新聞」が七回にわたって連載し、逐一報道した[13]。以下、専ら「公判傍聴記」を利用して、公判の過程を振り返ってみることとする。

（1）裁判所管轄の問題

事件の内容に入る前に、裁判所管轄の問題を整理しておこう。西条治安裁判所で開かれた第一審判決の冒頭に「西条治安裁判所ニ開ク松山軽罪裁判所ニ於テ」という表記がある。これは何を意味しているだろうか。

当時の裁判所制度は、治罪法（明治一三年七月一七日公布、明治一五年一月一日施行）に拠っていた。治罪法はお雇い外国人ボアソナードの起草にかかり、フランスの制度に範をとったもので非常に複雑であった。犯罪は、重罪・軽罪・違警罪に分類され、それぞれ重罪裁判所・軽罪裁判所・違警罪裁判所で裁かれることになっていた。本件は、恐喝取財未遂罪（旧刑法第三九〇条）で起訴された。同罪の法定刑は、「二月以上四年以下の重禁錮」で、「四円以上四〇円以下の罰金」を付加するとある。重禁錮を主刑とする犯罪は、軽罪の範疇に属する。通常軽罪を裁く軽罪裁判所には、始審裁判所がこれに当たる（治罪法第五四条参照）。従って、本件は松山始審裁判所で裁かれるのが本則である。しかし、本件は軽罪であるにもかかわらず、西条治安裁判所で第一審が開かれた。これは、明治一四年太政官布告第五四号において、治安裁判所において軽罪裁判所を開くことができる規定が設けられていたからである。[14]

しかしこの結果、明治一八年一月六日太政官布告第二号の規定が関係してくることになった。その第五条は、つぎのように規定していた。

第五条　治安裁判所ニ於テ為シタル軽罪ノ裁判言渡ニ対スル控訴ハ管轄軽罪裁判所ニ之ヲ為スヘシ　其控訴ヲ受ケタル裁判所ニ於テハ治罪法中軽罪ノ控訴ニ付キ定メタル規則ニ従ヒ之ヲ裁判スヘシ

本件の場合、西条治安裁判所で行われた軽罪の裁判は、無罪の判決であった。これに対し検察は本条にもとづき、管轄軽罪裁判所すなわち松山軽罪裁判所に控訴することが可能となった。もしこの太政官布告第二号が発せられてなければどうだったか。これに先立つ明治一四年一二月二八日第七四号布告では、「治罪法中刑事ノ控訴ニ関スル条件ハ当分ノ内実施セス」とあり、重罪・違警罪のみならず、軽罪に係る裁判に対しても控訴は禁止されていたから、本件に関しても控訴は許されず、第一審が確定したことであろう。

つまり明治一八年太政官布告第二号は、軽罪についても刑事控訴の道を開いたという前進的な意義をもつ法規だったのであるが、本件の捜査・起訴を担当した当局は、本条を奇貨として控訴を申し立てることが可能となったのである。

(2) 起訴された人々

ではいよいよ事件の内容に即して本件を検討しよう。起訴されたのは。次の六名であった。なお、「政党員名簿」中に記載のある者については、【政】のあとに記事中より抜粋したものを追録した。

① 小川健一郎（愛媛県士族、本籍　新居郡明屋敷村、無職業、二三歳）【政】「性質　奸佞邪智…、主義　自由主義ヲ唱ヘ最モ自由党ニ加入セルト雖トモ名利ヲ求ムルニ出テ真ノ切情ヨリ起リタルモノニアラス、名望　村内ニ人望アリシ処、犯罪ノ件ヨリシテ今ハ絶ヘタリ。」

② 丹　正之（愛媛県士族、本籍　新居郡明屋敷村、無職業、二六歳）【政】「性質　粗暴ニシテ随分気象アリ、主義　自由、挙動　常々代言者流ト交リ近来頻リニ政論ヲ唱ヘ東京ニ赴ケリ……名望　ナシ。備考　正之ハ前項ニ記スル如ク被監視ノ身分ナルニ留学ヲ名トシテ今般東京青山南町五町目四十七番地薦田乙哉方ヘ赴ケリ、今ハ蓋シ現今東京ニ集ル政論者ト共ニナス処アル目的ナラン」

③ 岩田久蔵（大分県士族、本籍　大分県豊前国下毛郡中津村当時新居郡大町村寄留　無職業、二五歳）【政】

「性質　狡猾、挙動　代言者流ニシテ時事ニ奔走シ、目下頻リニ同意者ヲ募リ建白書提出スルノ計画ヲナセリ、名望　ナシ」。

④　宇高喜代蔵（愛媛県士族、本籍　新居郡明屋敷村、無職業、二六歳）【政】記述なし

⑤　渡辺奇秀（愛媛県士族、本籍　新居郡朔日市村、無職業、二〇歳）【政】「性質　軽躁、主義　自由、挙動　常ニ代言者流ト交リ官ニ抗スルノ風アリ、意見アルモノニアラサレトモ雷同シテ政論ヲ唱ヘリ、…履歴　同十八年八月恐喝取財未遂罪ニヨリ重禁錮二年付加監視六月ニ処セラル、同廿年十月ノ頃ノ丹正之、岩田久蔵ト藤野政高ノ扇動ヲ受ケ建白書ノ事ニ奔走セシカ行ハレス、遂ニ政党視察ト称シ同十一月中上京シタリ」

⑥　皆川広済（愛媛県平民、代言人、二四歳）【政】記述なし

いずれも二〇代の若者たちである。岩田を除き本籍が愛媛県の者たちである。中でも、小川健一郎・丹正之・宇高喜代蔵・渡辺奇秀の四名は、新居郡を本籍としており、地元の青年たちであった。小川について、『愛媛県史　近代上』は、「明治一〇年新居郡明屋敷村の択善学校に奉職していたが、一一年に上京して慶應義塾などに遊学、一四年一一月帰郷、自由党に加入して政治活動に従事、明治一五年馬場八十七と共に恐喝取財の罪で重禁錮六ヶ月罰金十円の罰を受け、……」と記している。

岩田は、「大分県豊前国下毛郡中津村」を本籍とする士族であるが、その来歴は不明である。皆川は愛媛県温泉郡一番町平民出身の代言人とある。彼の代言人免許試験合格は明治一五年七月、松山においてであった。

（3）被害者および証言者

さて、本件の被害者は、河端熊助である。彼は人体質問に対し、「四十六歳、職業愛媛県勧業課市之川鉱山出

張所雇」と答えた。河端は、市之川鉱山の民坑時代、借区権者のひとりであった。その後愛媛県による官行に移行した時代は県の勧業課に雇人として雇われた。愛媛県（ないし藤田）と地元借区権者との間に軋轢が生じた時、それを緩和する目的で、県は有力な借区人を何人か雇用した。その筆頭格が河端熊助であった。さらに後の話になるが、県が藤田との契約を取り消し再び民坑に復した時、河端熊助はその始末に奔走し、ついには市之川鉱山株式会社の重役にまで昇り詰めることになる。

その他の証言者は、次のとおりである。

岩田梅吉（河端熊助の次男、愛媛県勧業課市之川鉱山出張所雇人、二二歳）
日下静朔（平民、愛媛県勧業課市之川鉱山出張所雇人、四一歳）
木村復次（愛媛県勧業課市之川鉱山出張所雇人、三三歳）
井上源七（愛媛県勧業課市之川鉱山出張所雇人、五二歳）

岩田梅吉は、河端熊助の次男である。彼は、当日午後四時ないし五時頃帰宅した。法廷では、当日の父親と被告人たちのやりとりの模様を証言した。他の三人は、当日河端熊助宅における宴の模様を外からうかがったとして、そのやりとりを証言した。しかし彼らはいずれも、愛媛県勧業課市之川鉱山出張所の雇人たちである。はたして中立的・客観的証人といえるか、疑問である。

（4）検察の筋立て

検察当局の主張は、次のようであった。控訴審判決文から再現してみる（原文はカタカナ書きだが、読みやすさを考えひらかな現代語に書き改めた）。

①「被告小川健一郎外五名は同月三〇日の朝、新居郡大町村宿屋業堀井半次方に会して右懇親会及び葬式のため

要した費用金の概略を決算したところ、その費用金若干を弁償することができないので、同郡大生院村市ノ川鉱山に住む二三の資力家に就いて寄付金を請求し、資力家に於いて若しこれを肯じない時は如何なる手段を用いても必ず出金せしめんと共謀」した。

②「同日午后二時頃一同右鉱山に到り、先づ斎藤幾太、末益三介等の在否を問うたが何れも不在なるを以て、遂に同処愛媛県勧業課出張所雇河端熊助宅に到り、同人に対し突然乞食に参ったと称して、先づ前日被告等が企てた政談演説会が不認可となったことから懇親会を催し及び演説死亡の葬式を営んだ等の次第を述べ、続いてその費用出金を促したが熊助に於てはこれを謝絶した」。

③「然るに被告等は強て出金を促してやまないので熊助は一時その場を遁れんために二男梅吉が帰宅次第相談の上返答するので、明日までに猶予受けたい旨申詫びたが、被告等は更に之れを聴入れず、我々は公衆の為に尽さないのは不都合である、愈出さないとあれば貴様から先に血祭にされてもしらないぞと云い、或は出金を諾しなければ何時迄も此場より立去らないと云い、或は大声で出金しなければ屹度考あると云い、或は一ヶ月の月俸を皆差し出せなど種々虚威を示して熊助に出金を迫」った。

④「小川健一郎外四名は尚熊助を威嚇して止まないだけでなく、或は同人を別間に呼出してあれ程迄に言う上は少々出金しては如何かと甘言を以って申騙したので熊助は窘窮ほとんど為す所を知らず寧ろ出金を諾しようかと思考する際、偶々岩田梅吉が帰宅し、かくして同人の為めに断然出金の即答を謝絶され、終にその目的を遂げえなかった」。

以上が、検察の主張する本件の筋立てである。

（5）本件立証のポイント

公判廷における被告人および目撃者の証人尋問では、どのような点が問題となったっであろうか。いくつかの点にポイントを絞り、検討してみよう。

①告発書の日付けの問題

島津編著『愛媛県の百年』五五〜五六ページは、被告人が無罪である決定的な物証として、告発書の問題に焦点を当てて叙述している。

本件逮捕の端緒は、五月三一日の朝、熊助が前日の出来事を勧業課出張所長の白石益推に話し、これを聞いた白石が当局に告発書を提出したことによる。この点に関し、被告側代言人は、裁判長に告発書の日付をただした。裁判長の答えは、「五月三〇日付」であった。なぜ三一日の朝聴取し作成された文書の日付が三〇日であったのか、明らかにここには矛盾がある。

島津編著前掲書は、このやりとりを受けて、次のように述べている。「『公判傍聴記』ではこの後被告人の陳述がつづくが、藤野はこれで全部の質問をうちきった。告発書の無効性を証明する決定的な証拠をあきらかにできたからである」。

たしかに日付の齟齬は、告発の矛盾を証明する重要な証拠である。ここで被告人側代言人は大きなポイントをあげたといえる。しかし日付を誤記することは全くないとは言えない。「日付を間違えました」と言い抜けられる可能性も絶無ではない。やはり告発書以外の証拠や証言の検討が必要となるのである。

②白目山へは誰が誘い、また河端熊助宅へ誘ったのは誰か

五月三〇日の一連の行動の発端は、一同が白目山を訪れたところからはじまる。では、白目山へ誘ったのは誰だったろうか。小川の証言によれば、「岩田久蔵が白目山へ行こうと言った」とある。

その後、河端熊助宅へ行き、問題の宴会に発展することになるが、熊助宅へ行こうと誘ったのは誰だったか。これについては、「岩田久蔵の勧めで熊助宅へ行った」（皆川）「丹が熊助の所へ行こうと言ったので、同意した」（小川）と意見が分かれている。岩田自身は「勧業課出張所官吏に会おうと思って行った」と自認している。

③葬式費用の話は誰から出たか

熊助の宅で葬式費用の話は誰から出たかという点については、被告人たちは、葬式の費用話を持ち出したのは、熊助であると述べている。

「茶ヲ供シ酒肴ヲ陳ネテ雑話セシ中熊助カ突然葬式ノ談ヲ始メタルニヨリ偶然費用ノコトニ推シ移□義□ノ負担ヲ乞ヒタルニ容易ク承知シタル体ニテ……」（岩田）。また渡辺は、「費用を出せと小川が笑いながら言った。熊助は、出さんでもないが、倅梅吉が帰ってから梅吉に出すように言うて見ましょうと言った」と述べた。

葬式費用発議者の件は裁判長も気にして、ことあるごとに尋ねている。この点に関し小川は、「偶然の引き続きに依て葬式費用の話となり岩田が此が為め初七日の追善をもなさんと思ふ故捐金をなし呉れ度と云ひしに熊助は何分愉快なり人気が引き立ちます　此話には私のみか山に関する人々は皆な加はることならん」と述べている。すなわち熊助は、葬式費用の話だけでなく、初七日の追善法要にも積極的に言及したと言うのである。この話について熊助は、「小川が葬式の費用を引き受けてくれと言い出した。次男の梅吉が帰れば、また話しましょうと云った」と述べ、これを否定している。

④鉱山出張所雇人の三人はどのような経過で現場に行ったか

いっぽう日下・木村・井上の証人は、どのような経過で現場を目撃することになったか。これについて日下は、「鉱山所にいたが、（服装が）変わった人が山へ来たので、木村と熊助宅へ行った」、また木村は「二時ころ鉱山所に帰った時、立派な出で立ちの人が藤波社にいると聞き、日下と一緒に見に行った」と述べ、井上は、「自分が洗鉱場にいたとき、日下ら二人が来て『熊助宅に議論がましきことあるからいってみないか』との勧めで行った」と述べた。

⑤「金を出せ」および「血祭り」云々の発言はあったか

では問題の「金を出せ」「出さねば血祭りにする」の発言はあったか、あったとすれば誰が発したのだろうか。これについて被告全員は、「血祭り云々という言葉は発していない」と述べた。これに対し河端熊助は、「血祭り云々は丹が言った」と証言した。熊助の倅岩田梅吉は、「自分は聞いていない」と述べた。

また室外にいた三人は、そろって費用出金および血祭り発言は確かに聞いたが、誰が言ったか分からないと述べた。「血祭り」発言の外に聞いたことはあるやとの裁判長の問いについては、「その他には余りなし、私は分かりません」（日下）と述べ、また出金発言と「血祭り」発言との時間的間隔についても、「分からず」（日下）と答えた。発言の時期についても、「血祭り」云々は三人（門田、近藤、皆川か？）が帰った前か後か裁判長から聞かれて、木村は「明白に答えはできない」と答えている。

⑥三人の証人は、熊助または倅の梅吉と会ったか

さらに三人の証人は、現場で熊助または倅の梅吉と会ったかとの問いに関して、「熊助と本屋と離れ座敷の間で会った。梅吉が帰ると熊助が出てきて（会った）。三人同時に帰った。熊助には初め会っただけで後には会っていない」（日下）、「梅吉が帰ったとき熊助に会った。また熊助には帰りがけにも会った。梅吉にも帰りがけに会った」（木村）、「皆が帰ったあと、熊助にも「明日のこと」と言ってかえった。そのとき梅吉にも会った」（井上）と、途中熊助が出てきたとする点はほぼ一致しているが、帰るときに会ったとする木村・井上と、会っていないとする日下の間で証言が異なっている。

三、この事件を推理する

この事件は不可思議な事件である。

本件は、恐喝取財（旧刑法第三九〇条初段、罰条は二月以上四年以下の重禁錮）に該当する事件で、治罪法上軽罪に相当する。しかも未遂に終わったのだから、実害はなかったとも言え、起訴することすらためらわれる事件である。

そのように軽微な事件であるにもかかわらず、本件の判決は甚大な結果をもたらした。島津豊幸によると、「松山での逆転有罪判決の影響は大きかった。西条における運動の拠点が壊滅しただけでなく、東予全域における運動を停滞させ、それが松山の海南協同会にも波及した。…ついに同年十二月二十八日、同会は解散した」と書いている。[15] この事件を契機に、愛媛県の民権運動は全県的な停滞をきたしたのである。

（1）本件は冤罪ではなかったか

本件の主たる嫌疑は、被告六名（皆川無罪説に立つと、五名）が共謀して、葬儀費用捻出のため河端熊助を恐喝し金を奪おうとしたというものである。しかし熊助の次男梅吉が帰宅し、翌日金の醵出を梅吉が断ったので、未遂に終わった。

したがって、本件に犯罪性ありとすれば、六名（ないし五名）が熊助を激しい言葉で威嚇したという一点を証明しなければならない。しかも現場は、人里離れた山中である。被害者の主張だけだと事実を認定するのに十分とはいえない。目撃者が必要である。

そこで三人の目撃者が登場するのであるが、彼らはいずれも県勧業課の雇で、熊助とほぼ同じ立場にある者たちである。しかもその証言も極めて曖昧であり、人によって齟齬している。「変わった服装の者たちが山へ来ている」とか「熊助の家で議論がましきことがあるから」と、熊助の家まで確かめにいったというのであるが、行けば熊助の旧知の者たちだと分かり、直ぐ引き返しそうなものである。それから二時間も三時間も家の周辺でうろうろして中を探っていたというのである。もし外からこれを見ている人が居れば、三人のほうがよほど怪しかったであろう。しかも、彼らが目撃した会話について聞かれても、誰が何を言っていたか、さっぱり記憶していない。ただ「金を出せ」「出さねば血祭りだぞ」という言葉だけは奇妙に一致している。また帰りに熊助または倅の梅吉と会ったかという点についても、証人たちの意見は分かれている。このような証言をもって恐喝の事実があったと認定するには、全く不十分である。

熊助の提出した告発書の日付は告発の一日前であった。これは、河端熊助と勧業課出張所長白石益雄との間で、前日もしくはそれ以前から、三〇日に事件が発生することを織り込んで協議が進んでいたことを意味していよう。同様に、三〇日熊助宅での宴が終わり一行が帰った後、熊助・梅吉と勧業課雇の三人は、熊助宅で今後の対応を相談したのではないだろうか。その時「金を出せ」および「出さねば血祭りだぞ」という言葉で脅されたとすることは綿密に打ち合わせたであろう。しかしその余の打ち合わせが十分でなかったことから、証言者相互の間で齟齬が生じたものと思われる。

(2) 当局の目論見

本件を仕組んだ当局の思惑はどこにあったか。彼らの主たる目的は市之川鉱山処分を追及する姿勢を宣明にしていた興風会の活動、就中小川健一郎の動きを封ずることにあったと見るべきであろう。そのため当局は、小川はじめ活動家を一網打尽にすることを目論んだ。しかし、全く何もなくては逮捕することはできない。そこで仕組んだのが演説会の葬式と費用捻出のための恐喝という謀略であった。これは見方によれば、謀略としてはささやかかつ小規模の謀略である。しかしこのようなささやかな謀略であっても、この図式を完結させるためには、県当局および警察上層部の了解がなくてはかなわなかった。

まず第一に、演説会が当局によって禁止されたことが本件の発端であった。演説会の禁止は末端の警察署限りで判断できることではない。警察トップすなわち県警部長の承認があったと見るべきである。

そして、当局が描いた〔演説会の禁止―演説会葬送の敢行―懇親会の挙行―費用捻出のための恐喝〕という図式を完結するためには、必ず運動側に内通者を必要とした。すなわち、演説会の葬式挙行を提起する者、葬式が挙行された後に河端宅で懇親会をやろうと誘う者、宴会の最中河端に対し葬儀費用を強要する言辞を発する者などを用意しておく必要がある。さらに、人里離れた山中で恐喝が行われたことを証言してくれる証人を用意しておくことも必要である。

さらに、この謀略の完結には警察・検察のみならず、裁判所の協力が絶対に必要である。警察・検察の協力が必要である事は言うまでもない。しかしいかに運動関係者を逮捕し起訴に持ち込んだとしても、公判で無罪が宣告されれば何にもならない。かえってその者は弾圧の犠牲者＝英雄となって反対運動の火に油を注ぐことになるであろう。本件の場合、じっさい第一審判決は無罪となり、危惧された事態に立ち至ったのである。かような場合、控訴審は絶対に有罪を獲得しなければならない。裁判所内に、警察・検察の意を体して確実に有罪判決を書いてくれる人物が不可欠なのである。

（3）黒幕の存在を疑う

これまで本事件の背後には、県令関新平と政商藤田伝三郎の癒着があったことが強く疑われてきた。私はこれに加えて県警部長真崎秀郡の関与を疑っている。これについては、前章で詳しく記したので、ここでは省略したい。

（４）内通者は誰か

さきに本件謀略の完成のためには、運動側に内通者がいたであろうことが疑われると書いた。ではその内通者はだれであったか、いささか大胆に推理してみよう。

控訴審で皆川広済を除く五名の被告人が有罪となったのに対し、皆川だけは無罪となった。判決はその理由について、「熊助大ニ畏怖ノ体ヲ顕シタルヨリ皆川広済ハ忽チ気ノ毒ノ念ヲ起シ真心其非ヲ悔悟シテ犯罪ノ念慮ヲ絶チ直ニ其場ヲ立去タルモ」「被告人皆川広済ハ罪ヲ犯サントシテ已ニ其事ヲ行ヒシモ未タ目的ヲ遂サル前其非ヲ悔ヒ自カ〔ラ〕之ヲ中止シタルモノニシテ法律上罰ス可キ正条ナキヲ以テ刑法第二条ノ主旨ニ基キ無罪トス」と述べている。すなわち皆川は、罪となるべき行為を行ったが中途で止めたいわゆる中止犯であるとして無罪としたのである。

しかし皆川が行為を中途で止めたという主張は、第一審では全く出されていない。[16] 六名の被告人が一名の被害者を取り巻いて恐喝したというのが控訴審の認定であるが、そのうち一名が「気ノ毒ノ念ヲ起シ真心其非ヲ悔悟シテ犯罪ノ念慮ヲ絶」ったという内心の出来事をどのようにして認定しえたのであろうか。きわめて不可解といわざるをえない。そして無罪となった皆川はといえば、「皆川広済ハ直チニ上京シ代言事務ニ従事ス」[17]、すなわち二度と愛媛には戻らなかったようなのである。[18]

私は、皆川広済は官憲によって送り込まれた内通者ではなかったかと考えている。そもそも五月二八日、演説会が予定された時の会主は皆川広済であった。そしてその演題が悉く不許可となり、これに抗議して演説会の葬式が提起された時の模様は「政党沿革誌」によれば次のようであった。

皆川広済会主兼弁士トナリ……西条警察署ニ届出タリ、西条警察署ハ治安ニ妨害アル演題ナリト認メ悉ク認可ヲ与ヘサリシ、是ニ於テカ弁士等ハ大ニ激昂シ小川等ト相言曰ク、何故ニ警察署ハ認可ヲ与ヘサルカ数種ノ演題悉ク不認可トハ全国未タ其聞キ見サル処ナリ、サレトモ今更之レヲ言フモ無益ナレハ此演題ハ死物ト見做シ、之レニ対スル葬式及ヒ供養ヲナシ、聴衆ニモ亦此事ヲ告知シ多数ノ葬送者ヲ求ムル如何ト、遂ニ評定此ニ決シ弁士一同会場ニ赴ク、到レハ聴衆〔概数不詳〕群集シ弁士ノ出席ヲ待ツモノノ如シ、是ニ於テ会主ハ聴衆ニ向ヒ演題不認可ノコトヲ述ヘ此演説会ハ死シタルト同然ナリ、明日正午十二時ヨリ各地演説会追善供養及ヒ本会葬礼式ヲ執行スルニ付、賛成ノ諸君ハ新芳原ノ定小屋迄来会アリテハ如何ニ、場中ヒヤヒヤ声ト共ニ閉場セリ[19]

これによれば、弁士激昂のうちに「遂ニ評定此ニ決シ」とあるだけで、誰が演説会のことを持ち出したか、はっきりしない。[20] しかし、演説会の追善式を実施することを聴衆に告げたのは会主（すなわち皆川広済）であった。演説会の葬式を実行するか否かの決定権を握っていたのは、会主たる皆川であった。

そして控訴審でただひとり無罪判決を受けたあと、皆川は行方をくらまし東京へ去った。代言人としてまた民権活動家として基盤を培っていた愛媛を去って二度と舞い戻ってこなかったのである。

また、事件当日一行を白目山へ誘導する役割を帯びた者が存在しなければならない。この役割は、岩田久蔵が担ったとみられる。[21] 岩田は、被告人のなかでただひとり県外者である。また小川の証言によれば、葬式費用捻出の話が出た場面において、岩田は帳面〔奉加帳のことか〕作成用の紙を差し出すなど手回しが良すぎる。もう一人の内通者は、岩田であった可能性がある。

(5) 裁判官は関与していないか

では、松山軽罪裁判所で開かれた控訴審はどのような審理をしたのであろうか。判決書で認定された「事実」は、検察官の主張を繰り返したにとどまる。原審で指摘された矛盾には一切答えることなく、「而シテ其事実ハ各被告人カ当公廷ニ於テノ答弁証人河端熊助ノ供述司法警察官ノ作リタル各被告人関係人訊問調書始審公判始末書其他本按ニ関スル一切ノ訴訟書類ニ徴シテ証憑充分ナリトス」と述べただけである。無理やり有罪にもっていったという印象を禁じえないのである。

この判決の裁判官は、裁判長が判事補の宮地美成、陪席が同じく判事補の安井重三および百島一八であった。私は第一章で「(当局側としては) 控訴審は何としても有罪を獲得しなければならない。裁判所内に、警察・検察の意を体して確実に有罪判決を書いてくれる人物が不可欠なのである」[22]と書いた。この三名のなかにそのような裁判官がいるであろうか。

この点に関して、真崎秀郡の甥である小林芳郎がこの時期の松山始審裁判所に判事補として勤務していたことが判明した[23]。小林自身はこの事件の担当裁判官ではなかったが、真崎が担当判事たちに働きかけるには格好のつなぎ役となったことだろう。これは果たして、偶然であろうか。また、判決原本には、松山始審裁判所所長の昌谷千里(さかやちさと)の決済印が捺されていた。この時期の裁判は、最終的には所長が決済したのであり、所長の意向を無視して判事たちが独自に判決を下すことは不可能であった。昌谷も、この逆転有罪判決を承認していたことは、疑いない。

では、はたして昌谷と関知事あるいは真崎警部長の間に何らかのつながりはあっただろうか。昌谷は天保九

（一八三八）年生まれ、津山藩士であった。司法官となり、明治一〇年から一七年まで大審院判事を勤めた経歴がある。関新平の大審院在任期間（明治一二年五月～一三年三月）と一部重なっている。しかしそれ以上に、両人の間に何らかの交渉があったかどうかは、確認できてない。

むすびにかえて―市之川鉱山のその後

かくて市之川鉱山を独占せんとする藤田伝三郎の野望は、完遂するかに見えた。しかしここで予想外の事が起こった。明治二〇年三月七日、関新平が知事在任中急死したのである。後任には藤村紫朗、ついで内務官僚の白根専一が就任した。二二年一二月、白根知事は市之川鉱山の稼行から藤田組を引き上げる旨を通告した。[24] 藤田は、市之川鉱山からの撤退を余儀なくされたのである。この後の経過については、第三章の検討にゆだねる。

注釈

1 なお、アンチモニー Antimony は英語表記であり、ドイツ語語表記だとアンチモン Antimon となる。
2 愛媛県史編さん委員会編『愛媛県史　近代上』（愛媛県、一九八六年）。
3 島津豊幸『愛媛県の百年』（山川出版社、一九八八年）五二～五六頁。
4 西条事件に関する史料で今日入手可能なものは、以下のようである。
① 「海南新聞」愛媛県立図書館に当時の紙誌がマイクロ・フィルムの形で保存されている。明治一八年六月の

西条治安裁判所の公判については、詳しい記事「公判傍聴記」が存在する。しかし、松山軽罪裁判所の控訴審（明治一八年八月）については、その前後の新聞紙が存在しない。

②「政党沿革誌」…警察密偵の作成したものと推定されている史料。『愛媛県史　資料編近代2』に復刻されている。

③「政党員名簿」…『秘書雑書』明治二一年分に収録されているもの。警察密偵の作成したものと推定。近代史文庫編『明治前期政治運動史料第二輯』に復刻されている。

④控訴審の刑事判決原本、私の所蔵するものは松山地方検察庁に保存されていた原本からコピーしたものである。他に前記「政党沿革誌」に引用されているものが存在するが、右の原本コピーと照合すると、多くの点で相違がある。すなわち「政党沿革誌」の引用部分には、誤記があると考えられる。

5　藤田伝三郎（一八四一～一九一二年）は、代々酒造業の家に生まれ、十六歳から醤油醸造業などを営んだが、幕末期には高杉晋作に師事して国事に奔走した。維新後大阪に拠点を移し軍需品の用達や土木建設業に事業を拡大した。鉱山業への進出は市之川鉱山への投資以降とされる。

6　海南協同会は、明治一六年設立された政治団体。自由党愛媛支部とも言うべき存在で、同一七年は最盛期を迎えたが、同一八年一二月西条事件による運動停滞や資金面での行きづまりから解散した。島津、前掲書、四七～五六頁参照。

7　高知県立志社は、明治一五年七月「高知新聞」が五回にわたる発行停止を受けて、新聞の葬式を挙行した。西条興風会による演説会の葬式挙行は、これにならったものであったと考えられる。

8　史料によって河端と川端と両様の表記があるが、判決原本の記載を採用し、以後「河端」と記載する。

9　これも史料によって渡辺と渡部と両様の表記があるが、判決原本の記載を採用し、以後「渡辺」と記載する。

10　西条治安裁判所の担当判事補は、勝野昌盛（東京出身）であった。判決文は、「海南新聞」第二三二六号、明治一八年七月三日に掲載されている。

11　松山軽罪裁判所の担当裁判官は、裁判長判事補が宮地美成（高知県出身）、陪席判事補が安井重三（岡山県）、

百島一八（佐賀県）の三名であった。判決文は、『愛媛県史　資料編・近代2』を参照。なお同資料集では、裁判長が宮地義成となっているが、宮地美成の誤りと思われる。

12　本件は軽罪であるから、本来松山軽罪裁判所で開かれるべき事件が治安裁判所で開かれたものであった。この点については、このあと「裁判所管轄の問題」の所でふれる。

13　「公判傍聴記」は、（其一）六月三〇日第二三二三号から（其七）七月一〇日二三三二号まで七回にわたって連載された。

14　内閣官報局編『法令全書明治一四年』四一ページ。

15　前掲『愛媛県の百年』五六頁。

16　控訴審で被告側代言人が主張したかどうか、控訴審開廷当時の「海南新聞」が失われているので確かめる術はない。

17　「政党沿革誌」の記述より（『愛媛県史資料編近代2』五九六頁）。また皆川は、大正期には朝鮮に渡り同地の弁護士協会に所属したとみられる。小野博司「植民地朝鮮と行政救済制度」（『阪大法学』六三巻三・四号二〇一三年）参照。

18　「民事判決原本データベース」は、明治二三年までの全国各地の民事判決を収録している。同データベースで「皆川広済」を入れて検索すると五二件がヒットした。この判決群は、明治一五年から一九年までが愛媛の裁判所（西条治安裁判所、松山軽罪裁判所）、明治二〇年から二三年までが東京の裁判所（東京控訴院など）ときわめて截然と分かれている。

19　「政党沿革誌」の記述より（『愛媛県史資料編近代2』五九三頁）。

20　この点につき、私の前稿「愛媛県初代警部長・真崎秀郡とその周辺」（『中京法学』四九巻三・四合併号）四五一頁は、河端熊助が演説会の葬式を持ちかけたように記したが、これは史料の誤読に基づくものであった。本文のように訂正しておきたい。

21　この点、小川は、「岩田久蔵が白目山へ行こうと言った」と証言した。

22　本書、一四一ページ。

23　望月茂『小林芳郎翁伝』（壱誠社、一九四〇年）五九ページに、「小林翁は、翌々十七年判事補に任ぜられ、松山始審裁判所詰を命ぜられた。年は、二十八歳であった。二十年になって判事登用試験に合格し、大阪始審裁判所判事に転じ、予審掛として事務に鞅掌した」とある。この時小林が松山始審裁判所に判事補として在籍していたことが確認できる。

24　なぜ、白根知事は、市之川鉱山からの藤田の排除を断行したのであろうか。明治二二（一八八九）年八月、白根知事は、農商務大臣にあての「稟請書」において、「憲法が発布され地方自治制も次第に実施されようとしている現在、このような官行事業を継続すると県治上収拾できない事態を招くおそれがある」とその理由を述べている。もっともらしい説明である。しかし為政者がもっともらしい大義名分を述べる時、その真意は隠されていることが往々にしてある。藤田稼行排除の真因については、第三章で検討する

第三章　書かれざる一章

はじめに

愛媛県西条市にある市之川鉱山は、廃鉱となって久しいが、西条市博物館や地元市之川公民館その他でさまざまな記念展が開催されたり、同鉱山の歴史をまとめた書物が刊行されるなど、今なお関心を集め続けている。

市之川鉱山は、愛媛県新居郡大生院村市之川（現在、西条市市之川）に所在し、良質のアンチモニー[1]を産出する鉱山であった。アンチモニーは多彩な用途に用いられ、他の金属に混ぜるとその堅さを高めることから、砲弾の一部に使用され、戦争期には大いに需要を高めたので「戦争鉱山」とよばれることもあった。同鉱山は経営形態において、藩営から民営、民営から官行、官行から再び民営、そして会社形態へと短期間のうちに紆余曲折の経過をたどった。また経営業績についても、短期間に好況から不況、再建後好況に転じたかと思うと再び不況、そして会社の解散など有為転変の過程をたどったのち、昭和三二（一九五七）年完全に閉鎖された。

市之川鉱山三〇〇年の歴史のうち最も注目を集めるのは、明治一〇（一八七七）年くらいから同二〇代末に至るまで生起した一連の出来事である。地元住民のみならず中央政界や官界・経済界さまざまな人々を巻き込み、民事や刑事の訴訟事件にも発展した。地元ではこれを「お山騒動」[2]と呼んだという。

しかし市之川鉱山の歴史にふれた書物や研究論文その他愛媛県の通史を読んでも、この「お山騒動」とは何を指し、その全貌はいかなるものであったか、さっぱり要領をえない。たとえば、田辺一郎編著『市之川鉱山物語』は、明治一七年藤田伝三郎一手稼行に至るまでの混乱を「大山騒動」とよんでいる。また、市之川地区公民館『市之川鉱山の話』は、「明治二二年九月従前の借区人及び関係者五〇余名へ下げ渡され、ようやくお山騒動はおさまって」と、藤田との契約解除、民坑への移行が「お山騒動」の終結と称している。さらに西条市教育委員会『続資料集市之川鉱山』では、「お山騒動が解決し、市之川鉱山株式会社が発足したのが明治二六年六月」と、市之川鉱山株式会社の発足まで騒動は続いたとの見解をとっている。「騒動」の終結点がいつかは、人それぞれの見解の相違という見方もありうる。

だが「騒動」というからには、あい異なるグループもしくは集団が両立不可能な目標を求めて争ったという現象が生じたのであろう。しかし、前述の書物を見ても、いったいどのグループとどのグループが争い、また彼らは何を求めて熾烈な争いを繰り広げたのか分からないのである。

私は、一連の事件を「市之川鉱山事件」と名付けるとともに、この事件とは何だったか追及してみたい。いわば市之川鉱山事件の「書かれざる一章」に挑戦してみたいと思う。

※　本章には多くの人物が登場する。その分類や相互関係については、二二〇ページの「市之川鉱山事件の構図」に概略を示した。また事件の経時的推移については、二二一～二二二ページの〔年表〕を参照していただきたい。

一　前史および藤田時代

（1）江戸時代

新居郡市之川におけるアンチモニー鉱山の濫觴は、延宝七（一六七九）年曽我部親信[3]が同人の開墾地に於て発見したのに遡る。その後元文元（一七三六）年には曽我部は大坂屋源八と共同経営、宝暦七（一七五七）年金子村の伝右衛門の受負稼となるが、明和六（一七六四）年には休業に追い込まれている。当時の鉱山は、鎚《つち》と鏨《たがね》による掘鑿に依拠していたため、低生産力と低技術の枠を脱することができず、かろうじて経営を維持してるに過ぎなかった。[4]

そしてその後数人に移転したあと、天保三（一八三二）年曽我部陸之助の請山となり、同一二年よりは旧小松藩の直営となった。[5]

（2）廃藩置県後の民坑時代　（明治四年～明治一五年）

明治四（一八七一）年の廃藩置県後、同鉱山は小松県から石鉄県へ引き渡された。しかし実際は以前の元請人曽我部陸之介・包介の両人が悉皆坑業権を委任されていた。この当時の鉱業は、明治六年発布された日本坑法の下で坑区制度を採っていた。採鉱しようとする者は、地主から坑区を借りた上で鉱山寮に願い出、許可の証として借区券の付与を受け、鉱物を採鉱するのである。

明治七年、曽我部陸之助・堀口幸八郎・曽我部徳太郎・河端熊助の四氏が借区の仮坑区券を下付され、組合稼ぎをおこなった。明治一〇年に至り伊藤隆太・伊藤包助を始め試掘借区人が続々輩出し葛藤の様相を呈したので、借区人を曽我部陸之助に一本化し、藤田伝三郎を代理とした。
この頃注目されるのは、明治一二年アンチモニーの海外輸出の途が開かれたことである。[6]市場が国内のみならず海外にも広がり、アンチモニーの輸出によって多額の収入を得る見込みが生まれるようになった。

(3) 官坑(実態は藤田組経営)時代(明治一五年~明治二一年)

明治一五年一二月頃、曽我部陸之助は、藤田伝三郎を部理代人とし[7]、新借区の坑業を譲渡した。翌年五月二五日、愛媛県は坑法違反(借区税滞納、鉱区外採掘等)のかどで借区引上げ処分を断行した。そして、明治一七年五月、鉱山を一括して大阪の藤田伝三郎に委託する措置をとった。

このような県の処置を専断であるとする非難の声が地元で高まった。西条に民権結社興風会が作られ、政談演説会などが盛んに催された。これは、民権運動の形をとりつつ、県と藤田組の癒着を批判する動きであった。このような時に起こったのが、「西条疑獄」事件である。[8]明治一八年五月、興風会の演説会が警察当局によって禁止されたのに対して、演説会は死したも同然であると、演説会の葬式が執り行われた。その直後、葬式の費用を捻出するため興風会メンバーが河端熊助を恐喝したとの嫌疑で六名が逮捕・起訴された。第一審は全員無罪であったが、控訴審では逆転有罪(一名のみ無罪)となった。有罪判決の影響は大きく、西条の民権運動は潰滅した。しかし同事件は、当局のフレーム・アップ事件とみられる。詳しくは、第二章に譲る。

こうして藤田は、明治一九年六月愛媛県と鉱山採掘嘱託の契約を取り交し、向う一五年間の鉱山稼行の権限を獲得した。背景には、関新平(初代愛媛県知事)の開発独裁的強権的政治手法があった。

二　関新平死去後の民坑回復

(1) 白根専一による果断の処置

明治二〇(一八八七)年三月七日、知事関新平は在任中に急死し、状況が一変することとなる。関の後任には藤村紫朗が知事を拝命したが、藤村は在任一年で更迭となり、同二一年二月二九日後任として内務官僚の白根専一が任命された。愛媛県知事に就任した白根専一は、一年余の熟考の後、藤田伝三郎との市之川鉱山採掘嘱託契約を解除する方針を固めた。

白根専一は、「市ノ川安質母尼鉱山ノ儀ニ付農商務大臣ヘ稟請ノ件」[9](明治二二年八月二六日付)において、明治一七年の官行事業化および藤田伝三郎への稼業嘱託、同一九年の向う一五年間の藤田への一切の業務委託は、きわめて「穏当を欠く」処分であったと記し、このまま藤田との契約を維持すれば、「県治上幾層ノ困難ヲ加ヱ収拾スヘカラサルニ至ルハ必然ナリ　殊ニ今ヤ憲法ヲ発布セラレ漸次地方自治ノ制ヲ立ラルルノ日ニ及ンテハ斯ル官行事業ハ終ニ之ヲ従前ノ儘ニ存シ得ヘキモノニアラス」と述べている。そして、官坑嘱託人藤田伝三郎の命約書を解くことを農商務大臣に願い出た。この願い出は、同年九月二〇日付で聞き届けられた。当時の農商務大臣は、井上馨である。これを受けて同日、白根知事は藤田に「坑業解約命令」を達し、藤田との契約を解除した。その後の鉱山経営は、民坑に回復することを基本方針とし、旧借区人および関係人らに借区証券を下渡すこととした[10]。

白根知事による藤田との嘱託解除、そして鉱山の民営復帰は、県民からひろく歓迎の意をもって迎えられた[11]。借区人たちも当然のことながら歓迎した。後世の研究者の評価も、概ね好意的である。確かに藤田との契約解除、民坑回復が白根専一の果断の処置であることは確かであろう。しかしこの前後の新聞記事を通読すると、憲法発布、地方自治制施行という新時代に向けて旧套を脱するための英断であったか、いささか疑問がないわけではない。

まず、九月二〇日藤田へ「坑業解約命令」を達する前に、白根は農商務省にたびたび立ち寄り次官岩村通俊や大臣井上馨と協議していたことが、当時の新聞に報じられている[12]。

命約解除を達せられた藤田は、一〇月一二日愛媛県知事白根専一を相手取り「鉱業契約命令差拒」の訴訟を大阪控訴院に提起した。代人は、大阪の代言人大藤高敏であった。藤田側の請求は、第一に、九月二〇日の「坑業解約命令」を取り消し明治一九年六月二一日の命令を履行すること、第二に、解約より生じる損失の補償金として二六万四千円余りの金額を支払え、というものであった。

この訴状からも、訴訟提起の前から原告藤田と県側（白根知事）との間には何度か接触があったことがうかがえる。さらに訴訟提起後も、原告と被告の折衝は、政界官界の多くの有力者を交えつつ繰り返されているのである。両者の折衝は、大阪網島にあった藤田の別邸その他で頻繁にもたれ、新聞はこれを「網島会議」と称して報じている。その一、二の例を挙げよう。

「読売新聞」第四四六四号（明治二二年一一月一〇日付）

○古沢氏赴坂の用向きは何事か

「去る六日午後京都発の汽車にて大坂に赴むきたる古沢書記官は旅館銀水楼に到着後直に腕車を馳せ目下中ノ島花屋に滞在中なる愛媛県知事白根専一氏を訪問し暫時対談の上帰宿したる由（中略）尤も一部の風説は古沢氏が同日午前十時より白根知事と事を併べて網島なる藤田伝三郎氏を訪ひ数刻密談したる事なとより必

定同氏の用向は白根知事と藤田氏との間に起りたる坑業解約の命令差拒の訴訟一件に付き仲裁を試むるため白根知事と古沢氏とは如何なる関係なるか知るべからざるも去五日発兌の毎日新聞電報欄に「白根知事は昨日井上伯よりの電報に依り直ちに神戸に赴けり」と松山発の音信あるを見れば或は井上伯の意に出でたるものなるか」

「海南新聞」第三六三三号（明治二二年一一月一一日付）

○網島会議

「白根本県知事上阪中古沢農商務書記官と往来頻繁にして果ては網島藤田伝三郎氏別邸に会議せし理由は前号に記載せしが恰も同日相談最中のことなりとか予て三田尻、神戸辺に往きつ戻りつし居たる野村〔靖〕顧問官は元三池鉱山局事務長小林秀知氏を従へ午前十一時五十分神戸発の汽車に搭じて上阪し共に車を馳せて網島なる藤田氏の別業に来合せたるにぞ（中略）同子上阪の理由に就ては其次第を知る能はざるも井上伯の嘱託を受て白根、藤田両氏の間に調停を試むる者なるべしとの風説は最も其多に居りしが如し其又後報に拠れば這は全く白根知事より藤田氏に向て示談を申込みたるものにして（中略）藤田氏に於て承諾べき気色もなく且つ古沢氏が仲裁を試むるにもあらずして単に取消すべしと云が如き説諭的の語を以て調停せんと為に至ては断じて其申込に応じ難し飽迄法廷の審理に其結局を任かせんと云ひ居由なれば多分調停は其効なかるべしとの説真に庶幾きが如し」

以上一連の記事によれば、知事の白根は相手側の藤田と会合をもつ前後に、政府側関係者すなわち農商務大臣井上馨、次官岩村通俊、書記官古沢滋、鉱山局長和田維四郎らと頻繁に打ち合わせていたことがわかる。書記官の古沢も、原告の藤田の邸に頻繁に赴いて協議している。このほか記事には枢密顧問官・子爵の野村靖の名も登場する。大臣の井上馨と藤田伝三郎が直接会っていたかは確認できないが、古沢を通して意思疎通を図っていたことは確かである。[13] 記事に登場する面々の顔ぶれを見ると、井上と藤田そして知事の白根さらに野村も長州山口県出身である。さらに協議に関わっていた岩村と古沢は、高知県人であるというだけでなく、藤田とは因縁がある仲であった。[14]

以上の諸情報を突き合わすと、これらの会合は、旧知の面々が事態の収拾に動いていたというだけではなさそうである。一連の動きの中心には井上馨が存在し、白根知事の市之川鉱山処理も井上馨の構想の枠内で展開していた構図が見え隠れする。しかし井上も同二二年一二月二三日農商務大臣の職を解かれ、市之川鉱山に関与する足がかりを失った。

訴訟のほうは、さまざまな調停工作の結果、県が藤田に八万円を下付することで結着した。

（2）民坑回復と借区人・関係人の顔ぶれ

旧借区人および関係者

前記のように、白根愛媛県知事は、明治二二年九月藤田に「坑業解約命令」を達し、藤田との契約を解除した。その後の鉱山経営は、民坑に回復することを基本方針とし、旧借区人および関係人らに借区証券を下渡すこととした。[15]

愛媛県の決定を受け、明治二二年一二月二八日までに応募した出願人の名簿は以下のようである[16]（抹消部分には、左傍に「ヒ」を付した）。

市ノ川安質母尼鉱官行鉱山下移出願人名

旧借区人

愛媛県新居郡大町村　河端　熊助　同県同郡大生院村　曽我部政太郎
同県同郡西条栄町　堀田喜八郎　同県同郡同町　堀田　コト
同県同郡大町村　工藤　善次　同県同郡西条栄町　岩田　梅吉
同県同郡中村　今村　八郎　同県同郡大町村　河端鹿太郎
同県同郡大生院村　徳永　惣吉　同県同郡同村　秋山　安平
同県同郡同村　高橋　巌　同県同郡泉川村　高田小平次
同県同郡同村　秋葉　令衛　同県同郡大生院村　高橋　重義
同県同郡同村　伊藤喜平次　同県同郡同村　伊藤貞太郎
同県同郡神拝村　藤田　愛次　同県同郡多喜浜村　加藤　正恵
同県同郡明屋敷村　小山判四郎　同県同郡同村　大西　田面

関係人

同県同郡泉川村　秋葉　豊平　同県同郡飯岡村　藤田　国平
同県同郡神拝村　宇治村固作　同県同郡大町村　真田　聰蔵
和歌山県東牟呂郡新宮村　吉田　千秋
〔高知県平民当時新居郡大生院村寄留〕愛媛県桑村郡三好村　安岡庄太郎
高知県士族当時愛媛県新居郡明屋敷村寄留　岡崎　一之
愛媛県宇摩郡川ノ江村　高橋　直助　同県周布郡新屋敷村　佐伯直次郎
同県新居郡新居浜浦　前田　右平　高知県土佐郡旭村　佐伯　新次

大坂府大坂市西区北江戸堀三丁目　井上　源七
愛媛県新居郡大町村旧西条藩士族総代　和田善路
同県同郡同村　　　　同　工藤　善次　同県同郡大生院村　岡田　常三
同県同郡神拝村　　　塩出清太郎　同県宇摩郡川之江村　村地　輝吉
同県新居郡神拝村　　寺川　武平　同県同郡大師村　門脇作十郎
同県同郡飯岡村　　　植松　浅平　同県同郡神拝村　岩間　繁衛
同県同郡明屋敷村　　渡辺　盛三　同県同郡大生院村　伊東　仁介
同県同郡神拝村　　　石村　幸蔵　同県同郡福武村　鳥羽　繁八
同県同郡同村　　　　鳥羽久米一郎　同県同郡大生院村　曽浪　豊平
同県同郡飯岡村　　　藤田　弥平　同県同郡神拝村　横井　鍋吉
同県同郡飯岡村　　　湯山　忠太　同県同郡大町村　田中完次郎
同県同郡同村　　　　近藤　伴蔵　同県同郡大生院村　吉田保次郎
同県桑村郡三好村　　内藤駒太郎　　　計　五十四名

愛媛県

廿二年十二月十八日付上申市ノ川官行鉱山下移之件上申之通聞届ケ証券下渡ス

明治廿二年十二月二十三日

農商務大臣伯爵　井上　馨　印

このリストは、借区人二〇名、関係人三四名、計五四名となっている。このうち「借区人」とは、県営以前の民坑時代に借区券の交付を受けていたいわゆる山師、鉱山師とよばれる人たちであり、「関係者」とは借区人と契約を結んだ土地所有者および借区人らから権利の譲渡を受けた者たちを指していよう。

内訳としては、旧西条藩関係者（宇治村固作、和田善路、工藤善次ら）同じく旧小松藩関係者（佐伯直次郎、吉田保次郎ら）、そして高知県出身者（安岡庄太郎、岡崎一之、佐伯新次）、大生院村住民（借区人として曽我部政太郎・徳永惣吉・高橋重義、関係者として岡田常三・伊東仁介・曽浪豊平）らに分類できる。その他の者についてどのグループに属するかの判断は、なかなか困難である。ただここには、明治二五年以降鎬《しのぎ》を削ることになる諸グループのうち、ハンター派および松山派に属する者はこのリストには全く存在していないことに留意しておきたい。また、西条藩士族代表の一人たる工藤善次が、「旧借区人」としても記載されている。何故そうなっているか不明である。

借区人たちの中で最も注目すべき人物は、河端熊助である。河端は、おそらく旧幕時代から山師＝鉱山師として活動していたと思われる。明治維新後、明治六年日本坑法にもとづく鉱山借区申請時に、曾我部陸之助等と名を連ね申請の中心を担った。県行移管＝藤田伝三郎経営時代に多くの借区人たちが追放の憂き目に遇った際も、愛媛県勧業課雇となり生き残った。それだけではない。明治一八年起った「西条疑獄事件」においては、恐喝の被害者を演じて興風会メンバーを駆逐する陰謀の狂言廻し役を演じた。さらに河端は、関新平の死去・藤田退場後も、しぶとく生き残った。旧借区人として株を確保したばかりでなく、事あるごとに旧借区人たちの代表格として立ち現れ、明治二六年株式会社市之川鉱山発足時には、同社の取締役に収まった。稀代の粘り腰を発揮した河端熊助は、明治二八年七月四日、死去した[17]。

上記リストに掲載された者たちの「官行鉱山下移之件」は、上申の通り聞き届けられ証券が下付された。ここで不思議なのは、上記出願人名簿に記載された人員は五四名であるにもかかわらず、「海南新聞」紙上では権利者の数は五九名と報道されており、その差五名分が不明となっていることである。[18]

三　民坑再移管後の混迷

(1) 長屋忠明と三浦安

民営移管後、鉱山経営の安定をめざして、共同会社方式が模索された。明治二三年二月元松山藩士長屋忠明[19]が同鉱山の事務長に招かれた。しかし長屋は、借区人総会や整理委員会の混乱等を収めることに失敗して退いた。翌二四年三月、三浦安[20]が市之川共同鉱山事務長に迎えられた。当時の紛議の焦点は、旧西条藩や旧小松藩の士族株をめぐる問題であった。三浦は、この問題に対し、株券割当制の導入を提案するなど整理に取り組んだが、さらに「外人ハンター問題」が登場し、混乱に拍車をかける事態となった。三浦は、整理の意欲を失ったのであろうか、二五年八月委託された全権を返上、委任解約を申し出た。

明治二五年末、旧西条藩士族内の争いに端を発した争いが収拾つかなくなった。再び長屋忠明が仲裁人として招聘され、再度脚光を浴びることとなった。長屋は尽力して、調停案をまとめあげた。これでまとまるとの観測もあったが、翌二六年初頭には、長屋調停案のうち「役員増員」だけが採択され、他は棚上げとなり、結局徒労に終わった。

(2) 旧西条藩および旧小松藩士族の争い

民坑移行後とくに明治二五年から二六年にわたる市之川鉱山をめぐる紛紜の中で、旧西条・小松両藩士族内部の葛藤が幾度となく繰り返されている。その背景には、旧西条藩および小松藩と市之川鉱山をめぐる複雑な事情が介在していた。まずこの点を整理しておく。

市之川鉱山のある新居郡は、そのほとんどが西条藩領であり、四か村のみを小松藩が領有していた。つまり西条藩領に周囲を取り囲まれた「飛び地」であった[21]。市之川鉱山の開坑口は多くは小松藩領であるが、一部西条藩領域にも広がっていた。すなわち市之川鉱山は小松藩の稼行する所ではあったが、西条藩もかかわっていたのである。

藩政期以来の歴史的経緯により、民抗回復後も旧西条藩主および旧小松藩主はいずれも尊重され、鉱山の株を配付された。この株数は、旧西条藩主松平直英が五株、旧小松藩主一柳頼明が四株とみられる。しかし、旧藩主の名義とすることを避け、西条藩の場合は五株を五名の旧藩士（和田義路・赤堀五郎吉・和久田縫三郎・星加辰一郎・岡卓秀）名義で、また小松藩の場合はただ一名（佐伯直次郎）の名義で受け取っていた。

ところで、旧西条藩士族は約六〇〇名、旧小松藩士族は一五〇余名を数えた。士族たちは秩禄処分によっていずこの藩にあっても、苦しい境遇を余儀なくされており、旧西条藩、旧小松藩の士族たちも例外ではなかった。両藩士たちは、苦しい生活の凌ぎを求めて、藩主に配分された株は藩士全体に配分された株であると主張するようになった。最初は、利益配当の分配を要求し、ついで株自体の分割を要求するようになる。これに対し、旧藩士のうち藩主に近い者たちは、利益配当の分配を拒否し、ついで株の不分割を主張して、藩主の楯となった。

このように藩士内の対立は沸騰点に達し、総会や臨時総会などが度々開かれ、各派の主導権争いが繰り返された。時として、暴力沙汰も起った。事態が進展しない状況の下、貧窮の淵にあった者たちは、ハンターからの金を受け取って、自分の権利を放擲する者が増えてゆくことになる。

四　E・H・ハンター[22]の登場

(1) エドワード・ハズレット・ハンター

共同鉱山となった市之川鉱山の支配をめぐる借区株所有者相互の支配権争いが延々と繰り返されるなか、存在感を増してくることになったのが「ハンダー」の存在である。

私見によれば、市之川鉱山の歴史を関新平愛媛県知事の死去（明治二〇年三月七日）で前半と後半に分けるとすると、前半を代表する人物は関新平と藤田伝三郎であり、後期を象徴するのは「ハンダー」である。では「ハンダー」とは何者であろうか。「海南新聞」では、市之川鉱山の買収を図る胡乱《うろん》な外国人は終始「ハンダー」と表記されている。「ハンダー」が神戸居留地在住の外国人であることは、「海南新聞」の記事から容易に推察できる。だが同居留地の在留外国人の中には、「ハンダー」という名前の外国人を見つけることはできない。「ハンダー」はひょっとすると、神戸居留地史上著名なエドワード・ハズレット・ハンター Edward Hazlett Hunter ではないかとの思いが浮かんだ。しかし「海南新聞」には、「ハンダー」は英国人ではなくドイツ人であるとの記事が掲載されたこともあった。さまざまに思い悩んだが、最終的には、「海南新聞」の伝える「ハンダー」は、エドワード・ハズレット・ハンターその人であるとの確信を得るに至った。[23]

E・H・ハンターは、神戸外国人居留地の歴史に名を留める著名な英国人実業家である。彼の名は、神戸市中央区山本通にある「ハンター坂」に残り、もと北野町にあった彼の居宅「ハンター邸」は、王子動物園内に移築・保存されている。また、日立造船の前身たる大阪鉄工所の創始者としても知られている。しかし市之川鉱山の歴史との関わりで、E・H・ハンターが検討されることは、これまでほとんどなかった。

ハンターは、一八四三年二月三日北アイルランドのロンドンデリーに生まれた。慶応元（一八六五）年横浜に上陸した。ハンターの生涯について記述した各種の文献は、彼の出生地について北アイルランドのロンドンデリーと記載する。しかし両親の名前や職業について触れた文献は皆無である。また、通った学校やどのような教育を受けたかも全く分からない。要するに、来日するまでの足跡に関する情報が皆無なのである。推察するに、専門教育・高等教育を受けることもなく、またさしたる財産も持たず、単身無一物で幕末動乱さなかに極東の島国に到来したのであろう。

ハンターと同じく慶応元年ころ渡来した英国人にキルビー Edward Charles Kirby がいた。キルビーは、横浜で雑貨とマッチの輸入業を営んでいたが、新規開港場の兵庫に目をつけ、慶応元年一二月上陸した。キルビーは、神戸と大阪の両方に商館を建て、機械・雑貨類の輸入を主とするE・C・キルビー商会を開いた。キルビーは、日本に洋式の造船所を建設するという年来の夢を実現するべく、神戸に小野浜鉄工所（のちに小野浜造船所）を開いた。[24]

創業期のE・C・キルビー商会に勤務していたハンターは、キルビーに見込まれて神戸に帯同し、キルビーの開いた小野浜鉄工所の事業にも携わった。このことが、のちに独立後造船業をはじめるきっかけとなった。明治二（一八六九）年キルビー商会に勤務することとなった秋月清十郎（当時三八歳）と知り合い、肝胆相照らす間柄となった。

明治六年、ハンターと秋月は共同して商舗を開く目的でキルビー商会を退社して横浜に赴いたが秋月が重病に罹ったことから、ハンターは再び神戸へ帰還した。翌七年一〇月、神戸居留地二九番館を借り入れ、貿易商E・H・ハンター商会を開いた。同商会は、明治一〇年西南の役には軍需物資などを扱って利益をあげた。

ハンターは病気から復帰した秋月とともに、造船所設立の計画を進めるに至った。両人は、門田三郎兵衛、佐畑信之両氏の賛助やほか数氏の出資の約束を得て、念願の洋式造船所開設に着手した。明治一〇（一八七七）二月、もと門田所有地であった大阪府西成郡春日六軒家新田の松が鼻に、大阪鉄工所の開設に着手した。そして、明治一四（一八八一）四月、大阪鉄工所 Osaka Iron Works の開業式を挙行した。工場敷地は約三〇〇〇坪、従業員二〇〇人余りであった。

その後もハンターは、日本精米所（明治二〇年創業）、関西煉瓦会社、大阪煙草会社、など多くの会社を創立させている。また田井玲子編『外国人居留地と神戸』は、神戸外国人居留者の一覧表を掲げている[25]、その記載によると、明治一九年段階における「E・H・ハンター商会」の業務内容は、大阪製鉄所及び造船及ドック会社代理を挙げるに過ぎない。しかし、同三〇年段階になると、〈輸入〉として、鉄類、諸器械、洋酒、薬品を、〈輸出〉についても、安質母尼《アンチモニー》、満淹《マンガン》、銅、硫黄、石炭の五品目を挙げている。ついで明治三〇年には、営業種目〈輸入・輸出を明記していない〉として、諸器械器具、造船鉄道材料、船舶用品、金物類、線索、塗料油、蝋、外国木材、煙草、米穀、安質母尼、硫黄、其他鉱物輸出入品一切、燐鉱石、硫酸アンモニヤ及智利《チリ》硝石、その他人造肥料輸入販売の一七品目を挙げている。

以上ハンターの手がけた事業から、ハンターは多種多彩な事業に取り組んだばかりでなく、商業資本家と産業資本家の両方の側面をもつ実業家であったことがわかる。赤松啓介『神戸財界開拓者伝』[26]は、明治初年に渡日してきた外国人には、「掠奪方式」と「開発方式」の二つの型があったと述べる。前者は、「貿易・金融を主とし、植民地的利潤の汲み上げ」を目的とするものであり、後者は「土着産業を育成して後進国を発展させ、略奪的貿易から高度の産業資源や製品貿易へ転換させようとする」方式である。赤松は、ハンターの先輩格のキルビーは開発方式に属する渡日商人であったとするが、ハンターもその類型に属すると見ることができよう。

ハンターは、明治二八年六月には、大阪鉄工所を息子の範多龍太郎に譲り、事業の第一線から引退した。第一線引退後のハンターの動静については、あまり情報が残っていない。ただ明治四二年に日本政府から勲章を受章したことは、公文書に残っている。その時の小村寿太郎による奏請文は、つぎのようである。

勲五等旭日章　　英国人イー、エッチ、ハンター

右者明治元年始メテ本邦ニ渡来シ横浜ニ居ヲ留メ同年十二月神戸ニ移住爾来同地ニ在テ各種ノ事業ヲ経営シ我商工業ノ発展ニ裨益ヲ与フルコト不尠殊ニ明治十三年大阪鉄工所ヲ設立シ広ク一般ノ需用ニ応シテ船舶及機械ノ製造ニ従事シ我国造船事業幼稚ノ際ニ於テ我海運ノ発達ニ資シ明治三十七八年戦役中ハ同所ニ於テ我海軍省ノ為メニ駆逐艦二隻艦載水雷艇三隻ヲ建造シ其成績孰レモ良好ニシテ我海軍ニ効シタル功績不尠又明治十八年創テ摩擦式精米機械ヲ据付工場ヲ兵庫ニ建設シテ精米業ヲ開始シ其原料ハ尽ク日本米ヲ用ヒ之ヲ海外ニ輸出シテ茲ニ本邦米輸出ノ端緒ヲ開ケリ　明治十九年該工場焼失セルニヨリ翌二十年日本精米株式会社ヲ組織シテ其事業ヲ継続シ日清北清日露各戦役事変ノ際ハ多量ノ摩擦米ヲ我陸軍ニ供給シテ大ニ便宜ヲ与ヘタル等其功績顕著ナルヲ以テ右功労ヲ御表彰被遊叙勲被仰出度旨農商務大臣男爵大浦兼武海軍大臣男爵斎藤実陸軍大臣子爵寺内正毅ヨリ申立有之候間頭書ノ勲章被下候様支度仕度此段謹テ奏ス

明治四十一年十二月二十六日

外務大臣伯爵　小村寿太郎㊞

（傍点―矢野）[27]

日露戦争後のことでもあり、各種軍艦の製造・軍役米の供給など軍役に対する貢献が強調されている。ハンターの事業に「死の商人」たる側面があったことを否定することはできない。またハンターは英国人であるから、純粋な民族資本であるともいえない。だがハンターは、器械工業・造船業という近代工業の骨格といえる産業を、国家資金の援助（英国など外国はもとより日本国の資金も）を受けることなく独力で扶植したのであり、そのこ

とを日本政府は高く評価したといえよう。
大正六（一九一七）六月二日、Ｅ・Ｈ・ハンターは死去した。享年七四歳。

（２）ハンターによる市之川鉱山関与の発端

Ｅ・Ｈ・ハンターは、いつごろ四国市之川にあるアンチモニー鉱山のことを知り、その買収を試みるようになったのであろうか。これについては、『日立造船百年史』の中に、つぎのような記述がある。

本業が成り立たない限り、金になることなら何にでも手を出すしかない。ハンターと秋月は、大阪鉄工所の操業開始に引き続いて、初年度から必死になって様々な事業を企てた。当時四国の市之川鉱山のアンチモニーが輸出されていたので、その輸出を思い立ち、同鉱山の買収に骨を折ったが成功せず、転じて大和十津川の鉱山を買収し鉱石を輸出した。しかし精製した方が有利なので、御影に精錬所の建設を計画したが、これも付近住民の反対で果たさず、荒れ地であった芦屋に、翌一五年、日本最初のアンチモニー精錬所を設置した。見本品は立派だったが、量的成果は上がらなかった。清国から粗鉱を輸入してみたが製錬事業には多額の経費が掛かることから中止せざるを得なかった。[28]

『日立造船百年史』によると、四国市之川鉱山のアンチモニー買収にかかったのは大阪鉄工所の開業（明治一四年四月開業式）の二年後と書いている。するとこれは明治一六年くらいのこととなる。しかしこの記述には疑問があり、にわかに信じることは難しい。[29]ハンターが市之川鉱山の買収にとりかかったのが、明治一〇年代半ばであるかそれとも二〇年代以降であるか、現時点では留保しておきたい。

「海南新聞」にハンターの名前が登場する最初は、明治二五年四月一六日付の記事である。この記事では、「目下株主の事情にてはとてもその出金は六ヶ敷又た剰余株券売買の件とて株主中にて買入るゝの勢力家なく独り神戸市商館「ハンダー」氏は有力にして且同山の株券弐拾余枚を有し居れは無論之をめ買占んこと容易なり」と述べて、注意を喚起している。この時すでにハンターは、二〇余枚の株券を取得しているというのだから、ハンターは遅くとも明治二三年末には市之川鉱山株の買収を開始したと見なければならない。

（3）ハンターと高知派との接点

ハンターに対して市ノ川鉱山の情報をもたらし、同鉱山への介入を勧誘したのは、高知派であると考えられる。たとえば、「海南新聞」第四六三五号（明治二六年三月二五日付）は、「国民的運動」と題する記事中に、「外人ハンダーの市ノ川鉱山に関係あることは殆んど秘密の公然となり居る事実なるが其起因を尋ぬれば元高知人某の周旋に出でしことにて」との下りがある。すなわち、関西実業界におけるハンターの活動、なかんずく高知県＝土佐人脈との交流から聞き知った可能性が高い。

では、高知派とはいかなる人びとであったか。まず「市之川鉱山旧借区人名簿」中に出てくるのが、岡崎一之[30]および安岡庄太郎[31]である。岡崎一之は代言人、安岡庄太郎は、山師の系統を引く人物ではなかったと推測される。また、明治二六年株式会社発足時、河端熊助と並んで取締役に名を連ねたのが、宮地正彰[32]である。

しかし市之川鉱山に関係した高知人には、著名な人物も含まれていた。古沢滋[33]は農商務書記官として、藤田との契約解消のあと始末に奔走していたことはさきに紹介した。私が最も注目するのは、高知出身の大物政治家である竹内綱[34]が係わっていたことである。竹内の名が登場するのは、明治二五年八月の臨時総会においてハンター問題取調委員小川健一郎がなした報告の中である。同報告は、総会の委嘱をうけて「ハンターが市之川鉱山買収に関与している」かどうかを調査した結果を報告した。ここで小川は、このことを示す一四の事由を挙げた。[35]

小川健一郎氏が総会に提出せし十四ヶの理由は所謂証拠と見へき力ある者にあらすして、只取調をなすべしと云ふの理由たるに過きさるものなり、其十四ヶの理由と云ふの大要は

一　陸奥前農商務大臣が談話中会《たまた》まハンダー問題に及び、困ったものだ……尾去沢銅山にもヶ様の事あらんとせしが、当時の大判事河野敏鎌氏の尽力に依て免かれた云々

二　阿部彦太郎氏[36]の談話にハンダーと心易きゆへ引受くる云々

三　廿四年四月上旬岡崎、秋月、ハンダー三氏の対談の事

四　廿四年四月下旬永見某とてハンダー氏の代理として竹内綱氏との打合せ、及同年五月十一日ハンダー、竹内、岡崎の三氏会合の事

五　廿四年二月種田誠一、池田浩平の二氏が藤田伝三郎氏と相談し、其中に外は纏るがハンダーは中か中か纏らぬ云々

六〜十（省略）

十一　仲田氏等の買入株に対し残金の融通は竹内綱氏等の世話にて、ハンダーが出金し居る事

十二〜十四（省略）

この報告を鵜呑みにするのは問題であるが、本情報によれば、竹内綱は、ハンター、秋月〔清十郎〕、岡崎〔高厚〕らと懇意に会話を交わす仲であり、市之川鉱山買収について頻繁に情報を交わしていることも示唆されている。

目下のところ、現在この記事の他にはハンターと竹内綱との関係を示す史料はない。しかし、ハンターと竹内綱が旧知であった可能性は否定できない。竹内は、明治二年から七年にかけて大阪府典事ついで参事に任じており、その折り安治川築港計画を推進していた。岡崎高厚もまた大阪組合代言人の有力会員で、一時大阪を舞台に政治活動＝民権運動に取り組んでいた。したがって、ハンター―秋月―（阿部彦太郎）―岡崎―竹内綱というつながりを想定することは、決してありえない話ではないのである。

（4）外国資本参入不許法制下での企業買収

ここで当時の鉱業法制について、確認しておこう。ハンターが市之川鉱山の買収に掛かった時期の鉱業法制は、基本的に外国人を排除する法制度の下で行われた。[37]

鉱山心得

維新後最初の鉱業法令たる「鉱山心得」（明治五年三月二七日）は、「一　外国人ヘ借金ノ引当ニ請負鉱山ノ稼方ヲ譲ルコトハ決テ不相成候事」と規定し、借金引当に鉱山稼方を譲与することを禁じていたが、それ以外の方法による外国人の関与を否定していなかった。

日本坑法

ついで制定された「日本坑法」（明治六年七月二〇日、太政官第二五九号）では、「第一章　坑物」において、「第四　日本ノ民籍タル者ニ非サレハ試掘ヲ作シ坑区ヲ借リ坑物ヲ採製スル事業ノ本主或ハ組合人ト成ルコトヲ得ス〔坑産ノ割合及損益ニ関係スル所ノモノハ都テ組合トス〕若シコレヲ犯ス者ハ其業ニ属スル所有物ヲ官ニ没入シテ其業ヲ禁止スヘシ」と規定し、外国籍の人物が鉱山に関わることを一切禁止した。

鉱業条例

そして「日本坑法」の外国人の鉱山介入全面的禁止の立場は、「鉱業条例」(明治二三年九月二六日、法律第八七号)にも受け継がれた。第三条は、「帝国臣民ニ非サレハ鉱業人トナリ又ハ鉱業ニ関スル組合員又ハ会社ノ株主トナルコトヲ得ス」と規定している。

ハンターが市之川鉱山の買収を進めていたのは、明治二四年ころから明治二七年くらいの時期であるから、「鉱業条例」の外国人排除法制の下にあったことを確認しておこう。つまり、ハンターはおおっぴらに顔を晒して登場する訳にはいかなかったのである。

鉱業法

このような厳しい外国人排除法制の立場は、三〇年余にわたって存続したが、「鉱業法」(明治三八年三月八日、法律第四五号)によって修正され、外国人の鉱業経営への関与を認める立場に転換した。同法第五条を見られたい。「帝国臣民又ハ帝国法律ニ従ヒ成立シタル法人ニ非サレハ鉱業権者トナルコトヲ得ス」と規定する。すなわち外国人は個人としては鉱業権者となることはできないが、法人の一員としてであれば鉱業権の主体となりうる途が開かれたのである。不平等条約改正成功の見返りとして土地所有や居住地の選定において、「内地雑居」を容認する方向が進められていたことが反映しているとみられる。

以上のように、ハンターが市之川鉱山の経営権獲得を目指して計画を進めていた時期の法制度は、外国人の関与を一切排除する制度であった。従って、ハンターが表面に登場する訳にはいかなかった。市之川鉱山事件後半のキーパーソン、E・H・ハンターは舞台の表面に立つ事は許されなかったのである。

（5）ハンターは家族名義による株買収

ではハンターは、いかにして市之川鉱山の株＝権利買収を進めていったのであろうか。この点、ハンターの批判者たちは、「公然ハンダー氏が同鉱山の株主とはなり居らざるも、或は妾、及び妾腹の子等の名義を以て同株を買ひ入れ、ハンダー氏より其資金を供し居るものたることは殆んど秘密の公然となり居るものの如くなり」[38]と指弾する。では、妻や子供の名義で株の買い占めをはかったという事実は存在したのであろうか。妻平野愛子[39]が原告となった訴訟が一件存在する。それは、松山地方裁判所『明治二十五年民事第一審判決原本』所収の事件名「市ノ川安質母尼共同鉱山借区権名義切換主参加訴訟事件」（明治二五年五月一四日、松山地方裁判所判決）である。同事件の原告は、「兵庫県神戸市山本通平民平野アイ」、被告は「愛媛県新居郡飯岡村平民藤田国平」であるが、他に主参加人として「愛媛県伊予郡北伊予村大字鶴吉村平民水口啓太郎」が関与している。このように本件は、三面訴訟の形態を示すが、内容的にみると、原告と主参加人の間の争いである。すなわち本件の争点は、被告（藤田）から「市ノ川安質母尼共同鉱山借区権利」を有効に買い入れたのは、原告（平野）と主参加人（水口）のいずれかというものである。原告は、明治二四年九月二四日契約を結び共同鉱山所に届出、農商務省に名義切替えを願い出ていると主張した。これに対し、主参加人はそれより先に明治二三年八月五日に買い入れていたと主張した。判決によるかぎり被告の藤田が法廷で何らかの主張を述べた形跡はない。判決では、主参加人の主張は、確定効力のある証拠がないとして、原告勝訴となった。

妻平野愛子名義による鉱山の借区権買収を証明する裁判事例は本件一件かぎりであるが、裁判事例となっていない同様の事件があったかもしれない。また市之川鉱山関係ではないが、日本文化研究センターの「判決原本データベース」から、ハンターの息子龍太郎[40]が原告となった訴訟事件を二件確認できる。[41]

(6) 秋月清十郎と渡辺万寿太郎

右に述べたように家族名義の裁判は確かに存在した。しかしハンターによる市之川鉱山権利取得の本筋は、雇人である秋月清十郎[42]や渡辺万寿太郎[43]を表面に立てての株式取得ならびに影響力の拡大にあったと考えられる。この具体的な方法は、以下の行論の中で示されるであろう。

渡辺万寿太郎
田住豊四郎編『現代兵庫県人物史』
県友社、1911年

五　岡崎高厚の役割

(1) 岡崎高厚の経歴

長屋に次いで松山藩出身者として市之川鉱山に深く関与することとなった人物として、岡崎高厚の名を挙げなければならない。

岡崎高厚は、嘉永六（一八五三）年七月松山藩儒者高橋興鹿の次男として出生し、同藩士岡崎家に養われた。藩校明教館と土佐知道館に学び、その後明治八（一八七五）年大阪北洲舎に入舎した。明治九年六月大阪で代言免許を得、代言人として活躍した。大阪組合代言人の副会長に二度選挙されている。また政治面でも立憲政党の立ち上げに関与し、同政党の機関誌「日本立憲政党新聞」の発行にも深く関わった。また明治二〇年から二三年まで大阪府会議員として活動した。明治二三年頃から経済界に転進し、経済人としての道をたどるようになる。同年末市参事会員ついで府会議員を辞職した。大津汽船会社、市之川鉱山会社、堺煉瓦会社、帝国水産会社、内外物産会社、日本貿易会社、今治綿繰会社、西条綿繰会社、阪鶴鉄道等の各重役を務めた。[44] 明治三七年五月二三日、死去。

市之川鉱山問題に首を突っ込む前の岡崎については、徳永高志「岡崎高厚小論」[45] が検討している。岡崎は、代言人として活動を開始し、政治活動に幅を広げたが、その後ブルジョアジーに転身した人物として描かれている。初期の経済活動では、琵琶湖の汽船会社大津真宗丸の経営参加が目に付く。当時、藤田伝三郎の主導する太湖汽船との競争・紛議が惹起し、大阪商船会社の広瀬宰平の仲裁で決着したことが徳永によって紹介されている。[46] また岡崎は、北海道の水産会社「日本帝国水産株式会社」の副社長に就任、経営に係わったが。どうも不首尾に終ったようである。徳永は、明治二五年ころから同三〇年ころまでの経歴が見当たらないと記しているが、実は愛媛県に帰って、市之川鉱山に首を突っ込むようになったのである。

岡崎がどのような経緯で市之川鉱山に関与するようになったかは不明であるが、私は、「高知派」を介してハンターと、あるいは直接ハンターとの人的つながりから関係するようになったのではないかと考えている。

（2）岡崎高厚と松山派

松山藩は、旧幕時代は市之川鉱山とは全く関わりがなかった。松山人が同鉱山と関わりを持つようになるのは、明治二三年民坑移管後である。まずは長屋忠明が移管直後の共同鉱山事務長として迎えられ、難しい舵取りを強いられた。ついで岡崎高厚が登場するようになる。

市之川鉱山との関わりにおいて、岡崎高厚が果たした役割のひとつは、松山の資産家を引き入れたことであった。岡崎高厚に次いで頻繁に登場するのが仲田槌三郎である。仲田は、岡崎が引き入れた松山の資産家の一人であることは間違いない。これまで同人の素性や人物像について不明であったところ、「民事判決原本データベース」の検索によって、興味深い判決に遭遇した。それは、明治一八年一一月四日松山始審裁判所判決の「預金抵当物引渡請求ノ訴訟」である。原告は緒方陸朗、被告は藤岡勘三郎、仲田槌三郎、栗田与三、仲田伝之DI の四名で肩書きはいずれも「興産会社長」となっている。興産会なる会社がどのような会社か不明であるが、栗田与三、仲田伝之DIは、松前町の資産家である。仲田槌三郎が伝之DIといかなる関係にあるかよくわからないが、苗字を同じくするから、親戚縁者であるかもしれない。なお、槌三郎の住所は、「松山府中町弐丁目廿三番地」となっていた。また、この事件は大阪控訴院に控訴され明治一九年四月一三日に判決が出ている。興味深いのは、本件控訴人（一審被告）の代言人を岡崎高厚が勤めていることである。案外仲田槌三郎と岡崎の出会いはこの訴訟がきっかけであったのかもしれない。

その他岡崎高厚によって引き入れられた松山人として、宮本正良などの名前があがるが、この人物像も不明である。

（3）岡崎高厚と市之川鉱山

岡崎は、同鉱山がハンター問題で揺れている明治二四〜五年頃この地に到来し、「松山派」の代表格としてふるまっていたが、いつの間にか紛議全体のとりなし役を務めるようになった。そして、鉱山が株式会社組織化を模索する過程で、重要役員に擬せられるようになり、専務取締役そして社長に就任し同鉱山を代表する地位に上り詰めた。市之川鉱山の紛議を収め、その後の隆盛の基盤を作り上げた人物として『日本鉱業会誌』は、高い評価を与えている。

〔明治〕廿三年一月旧借区人及関係人等五十余名ニ下渡シ共同執業セシム　爾来紛擾絶ヘズ或ハ長屋忠明入リ或ハ三浦安事務長トナリシモ僅カニシテ出デ序デ岡崎高厚入リ苦心経営ノ上同廿六年六月会社ニ変更シ該借区ハ鉱業特許証ニ引直シ其ノ鉱区九十萬坪余ニシテ現時市之川鉱山株式会社ノ有トナリ引続キ鉱業ヲ継続セリ〔編者云ク愛媛鉱業会ニ於テハ市ノ川鉱山ニ於ケル多年ノ紛擾ヲ整理セシハ偏ニ岡崎高厚氏ノ敏腕ニ由ルモノトテ其功労ヲ彰表スル為メ同氏ニ紀念品ヲ寄贈セシ由〕[47]

他方、これと全く異なる評価もある。愛媛に舞い戻った当時の岡崎の様子について、「海南新聞」第四八〇〇号(明治二六年一〇月六日付)に辛辣な記事が載っている。「東予の途上」と題する連載の第一五回目である。筆者は「俗物生」とある。岡崎の人物像を知る上で、貴重な史料である。

同坑山の事務長岡崎高厚氏を知らるゝや諸君は余り同人を知られざるべし（中略）　生れて松山藩の士なりしが夙に志を立て十数年前に故里を出発して東京大坂あたりに往来し後代言となりて大坂に仮住を構へぬ以後今に至る迄彼が失敗を交へたる事業の成敗興亡を数ふれば彼は其の終りに於て多く失意落魄の人なりしを知るに足るなり　然れども小生は同人に怨なし　強て其の失敗を数へ立つるが如き事を不致候　同人が飄然来たりて市ノ川山に関係の手を掛けしは今より二年半も前なりしなるべし　セル地の背広を着して西条

町大字栄町に住する何とやら云ふ男の名義を以て同坑山の総会に上りし同人の風采は一個の都人士にして数十の田舎漢中に光彩を添へ候以後同人が同山の為めに運動するや世人は何と評したりしや試みに当時の新聞を開き見るも世人が同人を罵倒せんと試みしは明に候　或は云く「ハンダー」の尻をねぶりて口腹を肥やす者なり或は曰く神戸派の手先きなり　或は曰く市ノ川鉱山を乱さんとする者なり　或は曰く何或は曰く何と然れども同人は此の罵詈と嘲弄と（目的は抗撃）を顧みず深く其のテを入れんと計るや世人の抗撃は之と正比例に沸騰し遂には壮士は行きて同人に糞汁を投じ或は途に同人を要して乱打頻りに舞へり（中略）然して氏が遂に後策を取りて心棒を槍り通せしは小生の甚だ感々服々たる処に候　同氏が同山に対する意見や方法の如きは未だ耳にせず候間批評する能はずと雖ども失意の余り手腕を同山に投じ紳士が到底忍び能はざる魔界の屈辱を忍びて目的の縄に堅く手をかけし同氏の手並に至りては何ぞ感ぜざらんとするも得んや（中略）同氏が業務長としての手並は先づ上等の方なり尤も正理とか徳義とか云ふ方角より申すに無之眼中正邪なく理非なくして云ふ時は同氏の如き事務長の任に適したる性格ならん（後略）

この記事の中で最も注目されるのは、帰還した当時の岡崎は、周囲から「ハンターの手先」と見られていたということである。仲田槌三郎ら松山の資産家を引き入れたのも、岡崎である。ただしこの筆者「俗物生」は、岡崎の事務長としての手腕は人並み以上であるとの評価を与えている。

六　E・H・ハンターによる市之川鉱山支配とその後の暗転

（1）モルフ商会問題

明治二五（一八九二）年から二六年にかけて、市之川鉱山はさまざまな重大事態が発生し、経営の基盤は大きく動揺することになる。まず起こったのが、モルフ商会との訴訟事件である。では、一方の当事者である「モルフ商会」とは、何ものであっただろうか。神戸外国人居留地の外国人商館の一覧表[48]によれば、「モルフ商会」は、神戸居留地八二番に所在し、英字名称は、H.C.Morf & Co. 館主は、F.Grrnwald. であった。輸出入の貿易を主たる業務とし、扱う商品は輸入が、「羅紗、毛布、燐寸、染粉、アルコール、カタン糸、時計、洋酒、象皮、牛骨類」、そして輸出が、「安質母尼、満俺、銅、硫黄、燐寸、竹材、華莚、段通、寒天、樟脳油等」とある。その他保険も取り扱っていたようで、North-British and Mercantile Insurance Company of London and Edinburgh:&c. の代理店 Agents と記載がある。モルフ商会は、もと横浜居留地の商人で生糸を中心に貿易を行っていた。その後、神戸に進出してきたと見られる。

「東京朝日新聞」第二一七〇号（明治二五年二月二五日付）に「アンチモニーの葛藤一件」と題する記事が掲載された。

【雑報】○アンチモニーの葛藤一件

日外の紙上に記したる如く伊予国周布郡市ノ川鉱山にては曾て神戸居留地八十二番館モルフ商会へ時価を以てアンチモニー六万噸の売約を為せしが都合に依り右のアンチモニーを神戸なる住友支店に担保品として

差入れ相当代価六万円程を借受け居たりしに其後アンチモニーの相場意外に騰貴したるより市ノ川鉱山は前約を破り他の商人へ売却して其代価を受取り以て住友氏に対する弁償を了へんとせしもモルフ商会は故障を申出で直に住友支店にあるアンチモニー六万噸の内五万三千噸に向て仮差押を為したれば爰に住友氏と市ノ川鉱山、市ノ川鉱山とモルフ商会との葛藤となり住友氏は右のアンチモニーの担保期日は去年十二月限りなれば既に流れになりしものなりと主張せしも最早モルフ商会より仮差押をせられたれば其品物を動かす能はざるより太田保太郎氏外二名を代言とし其筋に出訴せしに去る廿二日遂に原告の敗訴となりし由なれば此上は市ノ川鉱山とモルフ商会との談判と成るべき筈なるが此先如何に成行べきものにや

モルフ商会と市之川鉱山の葛藤には、住友の神戸支店も絡み、経過は非常に込み入っている。「東京朝日新聞」はつぎのように伝えた。

明治二四年頃市之川鉱山は、モルフ商会へ時価を以てアンチモニー六万噸の売約をなしていた。しかし都合により（資金面の都合か）右のアンチモニーを住友神戸支店に担保品として差入れ相当代価六万円程を借受けていたという。その後アンチモニーの相場が意外に騰貴したので、市之川鉱山は前約を破り他の商人へ売却して其代価で住友氏に対する弁償をなそうとした。これに対し、モルフ商会は故障を申出で直に住友支店にあったアンチモニー六万噸の内五万三千噸に仮差押をなした。住友は右のアンチモニーの担保期日は去年一二月限りなので既に抵当流れになったと主張しアンチモニーの引き渡しを求め出訴したが、モルフ商会から仮差押されていたので品物を動かすことはできないと明治二五年二月二二日原告（住友）の敗訴となった。[49]

そして今度は市之川鉱山とモルフ商会との裁判となった。この裁判は、英国領事エンスレーに依頼した仲裁裁判であったとみられる。[50] 英国領事の「私裁」は、同年一〇月市之川鉱山の敗訴となり、同鉱山はモルフ商会に対

し四万五千円の賠償金を負うこととなった。[51] その時鉱山は、モルフ商会への賠償金の他四万円ほども調達する必要があった（前記住友への弁償金か）ので、金策に奔走することになった。役員達が金策に大わらわであった時、現地の役員は「同商会へ払い渡すべき償金四万八千円（前日来四万五千円とせしは誤り）は払ひ渡さざることに申込得る」と判断し、英国の代言人某に依頼した。[52]

そこでモルフ商会は前記賠償金を確保するため、明治二六年二月鉱山の財産に対し差押えをかけたのである。「同鉱山重役の財産、同鉱山所属の製煉場及び幸徳丸に積込み居る鉱物に至るまで悉皆を差押へたる由なるが尚株主全体をも差押ふるの覚悟なり」[53]と、差押えの対象が広汎に亘っていたので、パニックを生ぜしめた。

これに対し鉱山側は、差押えを解除するため四万五千円を金策・調達し、岡崎高厚が裁判所に供託した。取りあえず差押えは停止されたが、鉱山側は一連の問題を解決するため八万八千円の金（モルフ商会への賠償金と住友への負債）を調達する必要があった。この金はハンター商会からの借入でまかなったとみられる。[54] 鉱山を一時危殆に陥れたモルフ商会への賠償金は「払ひ渡さざることに申込得る」との判断は、領事による仲裁裁判には従わなくてもよいとの見解からと思われるが、その希望的観測は、神戸地方裁判所の判決（明治二六年三月二一日）「英領事が与へたる仲裁判断に基く強制執行は適法なり」[55]によって打ち砕かれた。モルフ商会と市之川鉱山の差縺れは、最終的には、鉱山所より三万九千円の損害金を差し出す事で示談がまとまり、同年九月二三日に落着した。

こうしてモルフ商会と市之川鉱山との紛議は収束することとなったが、結果として鉱山はハンターに対して八万円の負債を負うことになった。ハンター商会から借金することを潔しとしない一部役員（河端熊助ら）は、住友から援助を受けることで危機を乗り切ろうとさまざまな工作をおこなったと見られる。この時浮上したのが市之川鉱山産の硫黄の販売権をめぐる問題であった。煩雑にわたるので、この経緯は省略する。[56] 結果として河端熊助らの住友持ち出し工作は成功せず、ハンターによる鉱山の経営権掌握を妨げることはできなかった。

(2) 市之川鉱山株式会社の発足

モルフ商会とのもつれが続いていたこの頃、市之川鉱山は、経営を株式会社化する方策にも取り組んでいた。これは会社組織の近代化を図ったというよりも、資金調達の一手段であったように思われる。すなわち、株式会社化することによって社債の募集が可能になるので、これによって短期的および長期的資金調達の一助としようというわけである。しかし、社債販売は進まず、結局ハンター依存度を高めることになった。

明治二六（一八九三）年六月二〇日、市之川鉱山株式会社が発足した。「市之川鉱山社債募集条規」から伺うことができる設立時の役員構成は、つぎのようであった。

有限責任市之川鉱山株式会社

専務取締役	岡崎　高厚
取締役	河端　熊助
同	宮地　正彰
監査役	小山判四郎
同	岩田　久蔵
同	秋葉　豊平
名誉相談役	工藤　善次
同	吉田保次郎
同	秋月清十郎

同　　　　仲田槌三郎
支　配　人　渡辺万寿太郎[57]

それによると専務取締役に岡崎高厚、取締役には河端熊助、宮地正彰が就任した。また秋月清十郎が名誉相談役に、支配人に渡辺万寿太郎が名を連ねている。この時点では、松山派（岡崎、仲田）もハンター派に近いと見られていたので、市之川鉱山株式会社は、実質E・H・ハンターが支配する会社として発足したと推認できる。

（3）E・H・ハンター支配の完成

翌二七年になると、本社を神戸へ移転させるという話が浮上する。「海南新聞」第四九六一号（明治二七年四月二六日付）に「今度市之川鉱山株式会社を神戸へ設置する事になさんとの事より株主秋月清十郎、渡辺万寿太郎氏等発起となり来る廿八九日頃神戸に株主懇談会を開く由既に夫々案内状をも出せり」との記事がある。既に案内状を出したとあるから、本社の神戸移転はこの時点で確定していたとみられる。

そして同年九月、市之川鉱山株式会社は本社を神戸市栄町三丁目一九番地に移転した。神戸市栄町は、外国人居留地も近く、まさにハンターのホームグラウンドである。本社移転は、名実ともに市之川鉱山のハンター化が完了したことを告げる象徴的事例と考えられる。

しかし気になることがひとつある。それは、九月二四日付けで発表されている本社移転の広告が、桑原政・愛宕直三郎というこれまで見かけない取締役の名前で出されていることである。

二人のうち桑原政は、安政三年二月（一八五六年）生まれ大正一年九月九日没。工部大学校卒で、以後の経歴を見ると「欧米各国を巡遊、帰国後工部技手、大学校教授補、工部大学助教授となった。のち住友別子銅山、藤田組に招かれ、清国天津海関道台盛宣懐に招待されて同国炭坑鉱山などを調査。豊州鉄道(株)取締役、同社顧問技師、第四・五回内国博覧会審査官、明治炭坑(株)社長を歴任。衆院議員当選三回[58]」。すなわち桑原は、住友や藤田組との関係が深い人物である。また愛宕直三郎は、詳しい経歴はよく分からないが、和歌山県の資産家のようである。

これまでとはちがう黒い影が、ハンターの支配する市之川鉱山を覆いつつあった。

(4) E・H・ハンター支配の崩壊

前項で本社の神戸移転によって、ハンターによる市之川鉱山支配が完了したかの如く見えると記述した。ところが、事態は翌明治二八年に入って暗転することになる。まず明治二八年一月二四日の「市之川鉱山株式会社第三回報告」に添付された役員名簿を見てみよう。役員名簿は次のようであった[59]。

市之川鉱山株式会社

明治二十八年一月

専務取締役	岡崎	高厚
取締役	牧	相信
同	和田	義路
同	桑原	政
同	愛宕直三郎	
支配人	宮本	正良

右之通り相違無之候也

監査役　仲田槌三郎
同　工藤　善次
同　小山判四郎

このメンバーを見ると、専務取締役の岡崎高厚は留任しているが、秋月清十郎や渡辺万寿太郎の名前は消えている。取締役の筆頭には、牧相信が就任している。[60]そして本社移転発表時にはじめて名前が登場した桑原政・愛宕直三郎の両取締役は留任している。端的に言って、ハンター派の重役が一掃されたと言えるのではないか。さらに半年後同年八月一日の「市之川鉱山（株）二八年上半期報告」の役員名簿は、つぎのようであった。[61]

市之川鉱山株式会社
明治二十八年
七月廿四日
専務取締役　岡崎　高厚
取締役　和田　義路
同　愛宕直三郎
同　牧　相信
同　桑原　政
支配人　宮本　正良
右計算ヲ精査シ相違ナキヲ認メ茲ニ連署報告ス
監査役　工藤　善次
同　仲田槌三郎

同　　　　　　　　　小山判四郎

当社重役満期ニ付改選ノ結果左ニ当選上任ス

専務取締役（重任）岡崎　高厚
取　締　役（同　）愛宕直三郎
同　　　　（同　）桑原　　政
同　　　　（新任）工藤　善次
同　　　　（重任）牧　　相信
監査役　　（新任）広瀬　　担
同　　　　（重任）仲田槌三郎
同　　　　（新任）秋月清十郎

この報告はややこしい書き方をしているが、一行目「専務取締役　岡崎高厚」から「監査役　小山判四郎」までが七月二四日の総会で退任した前期の役員を、そして「専務取締役（重任）岡崎高厚」以降「監査役（新任）秋月清十郎」までが改選後の新役員を表示していよう。両者を比較すると、上半季までの執行部のうち、取締役の和田義路、支配人の宮本正良、監査役の小山判四郎が退任し、下半季には取締役として工藤善次（監査役からの昇任）、監査役として広瀬担[62]・秋月清十郎が新任となっていることがわかる。監査役として秋月清十郎が復活してはいるが、監査役であるから会社経営にそれほど影響を及ぼす地位ではない。つまり、この名簿から判断されるかぎりでは、ハンター派は経営陣から一掃されてしまったということである。

この推測は、明治二九（一八九六）年五月一二日の「海南新聞」第五五七五号掲載の、「（市之川鉱山株式会社から）ハンダー臭味の株主は一切排除された」との記事によって裏付けられる（傍点は矢野）。

「ハンダー株買収　新居郡市之川鉱山株式会社株主の内英人ハンダーの実権を有する株券は株式総数の三分の一弱あり　其実権を有するといふは株券面は素より日本人に成り居れども実際ハンダーの出資せるものなりと云ふ之れが為め従来往々紛擾の素因と成り重役中に於ても頗ぶる痛心し之を排除せんとなし居たれども何分機会を得ざりし所今度種々の方法手段を尽し右株券は悉皆重役に於て買収し尚ほハンダー派の臭味ある株主は一切排除し得て今は無垢の日本人のみとなり純粋なる株式会社となりたれば是れより市之川鉱山の基礎愈々鞏固なるに至るならんなんどと同地方よりうまい投書ありたり」。

市之川鉱山株式会社における覇者交代劇は、いかにして生じたのであろうか。投書中の「種々の方法手段を尽し」「ハンダー派の臭味ある株主は一切排除」したとは、いかなる方策を指しているのであろうか。少ない材料から推測すると、まず考えられるのは岡崎高厚の転向である。すでに見てきたように、岡崎はハンターの意向を体現した要員《エージェント》として登場し行動してきた。その岡崎が、ハンター派一掃後も役員陣の中に残った。しかも専務取締役という最高の地位を維持したままである。これは、岡崎のハンター派から反ハンター派への鞍替えを語っているのではないだろうか。

第二は、前年から加わった愛宕・桑原の二名の取締役、そして新監査役の広瀬担の動向である。これまた推測であるが、彼らはハンター逐い出しを画策した一派によって送り込まれた新メンバーだったのではないか。ではその一派とは、何者だろうか。つぎのような新聞記事を見られたい（傍点は矢野）。

①「海南新聞」第四九四八号（明治二七年四月一一日付）

【雑報】○市之川鉱山株住友の手に入らん

市之川鉱山株式会社は先年来重役の専断にて有志株を以て住友氏より借入金を為したる処其の返金期限に至り延期を乞ふこと是迄屡々なりしが先月に至り其の年期期限も満ちたるより先月同地肴屋に開きたる株主総会に於て調金を兼ね住友氏に延期を乞ふ為め委員を選び岡崎高厚、小山判四郎、仲田槌三郎、秋月清十郎、川端熊助の諸氏当選し閉会後直ちに上神して住友氏へ懇願する処ありしに今回は更に聞入れなく委員に於ても甚だ困却し居るとのことなるが若し此上調金の出来ざるに於ては同鉱山過半の株券は住友氏の掌中に帰するならんと

②「海南新聞」第四九六〇号（明治二七年四月二五日付）

【雑報】○市之川鉱山株式会社現今の実況

市之川の負債高は去る三月を以て金拾五万三千円強なりしが這回大阪の金満家某が或る名義を以て金拾万円を投じ該山に対する諸権利の六歩を付与する筈にて全く金額も整ひ定約定決したり

株主の内小山判四郎氏を除くの他は何れも登坂中なりしが其要件は曾て去る三月限りにて住友吉左衛門より借受け居る金四万円の元利を返済して昨廿四日迄に一統西条へ集合し本日より将来該山の方針に付惣会を開設し諸般の要務を議する筈なり

市之川鉱山株式会社を神戸へ設置し市之川鉱山は工学士牧相信氏へ坑業上一切の事を嘱託して専ら実務を執るに止めるとは大株主即ち這般新に加入し六歩の権利者の意見なりし（以下略）

③「海南新聞」第五〇二八号（明治二七年七月一三日付）

【雑報】○鉱山株とハンダー

市之川鉱山株式会社にては再昨日市之川迎賓館に於て株主総会を開き元別子銅山住友分店支配人広瀬担、同理事阿部貞松両氏の整理株を一纏めにしてハンダー商会に売渡したるを取返したることに付き協議する所ありしが右株は又も廻り廻りてハンダーの手に帰せんとする事が知れ折角の協議も一朝水泡に帰せし由

これらの記事によって、この時期の市之川鉱山は株式会社化を果したものの、必ずしも財務状況は良くなかったことが分かる。その最も大きな要因は、住友に負った債務であった(以上①②による)。財政難を乗り切るため、役員たちは、住友へ支払い期限延期を懇願したり、また「大阪の金満家某」による金一〇万円の投資に期待した。そして後者の一〇万円投資は定約が整ったと記しているのである（以上②による）。

第二に注目されるのは、過去形で語られているが、元別子銅山住友分店支配人の広瀬担と同理事の阿倍貞松が整理株を保持していたことが明かされている（③による）。住友資本は相当以前から市之川鉱山に食い込んでいたことが分かる。

第三に、大株主の意向として、「市之川鉱山株式会社を神戸へ設置し市之川鉱山は工学士牧相信氏へ坑業上一切の事を嘱託して専ら実務を執るに止める」という構想が示されている（以上②による）。文脈からこの大株主とは「大阪の金満家某」を指すとみられる。この金満家こそ、新役員を送り込んだ張本人と想像できる。では、この「金満家」とは誰だったのであろうか。私は、住友もしくは藤田の可能性があると考えているが、第三の人物である可能性も否定できない。

むすび

E・H・ハンターは、神戸外国人居留地を舞台に活躍した外国人実業家の中でもトップクラスの著名人である。また、愛媛県新居郡市之川のアンチモニー鉱山をめぐる事件は、愛媛の近代史上有名な事件である。しかしこの両者は、これまで結びつけて考察されることはまったくなかった。私のこれまでの考察によって、E・H・ハンターと市之川鉱山は明治二〇年代の一時期深く関わり合い、その後の両者の運命は鋭く分かれたことを明らかにすることができたと考える。

以下、本章で展開した論旨の概略を記しておこう。

1．E・H・ハンターは、明治二四年頃「高知派」の面々から市之川アンチモニー鉱山の情報を入手して関心を抱き、同鉱山の支配権獲得をねらって活動を開始した。

2．ハンターによる同鉱山の株取得は、まず「高知派」の株を取得することから開始された。さらにハンターの株取得工作は、西条士族および小松士族のうち、困窮いちじるしい面々の株買収に及んだ。

3．明治二四年頃愛媛県に舞い戻った岡崎高厚は、松山市在住の資産家を勧奨し、市之川鉱山買収に資金提供させた。こうして形成された「松山派」（「岡崎派」）は、ハンターの市之川鉱山買収に協力した。

4．明治二五年頃から翌年にかけて市之川鉱山は多くの困難に見舞われたが、中でもアンチモニー取引をめぐるモルフ商会とのもつれは、経営陣の判断ミスも重なり、重要資産を差し押さえられるという深刻な事態を招いた。

5．市之川鉱山は、ハンターの提供した資金によって危機を脱したが、これによってハンターの影響力を一気に高めることになった。

6．時あたかも同鉱山は、経営基盤の強化のため株式会社化＝組織の近代化を模索していた。これによって社債を発行し資金調達する狙いであったが、社債販売ははかばかしくなく、ハンターへの依存度は益々高まった。

7．こうして明治二六年六月、市之川鉱山は株式会社化を達成した。経営陣の重要ポストはハンター派によって占められ、極めてハンター色の強い会社であった。明治二七年九月の本社神戸移転は、ハンターによる同社支配の完成を象徴するかに見えた。

8．ところがこれ以降反ハンター派が強烈な巻き返しに出た。明治二八年一月の市之川鉱山株式会社の役員名簿からはハンター派が消え、同鉱山からハンター色は一掃されることになった。

9．この背景には、「松山派」の寝返り、あるいは住友資本の介入などがあったのではないかと推測されるが、確かなことは不明である。今後の考察に待ちたい。

最後に、なぜE・H・ハンターは、辛苦して入手した市之川鉱山の経営権を手放すことになったかという問題を考えたい。

ハンター支配崩壊を直接に示すものは市之川鉱山株式会社の役員交替であった。その要因が奈辺の事情に由来していたか、直接的な要因は、松山派（岡崎高厚）の裏切りあるいは住友資本（ないし藤田伝三郎）の介入に求められるが、いずれにしても推測の域を出ない。

明治二七年から二八年にかけて、新聞紙上に掲載される市之川鉱山関係の記事が激減してくる。そのことが、同会社にかかわる情報が払底し、事態の推移を把握しがたいものとしているのである。では、なにが新聞掲載記事の激減という事態をもたらしたか。これは、この時期日清戦争が戦われていたからに他ならない。紙面は連日戦争関係の記事で埋められ、それ以外の記事にはごく僅かのスペースしか与えられなくなってくる。日清戦争の前後、ナショナリズムを掻き立て、戦意を高揚させる言論の論調が強まることが、これまでも指摘されている。このころ外国人に対する排外的論調も一気に高まった。

Ｅ・Ｈ・ハンターに対する愛媛県側の新聞論調は、当初から批判的・警戒的な傾向が支配的であった。曰く妾やその子を使って私的野望を満たさんとする胡乱な「外人」という印象の記事が圧倒的である。そのような傾向は変わらないのであるが、日清戦争前後からそもそも外国人が鉱山経営に係わるのは国法違反であると批難する傾向が一段と強くなる。

例えば、「海南新聞」第五〇〇四号（明治二七年六月一五日付）「市之川鉱山株の売買に就て」では、「抑もハンダー問題たるや久しき以前より地方人士の口に上り事態甚だ軽からず是れ国法を破るものにして国家問題なりと迄に絶叫されしも」と、ハンターの鉱山株取得は「国家問題」とまで称するに至っている。批難は、秋月清十郎らハンター派と目される人たちにも及んでいる。「其の買手と称して今現に持て囃されつゝある秋月、阿部彦など称する人々は即ち其一派の一参謀にして畢竟ハンダーを中心として之をめぐる衆星なれば彼等の買収は即ちハンダーの買収ハンダーの買収は即ち全山を挙げて外人に引渡すものなり」と。そして、「此の派に従ふ者共こそ破廉恥の極不忠不義の輩と称すべきも利欲の念は恐るべく一時の利益の為め陰然公然之に加担して種々の魂胆に無垢の良民を害する事多き」とも決めつけている。そしてこれに対抗するため、「聊かたりとも愛国心あるもの戒心して以て之に応ずべき道理なき筈なれども」と愛国心を掻き立てるのみならず、「有力者にして而して本邦人たる某々等は之を観過して雲烟に付し去る能はず慷慨以て資を投じ彼等ハンダーの向ふを張りて買収にかゝり禍を未発にふせぐの意気込ありと吾曹は此の争をして本邦人同志の争ならしめば敢へて問然すべきなしと雖ども苟くも国法の許さゞる外人をして国法を蔑視せしむるの残念なれば此の本邦人が大に慷慨心を以て外人の向ふを張るを快心の業と思はざるを得ず　地方株主充分留心して外人の手に其株を抛ち去る勿れ　国家の利益は卿等

ハンター邸（撮影　矢野達雄）

の手によりて保維せられつゝあるなり」（以上傍点―矢野）と邦人が蹶起・団結して株買収工作を展開すべきだと、訴えている。この論説が現実のハンター支配転覆にどの程度影響力を与えたか定かではないが、当時の雰囲気の一端を表しているであろう。しかし、思い起こしてみると明治二六年〜二七年にかけて市之川鉱山は、三重苦〔モルフ商会に対する負債、住友に対する負債、藤田との特許をめぐる訴訟〕に青息吐息、経営の危機に直面していた。その危機から救ったのはハンターの資金であり、秋月や渡辺など使用人の活動ではなかったか。もちろんハンターにしても経営の合理的判断からそのように行動しただけで、愛媛県や鉱山に対する愛情から出た行動でなかったことは言うまでもない。ただ当時の法制においては日本国籍をもたない者が鉱山に関わることは厳禁されていたから、ハンター自らは顔を出さず、代わって妻や子あるいは使用人たちを表に立てざるを得なかっただけである。にもかかわらず「国法違反」と論難され、「国家問題」であると呼号され、ハンターの企業支配が覆された背景には、当時の精神的雰囲気＝ナショナリズム高揚も影響を与えていたように思えてならない。

民間企業の経営者の役割は、まず第一にその企業を存続させること、第二に経営を通じて利潤をあげること、そして第三に事業を通して地域社会に恵沢をもたらすことであろう。しかしハンターを排したあとの市之川鉱山の経営陣は、いずれにも失敗したと言わざるをえない。他方鉱山経営から去らざるをえなかったE・H・ハンターについて、田住編『現代兵庫県人物史』は、神戸都市環境整備への貢献、条約改正に際して日本政府の条件を支持したこと、諸種の事業を創設・経営して日本の実業界に貢献したことなどを挙げ、非常に高く評価している。息子の龍太郎もまた、大阪鉄工所主としてその存続に尽力し、昭和一一（一九三六）年日立造船に経営を譲渡するまで事業を継続した。また次男の範三郎も、明治末年朝鮮の金鉱山で成功を遂げ、大正期には大分県鯛生金山を取得、大正末年からは宮崎県見立錫鉱山の開発・経営などで更なる事業の拡大を遂げた。

ハンターなきあとの市之川鉱山とその後のハンター父子の事業を、単純に比較することはできないが、市之川鉱山側にはいちじるしくマネジメントの能力が欠けていたと言わざるをえない。ハンターを排除する企業内「政変」が、単に日本国籍を有しないということのみをもって企図されたのであったとすれば、軽率なことであった。

市之川鉱山事件の構図
〔明治 21 ～明治 26〕

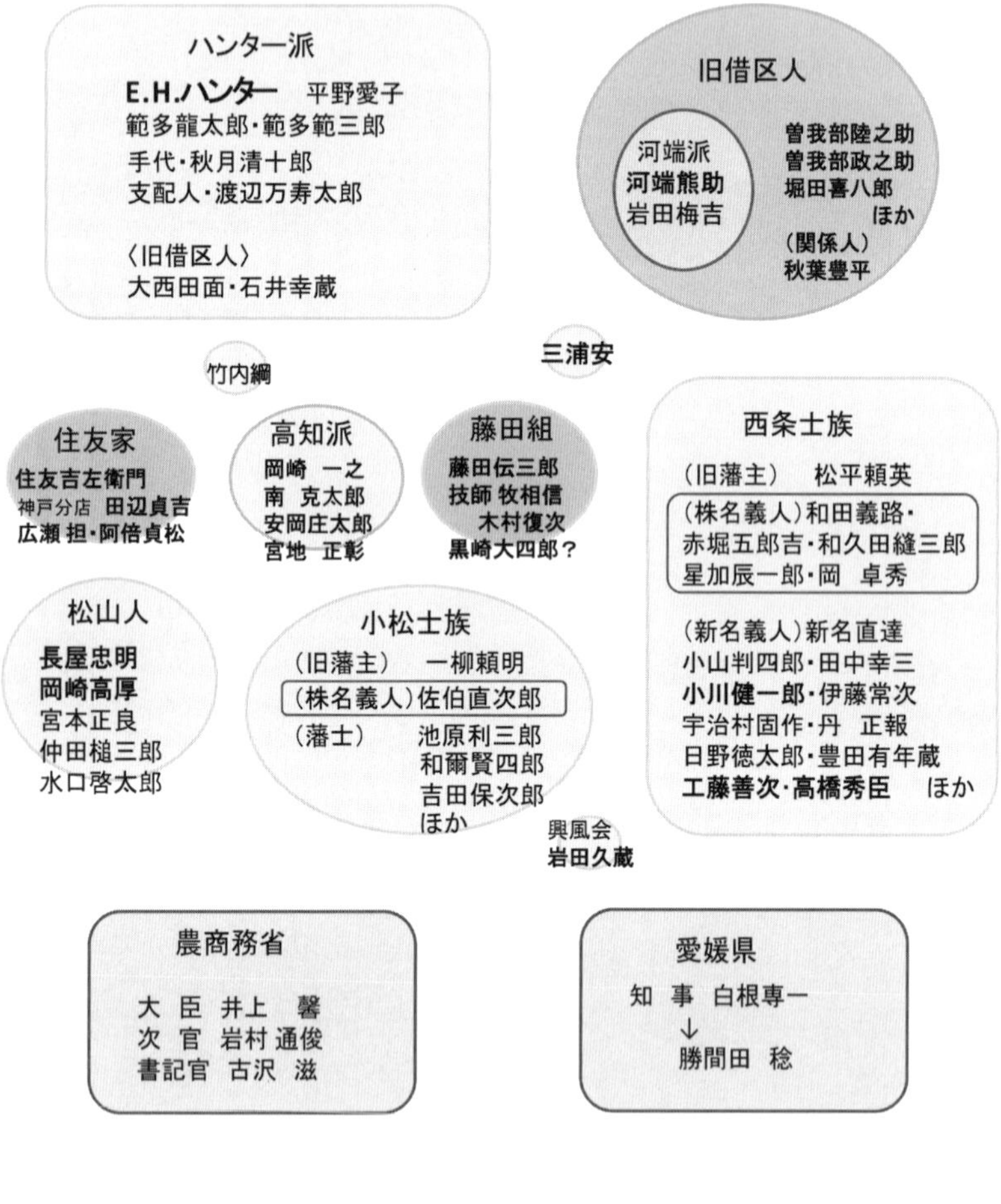
ハンター派
E.H.ハンター　平野愛子
範多龍太郎・範多範三郎
手代・秋月清十郎
支配人・渡辺万寿太郎
〈旧借区人〉
大西田面・石井幸蔵
旧借区人
河端派
河端熊助
岩田梅吉
曽我部陸之助
曽我部政之助
堀田喜八郎
ほか
（関係人）
秋葉豊平
竹内綱
三浦安
住友家
住友吉左衛門
神戸分店　田辺貞吉
広瀬 担・阿倍貞松
高知派
岡崎　一之
南　克太郎
安岡庄太郎
宮地　正彰
藤田組
藤田伝三郎
技師 牧相信
木村復次
黒崎大四郎？
西条士族
（旧藩主）　松平頼英
（株名義人）和田義路・
赤堀五郎吉・和久田縫三郎
星加辰一郎・岡　卓秀
（新名義人）新名直達
小山判四郎・田中幸三
小川健一郎・伊藤常次
宇治村固作・丹　正報
日野徳太郎・豊田有年蔵
工藤善次・高橋秀臣　ほか
松山人
長屋忠明
岡崎高厚
宮本正良
仲田槌三郎
水口啓太郎
小松士族
（旧藩主）　一柳頼明
（株名義人）佐伯直次郎
（藩士）　池原利三郎
和爾賢四郎
吉田保次郎
ほか
興風会
岩田久蔵
農商務省
大臣　井上　馨
次官　岩村通俊
書記官　古沢　滋
愛媛県
知事　白根専一
↓
勝間田　稔

〔年表〕市之川鉱山とハンター

年	月　日	事　項	典　拠
延宝 7 (1679)		曽我部親信、開墾地に於てアンチモニー発見	『続資料集』p 4
元文 1 (1736)		曽我部は大坂屋源八と共同経営	『続資料集』p6
宝暦 7 (1757)		金子村の伝右衛門の受負稼となる	
明和 6 (1769)		事業不振で休業に追い込まれる	『続資料集』p6
天保 3 (1832)		曽我部陸之助の請山となる	「海南」943 号
天保 12 (1841)		旧小松藩の直営となる	『続資料集』p12
明治 4 (1871)	7 月―	鉱山は小松県から石鉄県へ引き渡される	
明治 6 年	7 月 20 日	日本坑法、発布	
明治 7 年	11 月 29 日	曽我部陸之助ら 4 氏 , 借区仮坑区券を下付さる	
明治 10 年		借区人を曽我部陸之助に一本化	
明治 12 年		アンチモニーの海外輸出の途が開かれる	
明治 15 年	12 月頃	曽我部陸之助は , 藤田伝三郎を部理代人とする	
明治 16 年	5 月 25 日	愛媛県は坑法違反で借区引上げ処分を断行	
明治 17 年	5 月―	愛媛県は鉱山を一括して藤田伝三郎に委託	
明治 18 年	5 月 29 日	興風会による演説会の葬式挙行	
	6 月 2 日	興風会会員ら 6 名恐喝のかどで逮捕さる	
	6 月 29 日	恐喝未遂事件西条治安裁判所で無罪判決	
	8 月 8 日	同上事件、松山始審裁判所で逆転有罪判決	
明治 19 年	6 月	愛媛県と藤田、鉱山採掘嘱託契約を取り替す	
明治 20 年	3 月 7 日	愛媛県知事関新平、在任中に急死	
明治 21 年	2 月 29 日	白根専一が愛媛県知事に就任	
明治 22 年	9 月 20 日	坑業解約命令。	「海南」3617 号
	10 月 12 日	藤田伝三郎、「鉱業解約命令差拒」の訴訟	「海南」3617 号
	11 月 11 日	白根・藤田・古沢 , 網島の藤田別邸にて会談	「海南」3633 号
明治 23 年	1 月 1 日	＊民坑に回復 , 前関係者に共同借区せしむる	「海南」4452・4460 号
	1 月 8 日	共同会社開業式。	「海南」3677 号
	2 月 8 日	共同鉱山事務長に長屋忠明を招聘	「海南」3702 号
	4 月 28 日	藤田の訴訟、8 万円下付で落着。	「読売」4618 号
	7 月 15 日～	市之川鉱山借区人総会	「海南」3836 号
明治 24 年	2 月 21 日	高梨哲四郎市之川鉱山没収につき質問書提出。	「読売」4917 号
	3 月 11 日	市ノ川共同鉱山の事務長に三浦安氏を依頼	「海南」4027 号
	4 月 7 日	市ノ川鉱山の坑夫 1,000 余名が暴動	「海南」4051 号
	5 月 11 日	＊ハンター・竹内・岡崎の 3 氏会合	「海南」4463 号
明治 25 年	2 月 25 日	住友・市之川・モルフ商会 3 者の葛藤	「東京朝日」2170 号
	4 月 14 日	市ノ川鉱山株主臨時総会、三浦案を論議	「海南」4538 号
	4 月 16 日	ハンター記事初見―株券 20 余枚分を保有	「海南」4360 号
	6 月 1 日	鉱業条例、実施	
	6 月 10 日	臨時総会開会。株主間の衝突	「海南」4452・4654 号
	6 月 15 日	「外人ハンダー問題」、動議として現わる	「海南」4454 号
	6 月 21 日	ハンター問題取調委員会を設置	「海南」4416 号

	8月12日	三浦安より全権委託の謝絶・委任解約の申出	「海南」4461号
	8月－日	小川健一郎がハンター問題を総会へ報告	「海南」4463号
	8月26日	市之川鉱山と住友の間で委託販売の定約調う	「海南」4473号
	9月8日	西条士族の内訌、西条士族は株を売る形勢	「海南」4484号
	9月16日	市之川鉱山の紛議は長屋忠明氏が仲裁	「海南」4491号
	10月30日	モルフ商会との一件は鉱山側の敗訴	「海南」4520号
	12月21日	三菱会社への硫化販売委託	「海南」4568号
	12月27日	春原隈次郎，市之川鉱山を松山地裁に告訴	「海南」4573号
明治26年	1月7日	野呂景義、藤田組と鉱山訴訟の仲裁人となる	「海南」4577号
	1月18日	市之川鉱山株主総会、長屋の調停は失速	「海南」4590号
	2月2日	西条士族同盟会…鉱山に利益金配当を請求	「海南」4598号
	2月3日	市之川鉱山株主総会決議-株式会社組織とする	「海南」4599号
	3月1日	市之川鉱山、モルフ商会から差押えらる	「海南」4615号
	3月17日	ハンダー一行、市之川鉱山を視察	「海南」4632号
	3月24日	小松士族，株の利益金配分を求めて訴訟提起	「海南」4634号
		市之川鉱山、8万8千円をハンタ商会より借入	「海南」4461号
	4月21日～	《会社派》対《非会社派》の争い	
	4月26日	西条士族総会、《請求派》対《総代派》	「海南」4461号
	5月31日	モルフ商会対市之川鉱山訴訟、控訴	「海南」4491号
	6月20日	* 市之川鉱山株式会社、発足	『日本鉱学会誌』
	7月20日	西条士族請求派、総会で勝利	「海南」4734号
	8月5日	「市之川鉱山社債募集条規」	「海南」4748号
	9月26日	市之川対モルフ事件－3万9千円賠償で決着	「東京朝日」2653号
	10月10～12日	西条士族鉱山株同盟規約	「海南」4803～4805号
	11月―	* 仲田槌三郎、硫化をハンダーに売却	「海南」4875号
明治27年	2月27日	市之川鉱山株主惣会、重役総辞職を受け選挙	「海南」494号
	3月11日	市之川鉱山株式会社重役の再選挙	「海南」4924号
	4月26日	本社を神戸へ移す案が浮上	「海南」4961号
	9月23日	西条士族総会は非売山派の勝利	「海南」5090号
	9月27日	〔広告〕本社を神戸市栄町3丁目19番地に移転	「海南」5093号
	10月26日	西条士族総会、士族株主700名に同盟証を交付	「海南」5117号
明治28年	1月24日	〔広告〕市之川鉱山株式会社第3回報告	「海南」5187号
	5月15日	西条士族総会	「海南」5278号
	7月9日	〔広告〕河端熊助、死去	「海南」5325号
	8月1日	〔広告〕市之川鉱山（株）第4回報告	「海南」5343号
明治29年	2月8～29日	市之川鉱山で同盟罷業	「海南」5498～5515号
	5月12日	「株の買収でハンダー臭味の株主は一切排除」	「海南」5575号
	8月12日	鉱山重役岡崎高厚社長ら市之川鉱山に登山	「海南」5654号
明治35年		市之川鉱山会社は解散	『市之川鉱山物語』p46
		工藤善次、市之川鉱業商会を発足させる	『市之川鉱山物語』p46
明治40年		市之川鉱業株式会社を組織	『続資料集』p33
明治45年		市之川鉱業株式会社、休業となる	『市之川鉱山物語』p286

注釈

1　アンチモニーAntimonyは英語表記で、ドイツ語ならアンチモンAntimonとよばれた。

2　伊藤勇「明治時代市之川鉱山の研究」（『続資料集市之川鉱山』西条市教育委員会、一九九四年）。また、田辺一郎編著『市之川鉱山物語』（現代図書、二〇一六年）は、「大山騒動」と称している。

3　曽我部氏は、もと四国に覇を唱えた長曽我部氏の一族であったが、永正五（一五〇八）土佐騒乱のとき伊予へ移住し、元和元（一六一五）長宗我部親信の代において名を曽我部と改めたことに由来すると伝えられている。

4　染川隆俊「小松藩領史之川鉱山の研究」（西条市教育委員会『続資料集市之川鉱山』所収）

5　「市の川鉱山の歴史」（「海南新聞」第五二六七号　明治二八年五月二日付）

6　「当時河端熊助鉱石ヲ携ヘ上京シ工部省雇仏人某ニ付キ精錬法ノ伝習ヲ得又其製品ヲ大蔵省印刷局ニ納付シ最良品ノ好評ヲ得タリ　其後神戸港居留外国人ノ需メニ依リ該鉱石若干ヲ売却ス　尋テ外国商人等競テ之ヲ習得シ海外輸出ノ道頓ニ開ケ需要日ニ多ク価格随テ上騰ス」（西条市教育委員会『続資料集　市之川鉱山』、二六ページ）

7　代人規則（明治六年太政官布告第二一五号）第四条で、特にその委任する部分の代理をする者を「部理代人」と称した。

8　島津豊幸『愛媛県の百年』（山川出版社、一九八八年）、また本書第二部第二章を参照。

9　愛媛県行政史料『市之川鉱山処分』所収、愛媛県立図書館蔵。

10　白根知事の農商務大臣へ稟請書は、「日本坑法によれば誰でも出願することができるのだが、この場合は適当でない。すなわち旧借区権者や縁故関係人に払い下げる。しかしこれによって分散するのは好ましくないので、旧借区人たちは「同盟借区」の望みがあるかを確認し一の会社組織を慫慂する（以上現代文に改めた）」と述べている（白根専一「市ノ川安質母尼鉱山ノ儀ニ付農商務大臣へ稟請ノ件」愛媛県立図書館蔵、愛媛県行政資料『市之川鉱山処分』巻一　第二八号、明治二二年八月）。

11　「海南新聞」第三六二五号（明治二二年一一月二日付）は、「現知事今回の措置は吾輩の賛成同意を表する而已ならず真に耳目を有するものの其公明を称道する所なるべし」と評している。
12　「海南新聞」第三五五〇号（明治二二年八月四日付）、同第三五八七号（明治二二年九月一七日付）、など。
13　「海南新聞」第三六三六号（一一月一五日付）には、「近来古沢氏の一挙一動井上伯真写しと見ゆる廉多きをもって」との文言がある。
14　故関新平知事は岩村高俊（通俊の弟）の後任の愛媛県知事である。関は高俊の政治を覆したことで知られる。また古沢と岡崎高厚とは、関西の民権運動の展開時提携した仲であり、藤田伝三郎とは新聞経営で激突した関係である。
15　明治二六年四月松山を訪れた元農商務官僚前田正名は、市之川鉱山の「漫然下付」は失策ではなかったかと記者に問われ、「同山の如き良坑を紛擾の内に埋没して国家の利益を失ふてはならぬからとて毎々白根の望みを拒みたれど白根は請合ふて整理はさせる心配はいらぬと証言するから民坑に復さしめたが、……返す返すも遺憾なり」と述べた（「海南新聞」第四六四五号、明治二六年四月七日付）。
16　愛媛県行政資料『市之川鉱山処分』（愛媛県立図書館蔵）巻二。
17　「海南新聞」第五三二五号（明治二八年七月九日付〔広告〕）。
18　旧借区人たちの総株数については、さまざまに報道されているが、最も多いのは「五九株」という数字である。五名分の差は、明治二三年一月以降申請し認められた者があったのではないか。
19　長屋忠明（一八四三～一九二〇）は、天保一四年松山藩士高木明徳の次男に生まれ、長屋雄八郎（忠賢）の養子となった。維新後、松山藩少参事・松山県吏員を務めたが、官を辞して愛国公党に参加し、明治一〇年七月松山公共社を組織した。県令岩村高俊の要請により、同一一年から一三年まで野間・風早郡長となる。岩村転出後郡長を辞任、その後自由党系として在野で活躍した。二一年県会議員、二三年衆議院議員となる。二五年頃キリスト教に入信し、松山女学校（現東雲学園）の設立に尽力した。
20　三浦安（一八二九～一九一〇）は、文政一二年伊予国西条に生まれる。嘉永三（一八五〇）年昌平黌に学び帰藩。

安政年間の将軍継嗣問題の際、西条宗家和歌山藩の側に立ち徳川慶福の立嗣に尽力したことが認められ、和歌山藩士となる。明治三年藩政参与、翌年和歌山県少参事、五年大蔵省出仕を経て左院四等議官、八年内務大丞、一五年元老院議官、二三年貴族院議院に勅撰された。二六年東京府知事。

21　染川隆俊「小松藩領市之川鉱山の研究」（西条市教育委員会『続資料集市之川鉱山』、一九九四年）三ページ。

22　以下、ハンターの生涯についての記述は、田住豊四郎編『現代兵庫県人物史』（県友社、一九一一年）、日立造船株式会社『日立造船株式会社七十五年史』（一九五六年）、「E・H・ハンター」（『歴史と神戸』第四巻第一号、一九六五年所収）、神戸新聞社『海鳴りやまず・第一部』（神戸新聞出版センター、一九七七年）、赤松啓介『神戸財界開拓者伝』（太陽出版、一九八〇年）、日立造船株式会社『日立造船百年史』（一九八五年）、その他を参照した。

23　「ハンダー」＝E・H・ハンター説の妨げとなったのは、森恒太郎の「聞き書き市之川鉱山」という連載の最終回（「海南新聞」第四四六二号、明治二五年八月一三日付）において、「在神戸独逸人（前に英人とせしは誤り）ハンダー氏が…」という文章である。もし「ハンダー」がドイツ人であるとすれば、E・H・ハンターであるはずはない。しかし、「ハンダー」がE・H・ハンターであるから、「ハンダー」がE・H・ハンターはイギリス人であること明らかであるから、「ハンダー」とE・H・ハンターを比較すると、その親族関係や生活史に共通点がきわめて多いこと、また田住豊四郎編『現代兵庫県人物史』（県友社、一九一一年）に「エドワード・ハズレット・ハンダー」なる項目が立てられていることから、本文のような結論に達した。

24　明治一五年にキルビーは、わが国最初の鉄製汽船を建造し、軍艦大和の建造を引き受けるに至るが、明治一六年経営に行き詰まり自殺した。

25　田井玲子編『外国人居留地と神戸』（神戸新聞総合出版センター、二〇一三年）所載神戸外国人居留者の一覧表。

26　赤松啓介『神戸財界開拓者伝』（太陽出版、一九八〇年）。

27　国立公文書館デジタルアーカイブスより。

28　前掲『日立造船百年史』一二ページ。

29　まず『日立造船百年史』が下敷きにした『七十五年史』には、市之川鉱山についての言及はない。またこの時期、ハンターは資金難に陥っていたので市之川鉱山の買収に手を出す余裕はなかったのではないか。さらに、愛媛の地元新聞「海南新聞」には外国人による買収などを感じさせるような記事が全くない、などである。

30　明治九年、高知において代言免許を受けた。明治二六年五月二九日、高知地裁検事局に弁護士登録をした。松本哲泓編『代言人事典』によれば、「族籍、愛媛県平民」となっているが、「市之川鉱山旧借区人名簿」には「高知県士族」となっている

31　安岡庄太郎は、「市之川鉱山旧借区人名簿」では、「関係人」欄に「高知県平民」と記載されている。安岡は、市之川鉱山関係の訴訟でも、度々登場している。

32　宮地を高知派に入れているのは、「土佐人宮地正彰氏」と明記した新聞記事によっている。しかし彼の名は「市之川鉱山旧借区人名簿」中には存在しない。さきの「海南新聞」四六五七号を改めて見れば、「又た地方以外の株主にても土佐人宮地正彰氏の如きは地方派と意見を同ふし」とあるから、「地方派」とは別のルートから来た人物であるかも知れない。宮地の名前は明治二四年五月の臨時総会の記事ではじめて現れるが、同二六年九月の臨時会で取締役を辞任しその後は登場しない。

33　古沢滋（一八四七〜一九一一）は、民権論者、のちに官吏。高知藩士古沢南洋の次男として高岡郡佐川村に生まれる。幼名迂郎。明治三年官費で英国に留学、政治・経済を学び、同六年帰国。在官のまま立花光臣の名で「日新真事誌」や「郵便報知新聞」に投書していた。板垣退助らが征韓論に破れて退官すると、「民撰議院設立建白書」の起草に古沢迂郎の名で参加した。明治一三年「大阪日報」社長となり、同一四年大阪に日本立憲政党を組織し、「日本立憲政党新聞」の主筆となった。その後、「自由新聞」の主筆となった。明治一六年自由党解党前後から民権運動に熱意を失い、官界に戻った。明治一九年三月外務書記官を経て内務省参事官。農商務書記官に転じ、さらに同省参事官。明治二三年一一月、逓信省郵務局長に就任。明治二七年奈良県知事、同二九年石川県知事、同三二年山口県知事を歴任。同三七年貴族院議員に勅撰された。

34　竹内綱（一八三九〜一九二二）は、明治大正の自由民権家・政治家。代々宿毛伊賀家の重臣であった。母は岩村家の出身。岩村通俊・高俊、林有造は従兄弟にあたる。綱は、主家の財政立直しに功績をあげる。明治三

年大阪府典事ついで参事となる。同六年大蔵省六等出仕となるが、翌年辞職、のち後藤象二郎の蓬萊社に入り、高島炭坑の経営にあたる。同一〇年、西南戦争に呼応した立志社挙兵計画に関与、禁獄一年の刑を受ける。出獄後、自由民権運動に参加。明治二三年第一回衆議院議員総選挙で当選、以後二回当選する。同二九年朝鮮の京釜鉄道の発起委員となり、同三三年京釜鉄道株式会社を創立、常務取締役となる。以後、活動の場を実業界に移し、各種事業に関与した。のちの首相吉田茂は、実子。「竹内綱自叙伝」（明治文化研究会編『明治文化全集』二四巻、一九九三年、日本評論社所収）がある。

35　同紙明治二五年八月に一二回にわたって連載された森恒太郎「市ノ川鉱山見聞録」の最終回（八月一四日）で紹介された、

36　阿部彦太郎は、大阪商船取締役である。

37　鉱業法制については、石村善助「鉱業法」（『講座日本近代法発達史3』勁草書房、一九五八年）を参照。

38　「海南新聞」第四四六三号（明治二五年八月一四日付）

39　ハンターは、明治元（一八六八）年末、大阪市西区靱（うつぼ）通の薬種問屋平野常助の娘愛子（当時一七歳）と結婚した。明治四（一八七一）年長男が生まれ、龍太郎と名付けた。

「海南新聞」は、ハンターの動静を論じる場合、ハンで押したように「妾や妾の子の名義を利用して鉱山の権利を取得しようとしている」と批判している。しかし、平野愛子は正妻であり、愛子の他に妻妾がいたことを示す史料は存在しない。ただ、ハンターが日本の戸籍に登録し日本国籍を取得したかどうかは判然としない。終生日本国籍を取得しなかったとの説が有力である。

40　ハンターと平野愛子の間には、多くの子が生まれている。明治四に生まれたのが、長男龍太郎である。龍太郎は、一時「平野龍太郎」と名乗っていたたから、平野愛子の戸籍に登録され日本国籍を取得していたと思われる。龍太郎は、明治一九年「英国グラスゴー大学シビル・エンジニアリング・カレッジに学び、在外五年、バチュラ・オブ・サイエンスの称号を得て帰朝した」。同二六年、龍太郎は範多家を興し、姓を範多と改めた。明治二八年六月、龍太郎はハンターから大阪鉄工所を譲られ、またハンター商会の諸事業を新たに設立された合名会社範多商会に引継いだ。

41　二件の訴訟とは、「汽船改浚丸修繕料請求ノ詞訟」（大阪始審裁判所一八八三年四月四日判決）、および「淹滞金請求ノ訴訟　執行」（大阪始審裁判所一八八四年一二月四日判決）である。後者の代理人はエ・エッチ・ハンタ、被告は門田三郎兵衛である。

42　『日立造船株式会社七十五年史』によれば、秋月清十郎は、「紀州神前の郷士神前家に生まれ、紀州藩士秋月勘左右衛門の跡目を継いだ」。明治二年神戸のキルビー商会に勤務するようになったあと、ハンターと肝胆相照らす仲となり、大阪鉄工所の創立にも係わった。秋月はハンターと知り合った時、三八歳であったというから、生年は一八三一（天保二）年くらいかと推測される。没年については、不明である。

43　田住豊四郎編『現代兵庫県人物史』（県友社、一九〇八年）によれば、渡辺万寿太郎（一八六五頃～？）は、多田の満仲の子孫、代々丹波で地役人を勤めた。父円治もまた地役人であったが、維新後没落した。万寿太郎は、家の没落のため上級学校に進めず、姫路の学校に入った。数学に秀でていたので明治一〇年一二歳で役場の地券改正係りとなり、土地の測量などを行ったという。明治二三年に市役所を辞し範多商会（ハンター商会のこと）に入り鉱山部の支配人として、市の川、後島、琉球、十津川等の各鉱山経営の任にあたった。また西宮安賀母尼製錬所を支配し、呉佐世保鎮守府の用達を引き受けるなど同商会に貢献した。田住前掲書は渡辺について、「体躯は矮小である。門閥家の生まれであるが、ハイカラ風の商館番頭的気風は少しも無く、気品高雅で……当今の実業界稀にみる人格の士といわねばならぬ」と記載する。

44　松本哲泓編、前掲『代言人事典』八一ページ。

45　徳永高志「岡崎高厚小伝―自由民権運動から企業経営へ―」（松山東雲女子大学人文学部紀要一号、一九九三年。

46　徳永、前掲論文、一一二ページ。また同論文一一三ページは、岡崎の「大阪日報」から「浪速新聞」への転身に、藤田伝三郎が「大阪日報」の経営に乗り出したことが背景にあったことを指摘する。これらからみると、大阪時代の岡崎高厚と藤田伝三郎は、不倶戴天とまではいえないが、容易に妥協できる関係ではなかったといえよう。

47　「市之川鉱山沿革誌」（『日本鉱業会誌』一二三号、一八九五年）一六二ページ。

48　田井玲子編前掲『外国人居留地と神戸』所収。

49　「東京朝日新聞」第二一七〇号（明治二五年二月二五日付）。
50　「海南新聞」第四六二六号（明治二六年三月一四日付）、同第四六三五号（同三月二五日付）。
51　「海南新聞」第四五二〇号（明治二五年一〇月二三日付）。
52　「海南新聞」第四五六一号（明治二五年一二月一一日付）。
53　「海南新聞」第四六一五号（明治二六年三月一日付）。
54　「東京朝日新聞」第二四九六号（明治二六年三月二四日）。
55　「東京朝日新聞」第二四九七号（明治二六年三月二五日付）。
56　この間の経緯については、「海南新聞」第四七二四号（明治二六年七月八日付）、同第四七六五号（同八月二五日付）を参照。
57　「海南新聞」第四七四八号（明治二六年八月五日付）。
58　日外アソシエーツ『新訂 政治家人名事典　明治～昭和』二〇〇三年刊。
59　「海南新聞」第五一八七号（明治二八年一月二四日付）。
60　牧相信（一八六〇頃～一九二二）は、肥後国飽田郡池田村において肥後細川藩の譜代家臣の家に生まれる。明治六年東京の工学寮（東京大学工学部の前身）第一期生として入学、卒業後院内鉱山に派遣される。明治二〇年頃藤田組に移る。同二三年の市之川鉱山引渡時の書類に牧の名前がある。その後大森銀山に赴任したが、明治二五年～三五年鉱山所長として市之川共同鉱山に帰った。明治三九年に別子銅山採鉱課長として住友に雇用される。
61　「海南新聞」第五三四三号（明治二八年八月一日付）。
62　広瀬担は、明治二八年市之川鉱山株式会社第四回報告に、役員名簿中監査役として登載されている。広瀬については、「海南新聞」五〇二八号で「元別子銅山住友分店支配人」と記されている。広瀬宰平が明治一四年工部省から招いた人物である。

第三部　「海南新聞」の記事から考える

第一章　夏井保四郎「法界時言」と日本人の法意識

はじめに

本書第一部「裁判所ものがたり」の執筆に際して、私は、通常の歴史史料のほかに判決原本など司法史料に当たることを心がけたが、裁判や法曹界の動向を明らかにするうえでも、新聞史料が非常に役立つことに今さらのように気がついた。これまで不明とされてきた松山組合代言人・松山弁護士会の会長名や規約なども「海南新聞」から判明した。また、判決原本で知悉したと思っていた事件（庄屋無役地事件・庄屋抜地事件・市之川鉱山事件その他）も、判決では分からない周辺事情が新聞で詳しく報道されている場合があり、両者を照らし合わせつつ検討することが不可欠である。そのほか、新聞に隈なく目を通すことで、これまで知りえなかった情報にも接することになった。

そのような成果のひとつとして、ここでは夏井保四郎という愛媛の弁護士が「海南新聞」紙上に展開したエッセーを素材に、述べてみたい。

一　夏井保四郎の経歴

夏井保四郎について、『愛媛県史　人物』（愛媛県史編さん委員会編、一九八九年）は、つぎのように紹介している。筆者は、曽我部要氏である。

夏井保四郎　なついやすしろう　元治元年九月一九日～昭和八年五月四日（一八六四～一九三三）弁護士・政治家。浮穴郡久谷村（現松山市久谷）の正岡家に生まれたが明治一〇年（一八七七）和気郡三津浜町（現松山市）の母の実家夏井家を継いだ。同一七年愛媛県師範学校を卒業、小学校訓導、校長となった。二三年東京和仏法律学校（現法政大学）を卒業、二六年弁護士となり、東京、大阪、長崎を経て二九年松山市二番町に開業した。三六年三月県会議員補欠選挙に当選して四一年九月まで政友派に属し在任。三六年一〇月から四年間議長をつとめた。四一年五月、衆議院議員に当選、四五年任期満了。大正三年（一九一四）から松山市会議員一期をつとめた。同七年海南新聞社長となり、松山弁護士会長にも就任した。

要を得た紹介であるが、一、二付け加えておきたい。夏井は、和仏法律学校の卒業のあと、明治二三（一八九〇）年代言人の免許を得ている（『愛媛県人物名鑑』）。

『愛媛県史　人物』の記述では、二三年の代言人資格獲得から二六年弁護士資格獲得を経て二九年の松山市二番町での開業まで、「東京、大阪、長崎を経て」とあるだけで、何をしていたかよくわからない。しかし夏井は、主に東予地方西条町で活躍していたのである。例えば次の記事を見られたい。

「海南新聞」第四六七六号　明治二六年五月一三日【雑報】

○西条弁護士

新居郡西条町の弁護士夏井保四郎、安永景長、近藤繁太郎の諸氏は弁護士資格を得んがため規約等をも改正なし司法大臣へ願ひ出んと目下準備中

弁護士法施行時、代言業を営んでいた者がそのまま弁護士になりえたわけではない。登録を願い出て司法大臣から弁護士資格を認定してもらう必要があったが、そのためには代言人組合に属している必要があった。そこで、夏井は同じく西条地方の代言人安永景長・近藤繁太郎と組合を組織して弁護士法施行に備えたという記事である。続いて、次の記事を参照されたい。

「海南新聞」第五六六四号　明治二九年八月二三日【雑報】

○弁護士開業

是迄西条にて開業し居りし弁護士夏井保四郎氏は今度松山組合に入り一番町にて開業せり

夏井は、明治二九年松山で開業するのであるが、開業場所は二番町ではなく一番町であったと記されている。この点は次の記事からも裏付けられる。

「海南新聞」第五六七七号　明治二九年九月八日【雑報】

○二新弁護士来れり（夏井・大久保両氏松山で開業）

夏井・大久保〔雅彦〕の二新弁護士は各其事務所を松山一番町に構へ□々森々として厳めしき□付開かれたり　余等未だ二弁護士の技倆を知るの機に会せず　又其人物を知るの場合を有せずと雖も二氏が共に有する或能力に至っては明かにこれを察するを得たり　二氏は其学力と其才力を振り出して出来る限りの職業的名誉を博せんとす　寸時も忘却せざるものの如く又当世に所謂機敏の運動を怠らざる覚悟の人なるが如し　兎に角此処等は当世的円滑の才と云はんか其他の事は追々見聞に知るの外なしと語るは某理髪店の待合客なり之を此処に掲ぐるは二氏に対するお世辞的披露と見て可なり

また同年一〇月三日「海南新聞」第五六九八号の「松山の弁護士」という記事は、「松山組合弁護士目下十名あり（中略）此頃一般依頼事件尠なく弁護士の業務閑散なるは如何にぞや（中略）夏井、大久保の二氏は此の閑散時に来松して新に事務所を一番町に構へ僅に旬日を経たるもの最も松山的経歴少し　今試に同組合十名の弁護士を年齢に依り区別せんに四十歳以上は藤野、高須、玉井、多賀、松下、檜垣の六氏にて以下は井上、大久保、夏井、天野の四氏なり　又同業の新旧を云はば多賀、天野、大久保、夏井の四氏を新参に数ふべし（後略）」とある。当時松山で開業の弁護士がわずか一〇人であったというのにも驚かされるが、その中で新規開業の夏井と大久保は新参の弁護士として注目されていたことがわかる。

夏井保四郎
『愛媛県人物名鑑』第一輯
松山市．温泉郡之部
海南新聞社　1923 年

二　夏井の「海南新聞」紙上コラム

明治三一年民法の施行に合わせて、「海南新聞」は「新民法一夕談」と題し、民法の内容を読者に紹介する記事を五回、七つのテーマについて連載した（明治三一年九月六日〜一三日）。その筆者は夏井保四郎だった。各回のテーマは、「第一　利子の事、第二　返済期限の事、第三　連帯借主の事、第四　保証人の事、第五　貸金証文譲渡の事、第六　義務弁済の事、第七　時効（出訴期限）の事」の七つであった。連載「新民法一夕談」は、洒脱な筆致で素人にも分かりやすく民法の内容と注意点を説明し、好評を博した。

夏井は明治三三年四月から法にまつわるさまざまな話題をとりあげたコラムを、「法界時言」と題し「海南新聞」紙上において連載をはじめた。各回のテーマと掲載日はつぎの通りである。

（其1）「第一　権利思想と日本人」第六七四九号　明治三三年四月一〇日
（其2）「第二　法律の早学問」第六七五〇号　明治三三年四月一一日
（其3）「第二　法律の早学問（つゞき）」第六七五一号　明治三三年四月一二日
（其4）「第三　再犯予防の必要　附たり監視の廃止」第六七五二号　明治三三年四月一三日
（其5）「第三　再犯予防の必要　附たり監視の廃止（つづき）」第六七五三号　明治三三年四月一四日

連載が五回まで進んだところで、「海南新聞」に「法界時言に就いて夏井君に注文」と題する投書があった。筆者は、「夏井君の最も親愛なる一知己　ミユヘン生」と名のる者で、この頃生起していた久万警察署疑獄事件などを受けて「現今の警察を論じて貰ひたい」という趣旨であった（第六七五四号　明治三三年四月一五日）。

夏井は早速投書に応えて、

（其６）「第四　司法警察の改善」第六七六六号　明治三三年四月二九日
（其７）「第四　司法警察の改善（つづき）」第六七六八号　明治三三年五月二日
と二回にわたって司法警察の現状と改善点について論じた。そして、
（其８）「第五　養子と家督相続」第六八一二号　明治三三年六月二三日
（其９）「第五　養子と家督相続（つづき）」第六八一四号　明治三三年六月二六日
で連載を終えた。これにて「法界時言」と題する連載は一応終了したが、つづいて明治三四年二月「刑法改正案を読む」と題する記事を三回にわたって連載した。これは、同年一月日本弁護士協会が刑法改正案反対を発表した（「海南新聞」第六九八九号　明治三四年一月二五日付参照）のに関して、夏井の所感を述べたものである。
「刑法改正案を読む（其一）」第七〇一一号　明治三四年二月二三日
「刑法改正案を読む（承前）」第七〇一三号　明治三四年二月二六日
「刑法改正案を読む（承前）」第七〇一五号　明治三四年二月二八日
夏井のコラムを読んで感じるのは、語り口のうまさである。「法界時言」の連載開始にあたって記者は、「左の原稿は弁護士夏井保四郎氏の談話を或人の筆記したるものにかゝる」と書いているが、本当に夏井の談話を記者が筆記したものであるか、それとも実際は夏井自身が原稿を書いたものであるか判然としない。それはともかく、法律という庶民には難しく縁遠いと思われるテーマを、身近な例やたとえ話をあげながら実に解りやすく説いている。当然のことであるが、弁護士だけに法的知識や見解もしっかりしている。「養子と家督相続」などを読むと、明治民法の「家」制度に対する批判ともとれる部分があり、現在の私たちの感覚に近いと言って過言でない。
本当は夏井のコラムすべてを引用して読んでいただきたいのであるが、紙数を考え割愛する。以下では、私が最も驚いた「権利思想と日本人」について紹介することとしたい。

三　夏井「権利思想と日本人」と川島武宜『日本人の法意識』

「法界時言」連載第一回は、「権利思想と日本人」(四月一〇日)であった。全文を本章末尾に掲げておいた。参照されたい。夏井は、日本の人民は「政治上の権利即ち公権を重んずるの思想は、近来やゝ発達進歩を来してきたが、「財産上の権利即ち私権の消長に就ては、頓と冷淡極まる」と述べている。この度施行された民法商法の法典は、「幾多の博士たちが十数年の間、一字一句心血を絞りて弁論討議の末、漸くに編纂」したものだが、人民は「猫に小判同様で、鰯の頭ほども有難さを感ずる模様の見へぬ」のは、慨嘆に堪えない。ここで夏井は、一つのエピソードを紹介する。ある英国人が旅行中宿屋で不当の支払い請求を受けた。これが一銭または二銭の差であっても、宿屋がこの違いを明瞭に説明しなければ、英国人は数日出発が遅れても争った。これは金銭を惜しむのではなく、権利の問題として争ったのである。「イエリング」は「此精神こそ実に堂々たる大英国をして、屹然世界に雄視せしむる所以《ゆえん》である」と賞賛した。これを日本人の現状と比較して、権利思想の養成がわが国目下の急務であると、夏井は締めくくっている。

このエッセーを読んで、私は息が止まるくらい驚いた。川島武宜氏の代表的な著作に『日本人の法意識』(岩波新書、一九六七年)という本がある。この本は、日本人と欧米人の法意識や権利意識のちがいを論じて、日本人は欧米人に比し権利の意識が弱く、他人の所有権を尊重する観念も薄く、「契約は守らるべし」との念にも欠ける、また自らの権利が侵されたと感じた場合でも、訴訟に訴えることをためらいあるいは嫌う傾向があると論じた。「法意識」というこれまで法学者が誰も取り上げなかったものをテーマとして取り上げた先駆的業績であると喧伝されてきた。私が大学の法学部に入ってはじめて手に取った法学の本も、確かこの本だったと記憶する。

この本を読んで、川島氏の緻密な論理の運びに感嘆するとともに、法社会学への渇望を掻き立てられた。以後何度も読み直している。

川島の著作が発表される半世紀以上も前に、同じような題材を用い、同じような論法を展開して日本人の法（権利）意識の弱さを論じた愛媛の弁護士がいたことに、私は極めて意外の感に打たれたのであった。

かの宿屋で不当な宿賃の請求を受け、宿屋が非を認めて撤回するまでその地にとどまって闘った英国人旅行客の話は、ルドルフ・フォン・イェーリング『権利のための闘争』（ドイツ語初版は一八七二年）に出てくる有名な逸話である。本エッセーを読むと、夏井がこの逸話を知っていたことは確かである。しかし、夏井がドイツ語で書かれた原書を読んでいた可能性は薄い。夏井が学んだ和仏法律学校は、フランス法を柱に法学教育を行っていた法律専門学校である。お雇い外国人のボアソナードは、和仏法律学校の教育方針に共鳴して、無報酬で同校の教壇に立ったとは、法政大学の大学史が伝えるところであるが、ボアソナードあるいは同校の講師のだれかが、講義の中でイェーリングに言及したのであろうか。

夏井が日本語訳の『権利のための闘争』を読んでいて、それをエッセーの中に引用したという可能性はないであろうか。イェーリングのこの本は初出以来好評をもって迎えられ、多くの言語に翻訳されたことが本人の「序文」に書かれている。そのリストの中に、一八八六年西周の日本語訳が載っている。しかし西のこの邦訳の試みは中途で中断し、また公刊もされなかったという。本書の邦訳でもっとも早く出版されたのは、第一次大戦後の刊行にかかる日沖憲郎訳の岩波文庫版、一九三一年である（以上、小林孝輔・広沢民生訳『権利のための闘争』日本評論社、一九七八年など参照）。というわけで、夏井がイェーリングを邦訳書で読んだという可能性は、限りなくゼロに近い。

四　穂積陳重「権利の感想」

以上のような話を、たまたま会った畏友橋本誠一氏（静岡大学教授）にしたところ、非常に興味深く聞いていただいた。そして後日､彼から『穂積陳重遺文集』掲載の「権利の感想」と題する小論のデータが送られてきた。この小論は、明治二一年一〇月から一二月に『法学協会雑誌』第五五〜五七号に掲載されたものである。読んでみるとこの小論は、「権利なる観念が本邦人民に欠乏せし」ことを論じたものである。英語の「ライト」Right、仏語の「ドロア」droit に相当する邦語の存在しなかったこと、法律学における権利本位論と義務本位論の両説、わが国人民において公法上の権利が優位し私法上の権利の観念に乏しいことなどが論じられている。そして、イェーリング。英国においては、私法上の権利が公法上の権利に先だって進んでいると述べ、その例証として旅館で不当の請求を受けた富裕なる英国人の話が紹介されている。

穂積陳重は、言うまでもなく愛媛の生んだ偉大な法学者である。明治民法典の起草者の一人でもある。郷土の大先輩の論考を夏井が読んでいたということは､十分にありうる話である。「権利思想と日本人」というエッセーが、全体として穂積陳重にささげられたオマージュであるという見方もできるだろう。それと同時に、イェーリングの著作の日本への受容、「日本人の法意識」という立論の学説史的検討など、新たな課題が私たちの前に投げかけられたというべきであろう。

〔史料〕夏井保四郎「法界時言」から

「海南新聞」第六七四九号　明治三三年四月一〇日【雑報】

左の原稿は弁護士夏井保四郎氏の談話を或人の筆記したるものにかゝる　時節柄有用の論旨あるに付茲に掲げることゝなしぬ　　記者

法界時言（其一）夏井保四郎氏談話

第一　権利思想と日本人

明治三十二年といふ年は、我日本の文明史上に一新紀元を画したる年柄であって、民法商法等の法典は此年より完全に実施せられて国民私権の基礎始めて立ち、安政以来五十年の久しき其間、無限の屈辱と非常の不便損害とを国民に蒙むらしめたる彼の忌はしき治外法権の制度は、此年よりサラリと取払はれ、高慢なる外国人も、頭を下げて日本の法律を遵奉し、日本の裁判官の裁判に服従する事になり、所謂法治国の名実茲に始めて全ふする事と相成ったのは、喜ぶべきことである。然るに我国の人民は、在野先覚の政治家が、多年政論鼓舞の効能によって、政治上の権利即ち公権を重んずるの思想は、近来やゝ発達進歩を来した跡はあるが欧米諸国に比較すればまだまだ余っ程幼稚なものだ。特に財産上の権利即ち私権の消長に就ては、頓と冷淡極まるといふ習慣がある、已に私権の貴ふへきことを知らねば、従て私権に関する法律の規定が何如にならふとも、一切念願に懸けす、幾多の博士たちが十数年の間、一字一句心血を絞りて弁論討議の末、漸くに編纂したる民法商法の法典に対しても、猫に小判同様で、鰯の頭ほども有難さを感ずる模様の見へぬは、慨嘆に堪へぬ次第である。是は古来我国民の要部たる中流以上の社会は、儒教の薫陶を受け、富貴を賤み財産を軽んじ、苟も金銀財産の事とし云へば、士君子の口にすへきものにあらすとして、終身肸を譲るとも一段を失はすなどと澄まし込み、又中流以下の最多数人民は、仏教の感化によって、慈悲忍辱の仏性が過ぎ、只管多事争論を恐れて、常に言ふべき事をも言ひ得ず、泣寝入に寝入り込んだ卑屈の習ひが性となって、遂に此積弊を醸したものだらうから、一朝一夕に矯正する事の出来難いは勿論の事であるが、箱庭程の日本に、三百有余の大小名が割拠して、国々に関所を構へ、往来切手がなくては、目から鼻の所へも自由に交通の出来ぬ様な、世間の狭い昔ならば知らぬこと、今日は坐なから世界万国のあらゆる人種を相手に、取引交際をせねはならぬ時代となり、優勝劣敗の生存競争が、益々劇しくなり行く世に立ちて、銘々独立独歩して人に蹴落されぬ様に心懸けるには、一番流儀を切替へて、是迄の様な仙人風はお廃止にせねばならぬ。さりとて我身勝手のみ押通し、他人の迷惑に頓着するな、慳貪無慈悲、鬼の様な気になれよといふて、勧める訳ではない、只自分の権利だけは十分之を主張し、故なく他人の侵害を受けぬといふ、気象を持て貰ひたいのである。苟之に反して欧米文明の国民が、財産上の権利を貴重する事は、我邦人などの夢想し能はぬ次第であって、苟も権利の侵害を受けたりと信ずる場合、奮然起て其回復を図る熱心は、昔の武士が他人の無礼を受けたる時、一命に掛けても其恥辱を雪かねは措かぬ有様と一般、左る代りには、又人の権利を蔑視せす、人に対して負ふ所の義務あれば遂に之を果す事を心懸くる故、総て契約取引が確実円満に行はれ、遠隔未見の人の間にも、安心して商売取引が出来るのは、流石に羨むへき良風美俗である。御承知の通り英国人は世界中一番気風の高尚なる人種であるが、英国人が旅行中宿屋にて不当の支払請求を受くる時は、譬ひ一銭二銭の事にても聴かず、若し其勘定違の事実を発見せぬ時は、之が為め数日の出発を後れても、尚之を争ふの風がある、日本流の眼から見れば、馬鹿々々しき事の様なれども、是れ敢て金銭を吝むのではない、権利の貴きが故である、英人の争ふ所の一二片の銀貨の中には、世人の想像するよりも大なる事柄の伏在するのである、イエリングといふ人が之を称賛して、此精神こそ実に堂々たる大英国をして、屹然世界に雄視せしむる所以であるといった。畢竟、国の富強は個人の独立に基づかねばならぬ、然るに社会は生存競争の戦場であって、私権は個人が文明的生存を維持する所以の利器であるに、我国人民の如く、此利器の大切なる事を知らず、他人より踏付られ、無理非道を仕切られても、之に対抗して自分の権利を主張する事をせず、多くは泣寝入に終る様の事では、個人の独立を全ふする事は到底難かしい、右の英国人などに対しては甚恥入ったる次第である。近頃福沢先生が修身要領といふ書物を著されて、我国に行はるる徳教は、謙遜辞譲克己慎独など、孰れも消極の教なり、宜しく敢為活発独立独行の積極の徳義を義決し、殊に自尊の風を興すべきを説き「心身の独立を全ふし、自ら其身を尊重し、人たる品位を辱めさるもの、之を独立自尊の人といふ」「健全なる社会の基は、一人一家の独立自尊にあり」「社会共存の道は、相犯すことなく、自他の独立自尊を傷けさるに在り」といはれた、誠に我国民の為めには特に服膺すべき金言であると考へる、之をイエリングの言と並べ味ふて見て、益々権利思想の養成が、我国目下の急務であると信ずる次第である。右の如く欧米人は個人の権利思想が十分に発達して居る所から、従て其権利の根元なる民法商法などの規定に中位する事も深く、手近き一例を以て云へは曽て陸奥伯が条約改正の談判をせられた時、各国の委員が、何れも日本の法典編纂を注文の第一に持出した一事によりても、推知せらるる事である、欧米人は他国の法律にさへ、此通り注意するに、況して毎日己れが支配を受ける自国の法律に真っ暗であっては、到底文明社会の仲間入りは、覚束ない事だと、我輩は考へる。

第二章　久万警察署疑獄事件を考える

はじめに

本件は、現職警察官によるフレームアップが明らかになり、刑事裁判において警察署長を含む現職警官四名が有罪宣告された事件である。極めて重大かつ深刻な事件と言わなければならない。

「海南新聞」紙は、事件発生時から本件を「久万警察署疑獄事件」と名付け、松山地方裁判所での審理を「公判筆記」を交え詳しく報道し、判決に至るまでを追っている。この事件報道は、県下各方面の注目を集めた。

このように一時は県下の注目を集めた事件であったが、時の経過とともに、いつしか忘れ去られていった。第二次大戦後編まれた愛媛県の歴史書で、この事件に言及したものは見られない。ただひとつだけの例外として、『愛媛県警察史第一巻』[1]がある。しかしこれは、巻末の年表に「明治三三年五月二三日　久万警察署疑獄事件」と記載があるだけで、本文には記述がない。つまり『愛媛県警察史』の編纂者は本事件の存在を認識しつつも、事件の詳細を本文に記載することはなかったのである。

以下では、「消去された事件」としての久万警察署疑獄事件を詳しく紹介する[2]とともに、本事件のはらむ問題点を考えてみたい。

一　本件の経過

（1）事件の発覚――「海南新聞」の報道

本件の「海南新聞」紙への初出は、第六七二九号（明治三三年三月一五日付）である。もっとも記事中に四名の警察官[3]の逮捕・収監は「過日本紙に記載し置きたる」とあるから、それ以前にも報道されたのであろうが、確認できていない。なお後述するように本件は、「愛媛新報」紙も絡んでいるので、同紙にも報道されたことは確実と考えられるけれども、この時期の「愛媛新報」紙はすべて失われているため、これも確認できないのは残念である。

ともあれ、「海南新聞」第六七二九号は、「県下の一大疑獄」の表題のもと、上浮穴郡久万警察署の四名の警官が、「逮捕官吏不正の逮捕及び誣告」事件で収監されたことを伝えた。記事では、容疑者の氏名と容疑罪名のみを伝え、容疑の具体的内容は書いていない。同紙は、「この事件はその関係すこぶる広く、今後どこまで影響を及ぼすか計りがたい、本社は聞き込んだ事実を持っているが目下予審の最中であるから掲載を憚る、しかし他日予審終結の日を待って、詳細を報道する」と告知した。

読者は、警官が逮捕されるという前代未聞の不祥事の報に驚くとともに、続報を心待ちにまったことであろう。

（2）予審終結決定書

読者の待望する続報は、「海南新聞」第六七四四号（同年四月二日付）以降「予審終結決定書」の掲載という形で、第六七六六号（同年四月二九日付）まで四回にわたり同紙に掲載された。掲載開始から完結までかなり日が開いているのは他でもない。本件については、二通の「予審終結決定書」が作成されたためである。最初の決定書は三回に分けて掲載され（四月二日・五日・六日付）、日を隔てて二通目の決定書（四月二九日付）が掲載された。今後この二通の予審終結決定書を、〔予審終結決定書1〕および〔予審終結決定書2〕と称することにしよう。

二通の予審終結決定書に言及する前に、当時の予審制度について説明しておこう。現在の刑事司法においては、事件が生起した場合、警察がその捜査を担当する。そして警察が犯罪の嫌疑があると認定した場合、事件は検察に送られる（送検）。検察が送られてきた事件を取調べ、裁判所の判断を仰ぐべきだと決定した事件について公訴を提起する（起訴）。取調の結果、構成要件に該当するすなわち犯罪の疑いがあると検察が判断した事件のすべてが起訴されるわけではない。刑事訴訟法第二四八条は、検察官は、「犯人の性格、年齢及び境遇、犯罪の軽重及び情状並びに犯罪後の情況により訴追を必要としないときは、公訴を提起しないことができる」と規定している。通常これを「起訴便宜主義」とよんでいる。検察官には、起訴、起訴猶予、不起訴の権限が独占されているのである。

ところで当時の刑事訴訟制度は、予審制度を採用していた。これは事件を公判に付するかどうかを決定する公判前の裁判官による非公開の手続である。公判に付するか否かという重大な判断を検察官だけにまかせるのではなく、裁判官（予審判事）を介在させることによって被告人の利益を守ろうとする制度として出発したものである。治罪法（明治一三年七月一七日太政官布告第三七号）によって創設され、明治刑事訴訟法（明治二三年一〇月七日法律第九六号）、さらに大正刑事訴訟法（大正一一年五月五日法律第七五号）もこれを受け継いだ。しかし当時からこの制度には弊害（非公開の法廷で弁護人の立会いもなく糺問的性格が強い、など）も指摘され、戦後の刑事訴訟法改正（昭和二三年七月一〇日法律第一三一号）によって予審制度は廃止された。

さてさきに述べたように本件は、二通の予審終結決定書が作成された。〔予審終結決定書1〕は、「逮捕官吏不法逮捕と同教唆、誣告と同教唆」事件で作成日は三月三一日付である。本件は軽罪事件[4]であるから、松山地方裁判所の軽罪公判に付すと記された。ところが、[5]〔予審終結決定書２〕は、「官文書偽造行使と官印盗用」事件で作成日は四月二五日付である。これは重罪事件であるから同じく松山地方裁判所の重罪公判に付すとされた。

（3）〔予審終結決定書１〕から

① 管内撃剣会

明治二九年末久万警察署管内各駐在巡査を召集して実施した撃剣会のできごとが事の起こりであった。撃剣会場から帰ろうとした署長ＫＢ精一に対して同署巡査部長ＫＤ珍隆が「署内にある秘密書類」につき注意したため、山田某（同署巡査）が感情を害したのが発端だという。山田とＫＤが口論となったので、ＫＢ署長が当時署員であった阿部伝に対し、仲裁するよう申し付けた。この時ＫＤの発した言辞が穏当でなかったので、巡査一同が激昂し紛議がさらに広がったので、ＫＢは阿部に対し重ねて仲裁するよう申し付けた。このとき阿部は、「このような争いを生じたのは、つまるところＫＤが部下の巡査に往々偏頗のことをなすからである。この際ＫＤを他に転署させるか、相応の処分をなすのでなければ仲裁することはできない」と告げたので、ＫＢはこれを応諾し約束した。そこで阿部が一同をとりなし、その場は収まった。

しかしその後、ＫＢはＫＤを一向に処分しなかっただけでなく、ＫＤと昵懇になり山田某以下の巡査を疎んじ、阿部を厭うようなそぶりを見せはじめたので、阿部がＫＢに対して激昂し、派手な争論を展開した結果、阿部は明治三〇年一月四日辞職した。

② 警察情報の漏洩

明治三三年二月中旬から「愛媛新報」雑報欄内に再三久万警察署および署員に関する記事が掲載されはじめた。同署長KB精一は、阿部伝の投書したものと想像し、あれこれ探索したが確証を得るにいたらなかった。

③ 警察署長会議

松山で開かれる県下各警察署長会議に召集され、二月一九日KBが警察部に出頭するや愛媛県警部長馬場晴利から「愛媛新報」紙の記事につき厳重の注意を受けた。そこでKBは、松山警察署詰巡査三宅克明を使ってこの件を探偵させたところ、阿部伝の投書ということを明白に探知できなかったがその疑いを深め、阿部伝を憎む気持ちがますますつのり、ついに事を構えて阿部伝を刑事処分に付そうと決心した。

二月二四日松山の宿所からKD珍隆に対し、「阿部伝を久万警察署に呼び出し新聞投書の件につき厳重に取調べよ」と書面を投じた。翌二五日は各警察署長の懇親会が予定されていたが、病と称してこれを謝絶し、午前八時頃松山を発って午後二時頃久万警察署に帰署した。

④ 二月二五日の久万警察署での出来事

帰署したKBは秘密室にKDを招き入れ、阿部伝を官吏の職務執行を抗拒した罪で逮捕する策を授けた。その方法とは、あらかじめ制服のボタンを手が触れれば脱落するよう細工したうえで、阿部伝にわざと接触して倒し、阿部伝から突き当たって巡査の通行を妨害したと言って身柄を引致するというものであった。KBはこれを同署巡査のKG喜代馬およびNI信貫に伝えて実行せよとKDに命じた。KDはこの方法はよくない、改めて時機をまつべきであると述べたが、KBは怒気を帯びて語気鋭く「手をつかねて時機を待つがごときは迂遠である。是非今夕実行すべきである」と命じ、さらに「上長官にもすでに打合せをなし、警部長からは方法を設けて阿部伝を逮捕すべきとの命を受けている」と述べた。

そこでKDは午後四時頃KG喜代馬およびNI信貫を久万警察署の自分の事務室に呼び寄せ、KBの命を伝えたところ、両名はその方法は乱暴であると述べ明らかに嫌厭する気色を見せたので、KDは署長から直接に聞けと言って署長に会わせた。KB署長は、両名に対し「これら些細のことをなすのに躊躇するようでは巡査の職にたえると思うか」と叱責し、「阿部伝のことはすでに警部長から方法を設けて逮捕すべきと命ぜられている」と述べた。またAH順信には、〔阿部が逮捕され身柄を確保した際は〕逮捕告発書を作成すべきことを命じた。

⑤　二月二五日の夜、明神村大字入野字藤の棚での出来事

NI信貫は、午後七時頃阿部伝の居宅に行って阿部伝がこの夜旅籠屋小林兵五郎宅に招かれていることを確認した。そして逮捕を実行するには今夜しかないとKGに告げ、午後一〇時頃ボタンを細工した制服を着用し、巡回の体を装って通路を徘徊して阿部伝の帰宅を待ち受けた。同一二時頃、阿部伝が共に招かれていた小林〔永井の誤カ〕藤五郎夫妻と兵五郎方を辞し、連れだって大字入野字藤の棚と称する所にさしかかった。その時KGは、あたかも行き違ったごとく前面からことさらに突き当たり、伝から突き当たったものであると言いなし、「愛媛県巡査に対し故意に突き当たったのは不埒である」と阿部伝を叱責し、警察署に引致しようとしたところ、阿部伝は「自分から突き当たったものではない、引致される理由がない」と抵抗したので、KGは阿部伝を傍らの田んぼに突き倒して阿部伝に挑みかかり、かつ阿部伝が抵抗したので自分の制服のボタンを引きちぎった。NI信貫は前より伝の帯を引き、KGは後ろより伝を押して、伝を官吏の職務執行を抗拒した現行犯として逮捕した。

⑥　再び久万警察署で

ＡＨ順信は、ＫＧ、ＮＩが逮捕・告発の理由を述べるのを録取し、ＫＤ名義の逮捕告発書および意見書を作成し、検事局に送る一件記録を調製した。

翌二六日一件書類を見たＫＢは、逮捕告発調書の中に現場に他の人物が居たという記述があることを発見し、もしこの者が証人として呼び出されることがあれば、事が露見することを慮り、逮捕当時阿部伝の他には人がいなかったように逮捕告発調書を改めるよう命じ、ＡＨ順信はこれに従って調書を書き改めた。そしてＫＢ署長は、阿部伝を松山地方裁判所検事局に送った。

予審は以上の事実を認定し、ＫＢを逮捕官吏不法逮捕及び誣告教唆の疑いで、ＫＤを誣告の幇助の疑いで、ＫＧ喜代馬及びＮＩ信貫を逮捕官吏不法逮捕及び誣告の疑いで、そしてＡＨ順信を誣告の幇助の疑いで松山地方裁判所の軽罪公判に付すべきものとした。

これは、「逮捕官吏不法逮捕」「誣告および同教唆や幇助」がいずれも当時の刑法では軽罪とされていたことによる。しかし事態は、これでは終わらなかった。その二五日後第二の予審終結決定書が提出された。

（4）〔予審終結決定書2〕から

四月二五日付で提出された〔予審終結決定書2〕は、〔予審終結決定書1〕とほぼ同じ事実を認定したうえで、官文書偽造行使と官印盗用という別の容疑で追加告発した。すなわち阿部伝の逮捕に至る一連の事実を「虚構の告発」と認定したうえで、告発調書の作成を「官文書偽造行使」として、また逮捕および告発調書の末尾に久万警察署の官印を捺印した行為を「官印盗用」として、松山地方裁判所の重罪公判に付すべきものとしたのである。担当予審判事は、〔1〕も〔2〕も松山地方裁判所の奥村正人であった。

筆者は、予審終結決定書が〔1〕と〔2〕の2回に分けて作成提出されたことに、正直言って違和感を抱かずにはいられない。すなわち〔1〕も〔2〕もほぼ同じ事実を認定しながら、何故〔1〕については軽罪のみを、そして〔2〕については重罪部分のみを告発したのであるか、疑問である。また〔1〕から〔2〕の作成提出までなぜ二五日も要したのかも、まったく分からない。

思うに、〔予審終結決定書1〕が新聞紙上に掲載された時から、この権力犯罪に対して県民から激しい批判的意見が警察当局に寄せられたと思われる。そして、この権力犯罪が軽罪にしか該当しないとして処理されようとしていることを知って、県民の怒りはさらに高まったのではないだろうか。批判の高まりに対して、裁判所（予審判事）においてこの犯罪を重罪に問えないか検討を重ねた結果、告発調書の作成を「官文書偽造行使」に、また逮捕および告発調書末尾の署印捺印を「官印盗用」に問うという解釈を施して〔予審終結決定書2〕を作成した可能性があると思う。あるいは上級庁からの指示もあったかもしれない。想像の繰り返しで恐縮だが、なにぶん情報が不足しているのでやむを得ない。目下我々としては解釈の是非を問題にすることができるくらいである。これに関して私見をのべれば、告発調書の作成を「官文書偽造行使」に問うことは、ぎりぎりありうる解釈かなとも考える。しかしそれであるなら、〔1〕の段階で告発すべき嫌疑ではなかったかと思う。つぎに署印捺印を「官印盗用」に問うという解釈は、ありえないと考える。警察署印の保管者かつ押捺権限者である警察署長が押捺した行為を官印「盗用」に問うことは語義の範囲を逸脱しているのではないか。

いずれにしても、〔予審終結決定書1〕に加え、〔2〕が提出されたことによって、本件は軽罪事件と重罪事件の両方に問われることになり、両事件は併合審理されることになった。

(5) 松山地方裁判所判決

明治三三年五月一八日松山地方裁判所において、本事件の公判は開廷された。傍聴は一五〇名程度許す方針であったところ、当日希望者が三〇〇名余り詰めかけたというから、本事件に対する関心の高さを推し量ることができる。結局実際に入場した傍聴者は一六〇ないし一七〇名にのぼったという[6]。審理は午前八時三〇分に開始された。担当裁判官は、川地弥作（裁判長）、西岡茂房、三宅昌興の三名の判事であった。検察官は寺田恒太郎検事が立ち会った。被告は、KB精一、KD珍隆、KG喜代馬、NI信貫、AH順信の五名の久万警察署の元警察官たちであった。

「海南新聞」は、記者三名を記者席に配し、審理の様子を逐一筆記した。そして、通常の記事のほか、法廷の一問一答を忠実に再現した「疑獄公判筆記」を紙上に連載した。

審理は一日で終わり、同二三日判決が言い渡された。判決は元警部・久万警察署長のKB精一が重禁錮九年、元巡査部長のKD珍隆が重禁錮五年監視六月、元巡査のKG喜代馬・同NI信貫が重禁錮二年監視六月を言い渡された。元巡査のAH順信は、無罪であった。各被告人がそれぞれどの罪に問われたかについて一々記載するのは煩雑なので、下掲の表を参照されたい。

判決書は、「海南新聞」には、第六七八八号（明治三三年五月二六日付）

久万警察署疑獄事件第一審判決・擬律表

	〔重罪〕		〔軽罪〕				
	官文書偽造行使	官印盗用	逮捕官吏不法逮捕	同教唆	誣告(正犯)	誣告従犯	同教唆
KB 精一	○	○	—	○	—	—	○
KD 珍隆	○	○	—	—	○	○	—
KG 喜代馬	○	○	○	—	○	—	—
NI 信貫	○	○	○	—	○	—	—
AI 順信	—	—	—	—	—	無罪	—

注1）○は、当該犯罪に該当し、有罪と認定されたことを示す。
2）—は、当該犯罪に該当せず、起訴されていないことを示す。
3）「無罪」はこの犯罪で起訴されたが、無罪と認定されたことを示す。

および第六七八九号（同二七日付）の二回に分けて掲載された。

法廷でのやり取りの模様は、このあと「疑獄公判筆記」の検討に委ねることとし、ここでは「判決書」に見られる注目点についてのみ述べることとしたい。

まず事実の記述については、〔予審終結決定書1および2〕と判決書で大きな相違はない。ただし細かな点においては、相違が見られた。以下、列記してみる。

第一、発端の撃剣会の記述は、判決書ではすべて削除された。

第二、二月一九日警察署長会議出席のため警察本部を訪れたKB署長に対する馬場警部長の態度について、〔予審終結決定書〕では「厳重なる注意」と記しているのに対し、「判決書」では、「譴責せられ注意を受け」とやや軽い表現になっている。

第三、KBが松山の宿所から久万のKDに対し、「新聞投書の件に付き伝を一応久万警察署に呼出し仮借なく厳重に取調ふべき旨」の書面を送ったことは、〔予審終結決定書〕には記載があったが、「判決書」には記載がない。

第四．被告人AH順信について、〔予審終結決定書〕では「AH順信は之れより前KDか喜代馬及ひNI信貫に伝を逮捕すべき旨相伝へたる際其事を聞きKDの席に進み其方法の不法なることを論ぜしも」とあったつまりAHは不当の逮捕と認識していたことをうかがわせる記述が存在していたのであるが、「判決書」ではそのような記述は消え失せ、AHは事情を知ることなく、告発調書をただ浄書しただけであると認定している。その他の相違点については、省略する。

以上の一審判決に対しては、五月二五日KBとKGの両名が控訴の申込をなしたと「海南新聞」は報じている。[7] しかし明治三三年の「海南新聞」は七月以降が残存していないので、この事件の控訴審がどうなったかは不明である。

二　事件発覚と法曹の役割

本件は、現職警察官が事件を捏造して市民（元警察官ではあるが）を逮捕しようとしたが、捏造が発覚して逆に現職警察官が起訴され有罪を宣告された事件である。控訴の結果は不明であるが、おそらく控訴は棄却され有罪が確定したものと思われる。

（1）事件はいつどのようにして発覚したか

この事件を計画した側（署長のＫＢら）からすれば、被告席に据えられるのは阿部伝のはずであった。しかし、本件が起訴された時にはすでに現職警官五人が被告人とされていた。送検から予審終結のいずれかの時点で、取調べる側と被疑者の立場が逆転していたことになる。

では、いったいいずれの時点で本事件は発覚したのであろうか。これに関しては、二様の可能性があると考える。第一は、検察の捜査段階において、検事（本事件の担当は、松山地裁検事の寺田恒太郎である）が疑問を持ち、調べた結果真実が浮かび上がったというものである。第二は、検事はとくに疑いを抱かず予審に廻したところ、予審判事（奥村正人）が予審の過程で疑いをもち、取り調べた結果ついに真相に到達したというものである。そのいずれであるかを確定する決定的な史料はない。

（2）検事と予審判事

私は、検事の取調過程で発覚したのではないかと考える。その理由は、第一に本件の計画がごく短期間に計画され、かつ余りに杜撰であったことから多々矛盾を生じ、検事の目を欺くことはできなかったのではないかということである。[8] 第二に、KB署長を除く警察官たちが計画を提示された時、いずれも消極的であったことである。つまり彼らはこのような方法は余りに乱暴過ぎると思いつつ、不承不承、面従腹背で署長の指示に従った。それゆえ、検事から矛盾を追及される立場に置かれた時、容易に真相の暴露につながったのではないだろうか。そして第三に、夏井保四郎が「法界時言」において、「担当検事の処置を称賛する」と述べているのも、補強材料となるかもしれない。

では、事件の発覚は予審の段階であったという可能性はないであろうか。私は、この可能性もなくはないと思う。ただそうだとすると、検事が公訴提起すべきとして送付した阿部伝の事件を、予審判事が取り調べて覆すということになる。本件の場合は単に阿部伝の嫌疑を覆すだけではなく新たに五名の警察官を不法逮捕の嫌疑で取調べて起訴し、さらに公判を追行しなければならない。予審判事によって新たに設定された事件の枠組みに、検察の協力を得ることは難しいのではないか。

この点にも関するが、寺田検察官は公判廷でつぎのような言葉を発したことが「公判筆記」の中に記載されている。

> 寺田検察官述べて曰く、KDが今申す通り阿部伝を送ると共に書類を持ち来れり、当時KGが護送し居る事は検事局は之を知らず、書類はKDが持ち来りて親しく自分も聞きたり。記録にある如き事を申述べ、書類の事は何も申さず伝の人と為りを詳しく申して帰りたるに過ぎず　之れは記録になき事故申し置くなり。

趣旨を推し測るのが難しい発言であるが、ここで寺田検察官は、検察は警察の捜査と一線を画していると言いたかったのであろう。言い換えれば警察の筋書きを了承していたわけではないということである。

(3) 弁護人はどのような弁護論を展開したか

本事件の弁護人は、藤野政高と井上要であった。いずれも当時としては著名な錚々たる弁護士である。藤野は、KB・KD・NI・KGの四名の弁護を担当した。井上は、AHとKGの弁護を担当した。

藤野の弁護は、被告人の軽罪(逮捕官吏不法逮捕と誣告)は争わず、重罪(官印盗用、官文書偽造行使)の論告は失当であるとするものである。すなわち官印監守の責任者たる署長が押印したのであるから官印盗用はありえず、また当初作成した調書を書き換えたのは二人の同行者がいたことを書けば大いな遅延が発生する恐れがあるから取り除いたまでで、悪意からでたものでないと主張した。

井上弁護士は、AHもKGも署長の命令に従ったまでで、当時両人は自由に判断する可能性がなかったと論じ、官文書偽造官印盗用についてKGはその権限がなかった、またAHは(不法逮捕であることを)全く知らなかったので、断じて無罪であると論じた。

両弁護士の弁論は、部分的には鋭い議論を展開しているのであるが、本件の悪質性、権力犯罪たる本質への言及は極力抑えられている。またその原因が高等警察情報の漏洩に由来するという点には触れず、事件の背後にいた馬場警部長の責任には全く言及しないというものであった。物足りなさを感じるが、弁護すべき被告人が警察官であることからくる限界であろうか。

三　事件の背景を考える

（1）警官たちはなぜ違法な逮捕を敢行したのか

以上「久万警察署疑獄事件」の概要を紹介した。署長ＫＢの強要によって、四人の警察官は違法な逮捕劇を演じさせられる羽目になったことは明らかである。

ただ私の見るところ、本件には隠された争点があったように思えてならない。それは、警部長（馬場）の関与をどの程度認定するかであった。別の言い方をすれば、阿部伝の身柄を確保してこれ以上の警察情報漏洩を防ぐというアイデアの出所は、警部長の馬場であったのか、それとも署長のＫＢ精一のいずれであったかということである。本事件の経過において、これを判定するポイントは少なくとも四つあったと考える。第一は、二月一九日、警察署長会議列席のため松山に赴いたＫＢが馬場から呼ばれ、叱責を受けたことは明確になっているが、このときどのような言葉をかけられたかである。第二は、同二四日、ＫＢが松山の宿から久万のＫＤあてに書面を送付した時点、なぜＫＢは急いで書面を送らねばならなかったか、またその書面にはいかなることが書かれていたかである。第三は、同二五日、久万警察署に帰着したＫＢがＫＤ・ＫＧ・ＮＩに警部長の言葉をどのように伝えたかである。第四は、同二六日、事を終えたＫＤがＫＢ署長に命じられて松山に派遣され、警部長と検事正に会っているが、このときＫＤは何を伝え、両人はどのように反応したか、である。

以上四つの時点において、馬場警部長の示した態度および発した言葉を、予審終結決定書、公判筆記、判決書の事実認定から探ってみよう。これによって本件における馬場警部長の比重を判定したい（傍線は矢野）。

①二月一九日、警察署長会議出席の折り

〔予審終結決定書1〕

「精一は本年二月十九日各警察署長会議に召集せられ先づ警察部に出頭するや愛媛県警察《ママ》部長馬場晴利より該新聞の記事の事に付き厳重なる注意を受け赤面の余り密かに松山警察署詰愛媛県巡査三宅克明をして伝が新聞記事を投書せしものに非らざるかの探偵を為さしめた」

〔公判筆記〕

「問〔裁判長〕、署長会の時馬場は何と言ひしか　答〔KB〕、久万警察署の悪口は毎々新聞に出るが警察の威信を保つ上より能く取締をなすべしと警部長より談ありたり」

「問、其時分に馬場は自己が予て静岡県の或警察署長たりし時に権次と云ふ悪漢を厳重に取締りたりとの話ありしは何日頃なるか　答〔KB〕、十九日と思ふ　問、此件を其方に話すと同時に久万警察署の取締の事を注意せしや　答、久万警察署の事が数度新聞に出るが能く取締らねばならぬと云ひ夫より種々の話の末右の談話をなしたり」

〔判決書〕

「同月十九日松山市に来り警察本部に出頭し馬場晴利に面会するや該新聞の記事のことを尋ねられ其不取締なることを譴責せられて注意を受け」

②同二四日、KBが松山からKDあてに送付した書面

〔予審終結決定書1〕

「同月二十四日松山の宿所よりKDに対し新聞投書の件に付き伝を一応久万警察署に呼出し仮借なく厳重に取調ふべき旨の書面を遣はし」

〔公判筆記〕

「問、帰る路にて考へたりと云ふも左には非ざるべし十九日に右の話を聞き廿四日に新聞の事を聞けりと云ふ然らば珍隆に書面を発したるは廿三日頃ならずや　答〔KB〕、書面の事は或はソーかとも思ふ　問、其筋の内命に依り云々とある以上は已に決心し居たるに非ずや　答、否　問、警部長の口気より推測して彼の方法にて伝を打込むこそ上策ならんと思ひて決心したるに非ずや　答、否らず　問、個様の事をなすには何処か安心の置ける処なくてはやれぬものなるが数年司法警察を勤め居たる其方が安心の出来ぬ上は断行できぬ筈なり如何、答、左様見ゆれ共私は帰署の上決心せり　問、病気にて松山を去りたるに帰宅もせずして直に着手せねばならぬ程の事はなきに非ずや別に事情ありしならん　答、別に何も事情なし　問、然らば決意の時が分らぬ、警部長の取締云々を語りしは一度か二度か　答、十九日一度なり　問、十九日□未だ新聞に出でざるに非ずや　答、新聞に出でたるは其以前に数度出でたり　又廿二日後は三枚出たる□□」

〔判決書〕記述なし

③同二五日、帰着したKBがKD・KG・NIに伝えた警部長の言葉

〔予審終結決定書1〕

「精一は忽ち怒気を帯び語気鋭く此後手を束ねて時機を待つか如きは迂遠なり是非今夕実行せしむべしと命し爰に自己の意見に重きを置かしむる為め上長官にも既に打合せを為し警部長よりは方法を設けて伝を逮捕すべき旨を命せられたりと称し」

〔公判筆記〕

「問、内命に依り云々とは何の事か　答〔KB〕、警部長より話ありし事を云ふたり」

〔判決書〕

「松山に於ける警部長の注意ありしこと新聞の投書者は阿部伝なることを語り且つ自己の命令を重からしむるが為め暗に警察部長等の後援あるかの如く云做し是非共阿部を処分せざるべからざるが何か好手段はなきやと尋ね」

④同二六日、KDによる警部長と検事正との面会

〔予審終結決定書〕

記述なし

〔公判筆記〕

「問、廿六日KDに命じて警部長と検事正の処へ行かしめたりと云ふ如何　答〔KB〕、状況を述べ置くが宜しからんとの意なり別に害意なし」

「問、廿六日は事情報告の為め松山に出でたるは此方自ら進んで出でたるや　答〔KD〕、全く違ふなり署長より出松を命じたり　依て警部長及び検事正の処へ行きて同署の概略を申し述べ置きたり　問、警部長は如何に云ひしや　答、困った奴じゃ　出たら又予戒令でも発するかと云はれたり」

〔判決書〕

「而してKBは尚ほKDに伝を官吏抗拒罪と認め検事局に押送したることを馬場警部長入交検事正に報告すべきことを命したるより珍隆は直ちに出発し翌二十七日午前九時頃検事局に出頭し検事正入交好雄等に面会し書類に依りて誣罔の陳述を為したるものなり」

以上のうち、〔予審終結決定書〕は予審判事の手になる文書であり、〔判決書〕は公判裁判官の手になる文書で

ある。現職の県警部長を糾弾するのは多少遠慮があったかも知れない。しかし〔公判筆記〕においては、割合率直なやり取りが交わされている印象がある。

①に関して、まず押さえておきたいのは、警部長の発言が発端になって今回の事件が引き起こされたことを、〔予審終結決定書〕も〔判決書〕も認定していることである。また〔公判筆記〕において、静岡県の警察署長であった時のエピソードを引いて厳重取締を命じている点は興味深い。

②、ＫＢが松山からＫＤあてに書面をいつ送付したかは、ＫＢが事件をいつ決意したかに関する。これに関して〔予審終結決定書1〕は二四日としているが、〔公判筆記〕における裁判長との問答では二三日であったかもしれないと述べている。裁判長は、久万に帰ったとき自宅にも寄らず署に直行したのは、すでに決心していたのではないかと追及しているが、ＫＢはあくまで帰署のうえで決心したと否認している。

③、ＫＢがＫＤとＫＧ・ＮＩに警部長の言葉をどのように伝えたかに関して、〔予審終結決定書1〕も〔判決書〕も記述しているがこれはあくまでもＫＢの引用という形にしている。すなわち、ＫＢが自分の意図をＫＤ等におしつけるために馬場が言っていない言葉を発したという印象を与えるよう間接話法にしているのである。ただ〔予審終結決定書1〕には、この時のＫＢの態度が「怒気を帯び語気鋭」かったこと、そして実行は是が非でも今夕でなければならないと近藤等を叱責していることが書かれている。なぜそこまでＫＢは追い詰められていたのか。その背景には馬場の強い言葉があったと考えるほうが自然である。

④、二六日なぜＫＢは警部長および検事正の所にＫＤを派遣したのか、ＫＢの答えは一向に要領をえない。これに比しＫＤの一問一答中の、「困った奴じゃ　出たら又予戒令[9]でも発するか」という警部長が語った言葉は重要である。ここには阿部の身柄を拘束し続けるのだという強い意思を感じる。

（2）フレームアップによって守ろうとしたものは何か

以上の検討から、本件の背後の主犯は県警部長馬場晴利その人であったということがほぼ明らかになったと考える。では、馬場はなぜこのような強引かつ違法なフレームアップを指示し、実行させたのであろうか。それは、「愛媛新報」紙上への久万警察署の情報流出が本件の発端であったことと深く係わっているであろう。〔予審終結決定書〕は、明治三三年二月中旬から「愛媛新報」雑報欄内に「再三久万町警察署及び署員の悪評に係る記事」が掲載されるようになって、ＫＢ精一は投書者の探索を開始したと記しているが、それは単なる署や署員の悪評だったのではなく、高等警察書類の暴露だったからＫＢは焦ったのではないか。そのことは、同〔決定書〕が明治二九年の署内撃剣会において、「署内に在る秘密書類」の保管につき口論が生じたことから稿を起こしていることからもうかがえる。「愛媛新報」への記事掲載に焦ったのは、署長のＫＢだけでなく、県警部長の馬場においてより一層の危機感を感じたことであろう。「これ以上の高等警察情報の流出は何としても阻止しなければならない」、馬場はそのように考えたことであろう。

では、流出した久万警察署の内部書類とはいかなるものであったか。先にも述べたようにこの時期の「愛媛新報」紙は失われているので、同紙の記事から再現することができないのは遺憾である。

しかしここに、「明治廿四年久万警察署報告書」なる史料が存在する。[10] 久万警察署作成の明治二四年段階の史料である。内容は、当時の久万警察署長から警部長池永端に宛てた「政党全般ニ関スル状況」他一三点の文書である。久万警察署管内の各政党や政治家・活動家、各種学校の動向等がこと細かく探索され、報告されている。中には、「露国皇太子御遭難並ニ兇漢津田三蔵処刑ニ付地方人ノ感覚」というものもある。この原史料がいかなる由来で近代史文庫に収録されるに至ったか、私は知悉しない。しかしこれが、「愛媛新報」に掲載された久万警察署の内部書類そのものであるか、あるいはこれに類する書類であった可能性は高いと考える。なお池永端は、明治二三（一八九〇）年一〇月一一日広島県警部長から愛媛県警部長に就任し、明治二五（一八九二）年一〇月一三日三重県内務部長に転出している。愛媛県警部長としては、私が第二部第一章で検討した真崎秀郡の後任を勤めた人物であり、その後三代（安立綱之・中島平三郎・黒岩知新）を経由して、馬場晴利にいたる。

私がさきに考察したように、真崎は高等警察を駆使して、民権運動やその他のさまざまな内部情報を収集した警部長であった。久万警察署の内部情報の「愛媛新報」掲載によって、後任の池永警部長も、真崎の確立した情報網を駆使してさまざまな情報を探索していたことがはからずも明るみに出た。とすれば、その後継たる馬場愛媛県警察も、秘密情報の探索と収集をつづけているのではないかと、多数の県民の疑念を招くであろう。警部長の馬場は、このことを最も恐れたのではないか。疑念を拡大させないためにも、情報漏洩のルートは断たなければならない。阿部伝の不当逮捕を企図したもっとも大きな動機はここにあったと私は考える。

四　本件事件のその後

（1）弁護士夏井保四郎の論評

久万警察署疑獄事件を県民がどのように受け止めたか、今日となってはうかがうことは難しい。ここでは、新聞紙上に掲載された弁護士の見解を紹介しよう。

当時「海南新聞」にコラム「法界時言」を連載していた弁護士の夏井保四郎に対して、読者から「夏井君に注文」と題する投書が寄せられた。[11] 諧謔を交えながら難しい法律の話を易しく説きあかす夏井の話ぶりを評価しながら、「現今の警察を論じてもらいたい」と注文をつけた。ミュヘン生と名乗る投書子は、「本県の警察の無茶で信用のないのは今更言はなくとも明かな事」と述べ、そして、「愛媛県の警察の矯正方」を論じてもらいたいというのである。例として「KB精一の不法逮捕、内子に於ける巡査の殴打創傷」事件を挙げているから、明らかに久万警察署疑獄事件を意識しながらの注文である。

投書から半月後夏井は、「司法警察の改善」なる文章を二回にわたって掲載した。[12] 刑事司法の現状を論じて興味深い部分も多々あるが、ここでは久万警察署疑獄事件に関係する部分のみを取り上げるとしよう。まず夏井は、久万警察署の事件をはじめ近頃警察の不祥事が続発していることを指摘する。[13] なぜこれらが明らかになったかについて、「当該検事其人が、能く職責を尽して、此秘密にして発露し難い犯罪を検挙して、寸毫仮借せざりし処置を、称賛するものである」と述べている。その理由として、①司法上には官吏間の依怙贔屓の沙汰のない事を立証して、法律の尊厳と裁判所の威信を増したこと、②粗暴なる警察官の絶好の訓戒となって、大に反省させたこと、③世の判検事に警察文書を盲信することの危険を警告し今後の事件処理に注意を促したなどの効能を述べている。

さらに夏井の筆鋒は、このような場合の上司の責任の取り方に及ぶ。部下の不法行為について、その上司は往々にして「其事実を熟知しながら、勉めて之れを隠蔽し」ようとし、「たまたま世論の攻撃甚しくして捨て置けぬものは、転所か非職か重い所で懲戒免職が関の山で、刑事訴追を起して、厳正に処分した例は誠に少い」と述べている。これは、この後に述べる馬場の責任の取り方と関連してくる。

では、このような日本警察の現状をどのようにすれば改善できるであろうか。夏井によれば、日本の巡査には気品が高いという美質があるのだから、「今少しく人権を重んずる文明思想を加味」すれば、世界の警吏の模範となれるであろう、そうなれば、「我国は法典と裁判官と司法警察の三拍子揃って、申分のない法治国となる」と楽観的な見通しを述べる。具体的には、「巡査警部の俸給を増加して、之を優遇する」という方策に帰結しているのは、肩すかしを食わされた感がある。

以上の夏井の論評は、いかに評価されるであろうか。おそらく夏井に対する読者の期待は、本件久万警察署の不祥事に即して警察の病巣を摘出することにあったと考える。この点夏井の論評は一般論に止まり、肝腎な点に及んでいない憾みがのこる。具体的には、本件への警察幹部（馬場）の関与如何、原因となった高等警察の活動とその隠蔽などは、全く触れられていないのである。しかし上司の対応を問題にした点は、間接的ではあるが警部長の責任に言及したといえよう。では、本事件において、県警部長馬場晴利はどのような責任の取り方をしたであろうか。

(2) 警部長馬場晴利の処分

右に述べたように本件疑獄事件は、警部長馬場晴利の強い意向によって引き起こされた事件であったことは疑いないと私は考える。刑事司法が正しく機能していれば、他の被告人たちと同じく法廷に列して、裁きを受けるべき立場にあったといえよう。しかし馬場が被告人として法廷に出廷することはなかった。では馬場は、その後どのような処遇をうけたのであろうか。

事件の翌明治三四年五月三一日、馬場は愛媛県警部長から千葉県警部長に異動した。夏井も指摘するように、人事にかこつけて問題を生じた部署から他の部署への配置転換は、警察に限らず一般の行政官庁においても、高級幹部の処遇としてよく取られる方法である。内部の人間からすると事実上の左遷と受け取られるが、外から見れば通常の人事異動のように見えなくもないという、きわめて不明朗な方式である。

私は馬場の場合も千葉県警部長への異動で結着を付けたのかと思っていた。しかし最近になって、馬場は譴責処分を受けていたことを発見した。明治三三年一〇月一八日付の「官報」である。

○叙位及辞令
明治三十三年十月十五日
愛媛県警部長　馬場晴利
本年二月中元愛媛県久万警察署長警部ＫＢ精一カ安倍《ママ》伝ナル者ヲ不正ニ逮捕セシメ其結果精一及数名ノ署員カ官文書偽造行使官印盗用罪ニ依リ処刑ヲ受クルニ至リタルハ畢竟部下監督宜キヲ得サルニ起因スルモノニシテ其職務ヲ怠リタルモノトス　仍テ文官懲戒令ニ依リ譴責ス
（十月十六日　内務省）

むすびにかえて

かくして事件の震源地ともいえる馬場晴利も、譴責処分に付されていたことが判明した。馬場は、千葉県警部長（明治三四年五月〜同三五年一〇月）のあと、埼玉県警部長（明治三五年一〇月〜同三七年九月）を勤め、その後休職となった。

さらに馬場の譴責処分については、国立公文書館に一件書類があることが判明した。ただしその大半が閲覧禁止となっており、現在容易に閲覧することはできない。本件に関しては、まだまだ不明な点が多々ある。たとえば控訴の結果どうなったか、部下に不法逮捕を命じた警部長の動機は何であったか、愛媛県内一警察署の不正逮捕事件が中央でどのように受け止められたか、などである。閲覧禁止が解かれれば、全部とはいえないが、かなりの疑問が氷解するであろう。本件が愛媛県警察や愛媛県政に与えた影響なども今後解明すべき課題である。

〔史料〕

久万警察署疑獄事件・松山地方裁判所判決

○警官疑獄判決書

判決書

愛媛県松山市大字御宝町士族無職業

ＫＢ　精一

嘉永四年拾二月生

同県越智郡瀬戸饒邨大字瀬戸崎村大字瀬戸

当時同県上浮穴郡久万町村大字久万町

平民無職業

ＫＤ　珍隆

安政六年六月生

高知県高岡郡東又村大字平野平民無職業

ＫＧ喜代馬

明治六年二月生

愛媛県松山市大字湊町一丁目士族無職業

ＮＩ　信貫

安政元年十二月生

同県温泉郡南吉井村大字見奈良
当時同県上浮穴郡久万町村大字久万町
平民無職業
AH　順信
明治元年一月生

被告共が官文書偽造行使官印盗用、精一が逮捕官吏不法逮捕教唆及び誣告教唆、喜代馬・信貫が逮捕官吏不法逮捕及誣告、珍隆・順信が誣告従犯事件に付き当地方裁判所は審理判決する左の如し。

主文

被告精一を重禁錮九年に処す。

被告珍隆を重禁錮五年に処し監視六月に付す。

誣告喜代馬・信貫を各重禁錮二年に処し監視六月に付す。

偽造の逮捕告発書は官に没収し、押収の巡査正服上衣同袴は被告喜代馬に、巡査の外套は被告信貫に、三ッ紋付き羽織白足袋は阿部伝に、其他の書類は各差出人に還付す。

公訴裁判費用は被告精一・珍隆・喜代馬・信貫に於て全部連帯負担すべし。

被告順信は無罪。

理由　被告精一は愛媛県警部の職を奉じ久万警察署長として、被告珍隆は同県巡査部長、被告喜代馬・信貫は同じく巡査として、共に同署に在勤中明治三十三年二月頃愛媛新報紙上に陸続久万警察署に関する記事の登載せられたるより、精一始め署員一同不快を感ぜる折柄、精一は警部長馬場勝利の招集せる警察署長会議に列せんがため同月十九日松山市に来り、警察本部に出頭し馬場晴利に面会するや、該新聞の記事のことを尋ねられ其不取締なることを譴責せられて注意を受け、記事の如きは不徳の致す所にして赤面なるも新聞紙上の制裁は条例のある在りて致方なしと其場は一応の陳弁を為したるも、心中深く感動し滞在中同月二十一日巡査三宅克明をして其頃の投書者を探偵せしめたるに、同月二十三日同人より同県上浮穴郡明神村大字入野寄留阿部伝の所為なることを聞きしより同人の所為と速断し、非常の手段に訴へても同人を取押へ牢獄に投じ其禍根を絶たんと決意し、署長会議の終るや同月二十五日蒼惶車を飛して久万に帰り、直に警察署に入り被告珍隆を秘密室に招き、松山に於ける警部長の注意ありしこと新聞の投書者は阿部伝なることを語り、且つ自己の命令を重からしむるが為め暗に警察部長等の後援あるかの如く云做し、是非共阿部を処分せざるべからざるが何か好手段はなきやと尋ね、其方法なしと云ふより、然らば故らに阿部に突当り洋服の釦抔を取落し同人の所為なりと誣ひ、伝の抵抗したるときは官吏抗拒犯として取押へ逮捕して告発すべく且つ其実行を被告喜代馬・信貫に命令すべき旨申聞けたり。

被告珍隆は右の命令を聞き其手段の不法にして実行し難きを述べ徐ろに時機の到るを待つに若かずと諫めたるも、精一の頑として聞入れざるのみならず左様の手緩きことにては治安が保てるかと叱責せられ、其決心の廻らすべからさるを察して之れを翼賛し尚ほ精一と阿部伝の逮捕以後の手筈をも定め置き、同日午後四時頃被告喜代馬・信貫を呼出し同署の事務室に於て両名に精一の命令を伝へ、右の方法にて同夜中に伝を逮捕すべき旨を命し、喜代馬・信貫の稍や躊躇せるを見て被告精一は其席に来り部長の申聞け通り実行すべき旨を命したるに、両名は遂に之を承諾したり。依て精一は同夜八時頃先つ信貫をして伝の所在を捜索せしめ、伝が同郡明神村大字入野小林兵五郎方にて飲酒せるを確めたるより喜代馬・信貫に其実行を促し、尚ほ珍隆にも其監督を為すべき旨を命したるより、三名は前後して警察署を出て伝の偵察に赴きしが、珍隆は間もなく警察署に立帰り調席を設けて其逮捕し来るを待受け、喜代馬・信貫は兵五郎宅の近傍を徘徊し居り、同夜十二時頃伝が永井藤五郎夫婦三人連にて帰り来るを同所小字藤の棚に待ち受けて、先つ喜代馬より故らに伝に突当り却て伝が突当りたりとて之を咎め、伝か突当らずと論争するや、愛媛県巡査に突当りながら突き当らずとは不都合なり警察に同行すべしとて伝を其後方に衝き、伝が右手にて之を支ふるを突掛りたりと称して田の中に投付け、其立上らんとするを再たび投げ、其際予め落ち易き様設けたる制服の釦を自ら脱去せしを伝の除去したるものと云ひ、信貫も引致すべしと声援し巡査の職務執行に抗拒したるものと誣ひて伝を久万警察署に拘引し、門前に到りしとき信貫は呼子笛を吹きて其相図を為し直に伝を同署の調所に引入れ、喜代馬・信貫は珍隆に対し兼て同人及び精一の申聞けの如く両名偵邏中伝か職務の執行を抗拒したるを以て逮捕したる旨の虚偽の告発をなし、珍隆は形式上司法警察官として其告発を受け喜代馬・信貫の申立に基ける虚偽の逮捕告発調書の草案を鉛筆にて認め、当直巡査なる被告順信に浄書せしめ之れに喜代馬・信貫をして署名捺印せしめ、自己も亦た連署し翌二十六日早朝該逮捕告発調書を精一に示せしに、精一は其書中に伝に両名の同伴者の記載あるを見て後日同伴者を証人として召喚せらるるときは事発覚するの懼れありとて之を削除し、伝一人にて通行せるが如くすべき旨を珍隆に命じ、珍隆は順信に対しては単に同行者の個処を削除すべき旨を命し浄書し替へしめ、元の如く喜代馬・信貫及び自己も連署し直ちに之れを精一に渡し、精一は同署にて該調書に自己の管掌せる久万警察署印を押捺し以て偽造を完成し之を喜代馬に交付し、伝と共に松山地方裁判所検事局に押送せしめ、喜代馬は同日午後五時過ぎ頃該書類を同検事局に差出し、伝をも交付し以て誣告したり。而して精一は尚ほ珍隆に伝を官吏抗拒罪と認め検事局に押送したることを馬場警部長・入交検事正に報告すべきことを命したるより、珍隆は直ちに出発し翌二十七日午前九時頃検事局に出頭し、検事正入交好雄等に面会し、書類に依りて誣罔の陳述を為したるものなり。

以上の事実に付きては被告精一・珍隆・喜代馬・信貫が当公廷に於て自認する所なるのみならず、精一・珍隆が軽罪に係る被告事件の予審調書、喜代馬・信貫が軽罪及び重罪事件の予審調書にも当公廷の申立に符合する自認の記載あり。又証人阿部ツルの予審調書に依れば、当日午后八時頃一人の巡査が来り九歳なる子供に伝の居所を尋ね一力（小林兵五郎方を云ふ）に居ることを聴きて立去りたりとあり。小林ダイの予審調書にも、午后八時頃正服を着したる巡査が来りて来客を問ひ阿部の居ることを告げたれば念を押して立去り、其取調筋の如何にも不審なりし旨を記載し、阿部伝の予審調書には、当夜十二時頃永井藤五郎夫婦と居村小字藤ノ棚を帰りしとき一名の巡査が自分に突当りながら却て何故に当りしかと云ふ故当りたるに非らずと答へたれば、愛媛県の巡査に当たって不都合の奴サー行けと申し、NI巡査は私に向ひ阿部今晩は酔ふて居るか何故当りしか当りたるものは引致々々と呼はりたり。KG巡査は自分を無理に逆に押し参る中田の中へ突き落されし故何故突き落したるかと云へば、突落したるに非らずと云ひ自分の起き上らんとするを二の腕を衝き廻はしつゝ服の釦が落ちたと云ひ、NI縛せ縛せと云ひ二度自分を其場に投げ付け両名にて久万警察署に引致し、KD部長が取調べ其末官吏抗拒罪として松山地方裁判所検事局に送られたり。其前久万警察署に呼出され愛媛新報投書のことに付き尋ねられたるも覚へなき故其旨答へたりとの記載しあること、記録中偽造の逮捕告発調書に阿部伝が官吏の職務執行に抗拒したる旨の記事あるに依れば、前記の事実を認むる証拠十分にして豪も疑ひなきものとす。

被告順信が前記被告珍隆等が犯罪の情を知りて故らに同人等を幇助して犯罪を容易ならしめたりと認むべき証憑は十分ならず。依て之を法律に照らすに、被告精一が誣告教唆の所為は刑法第三百五十五条第二百二十条第一項同第二号に不正逮捕教唆の所為は第二百七十八条に該り共に第百〇五条を適用し、珍隆・喜代馬・信貫が誣告の所為は第百〇四条第三百五十五条第二百二十条第一項同第二号に該り、喜代馬・信貫が不正逮捕の所為は同第二百七十八条に該り、精一・珍隆・喜代馬・信貫が官文書偽造行使の所為は其管掌に係る文書なるを以て第二百〇五条を適用し各一等を加へ、精一・珍隆・喜代馬・信貫が官印盗用の所為は第百九十七条第一項第百九十五条に該り、精一は管守者なるに付き第百九十七条第二項第百九十五条を適用し、孰れも官文書を偽造するにより官印を盗用したるを以て第二百〇六条により精一・喜代馬・信貫は其重き官印盗用の所為に、珍隆は重き官文書偽造行使の所為に従ひ、珍隆・喜代馬・信貫は所犯原諒すべき情状あるを以て第八十九条第九十条により、各所為とも珍隆は本刑に二等、喜代馬・信貫は各一等を減じ、其重罪の点に係るものは第六十九条を適用し、尚ほ喜代馬・信貫は第二百〇一条珍隆は第二百〇七条に依り各二年以上五年以下の重禁錮六月以上二年以下の監視に付すべく、以上数罪併発するを以て第百条により一の重きに従ひ精一・喜代馬・信貫は官印盗用の所為、珍隆は官文偽書造行使の所為に従ひて処断し、証憑十分ならざるものは刑事訴訟法第二百廿四条により無罪とし、偽造の逮捕告発調書は刑法第四十三条第一第四十四条により官に没収し、押収品の内巡査の正服上衣同袴は喜代馬に、外套は信貫に、三ッ紋付き羽織白足袋は阿部伝に、其他の書類は各差出人に、何れも刑事訴訟法第二百〇二条により還付し、公訴裁判費用は刑法第四十七条により被告精一・珍隆・喜代馬・信貫をして全部連帯負担せしむべきものとす。以上の理由により主文の如く判決する所以なり。

明治三十三年五月二十三日松山地方裁判所公廷に於て検事寺田恒太郎立会第一審の判決を言渡す。

裁判長判事　川地　弥作

判事　西岡　茂房

判事　三宅　昌興

裁判所書記　山中良三郎

右原本に依り此謄本を作る。

明治三十三年五月二十四日

松山地方裁判所に於て

裁判所書記　山中良三郎（畢）

（典拠：「海南新聞」第六七八八号（明治三三年五月二六日付）・同第六七八九号（同五月二七日付）

読みやすさの便宜を考え、適宜句読点を付した。）

注釈

1　愛媛県警察史編さん委員会編『愛媛県警察史第一巻』一九八三年。
2　本文に記したような事情から本事件に関する史料は多くない。以下の叙述は、もっぱら「海南新聞」の記事によっている。
3　この時逮捕された警察官は五名のはずであるが、なぜか第一報では「四名」と報じられている。
4　明治一三年七月一七日太政官布告刑法（旧刑法）によって、主刑が重禁錮、軽禁錮、罰金に相当する事件が「軽罪事件」とされた。
5　刑法（旧刑法）によって、主刑が死刑、無期徒刑、有期徒刑、無期流刑、有期流刑、重懲役、軽懲役、重禁獄、軽禁獄に相当する事件が「重罪事件」とされた。
6　「海南新聞」第六七八二号（明治三三年五月一九日付）。
7　「海南新聞」第六七八九号（明治三三年五月二七日付）。
8　被疑者阿部伝の供述、永井藤五郎夫妻の証言、警察官たちの証言相互の矛盾、すぐ脱落するよう仕掛けられたボタンの不自然さなどが検事の疑念を招いたのではないだろうか。
9　予戒令は、明治二五年一月二八日緊急勅令として公布、即日施行された。「壮士の集会立入など政治運動を禁止する権限を、地方長官、警視総監に与える。選挙取締が目的」。大正三年一月二八日廃止された。以上『近代日本総合年表』（岩波書店、一九六八年）による。
10　この史料は、近代史文庫編『愛媛近代史料10明治前期政治運動史料—国会開設前後』一九六三年に収録されている。
11　「海南新聞」第六七五四号（明治三三年四月一五日付）。
12　「海南新聞」第六七六六号（明治三三年四月二九日付）、および第六七六八号（同年五月二日付）。
13　夏井は、その例として本月五日の出来事として、「東京日々新聞に見へた兵庫県元高砂警察署長田村実信が、賭博の宿主を訊問するに、焼火箸を頬に当て、其同類嫌疑の女に対して、卑猥の辱しめを加へた為め、姫路監獄へ拘留せられた事件」などを指摘している。

第三章 〝負の遺産〟にどう向き合うか

私は松山に生をうけながら、四〇代の半ばに至るまで道後松ヶ枝町に足を踏み入れたことは全くなかった。そこにはなぜか異次元ワールドのような妖気が漂っているように感じていたからだろうか。

その私が、松ヶ枝町の歴史に興味を抱いたのは、松山地方裁判所に所蔵されていた明治期の『判決原本』の中に、ある判決を発見したからである。それは明治二四年、松ヶ枝町のある娼妓が、楼主と娼妓取締人を相手取って廃業届への連署を求めた裁判であった。被告楼主側は代言人を付しているが、原告側には代言人の記載がないので、本人訴訟とみられた。判決は、娼妓側の勝訴となった。当時全国あちこちで廃娼運動が展開されていた。廃業の自由を求めた裁判もいくつか知られているが、本件のように代言人を依頼せず、単独で訴訟を闘った例は聞いたことがなかった。

私は、ゼミの授業の一環として、学生たちとともに松ヶ枝町の遊郭跡を見学することを企図し、当時まだ形をとどめていた「夢の家」（朝日楼）跡を見学した。案内は、女性史サークルの渡部冨美子さんにお願いした。渡部さんの説明に耳を傾けながら朽ちかけた楼の内部をめぐる学生たちも、かつてこの場所で大勢の女性たちが苦役を強いられていたことを身をもって感じているようだった。

その後私は広島に勤務地を変えたが、思うところがあって六年ほど前から新聞の悉皆調査を始めた。帰省の度に愛媛県立図書館に通い、マイクロフィルムの「海南新聞」に眼を通しているのである。その過程で、かの娼妓の廃業をめぐる裁判が当時の新聞に掲載されているのを発見して驚いた。それだけではなく、判決では知りえなかった情報にも接した。たとえば、かの娼妓は「千駒」という源氏名であったこと、勝訴後迎えに来た父親と三津浜から広島に帰ろうとしていたところ、楼の物品を盗んだ疑いで警察に拘束されたこと、などである。

さて、私たちが見学した「夢の家」（朝日楼）の老朽化は進行し、改修して保存するか、それとも朽ち果てるまま放置するかが問題となってきた。えひめフィルム・コミッション（映画ロケの適地を探して映画関係者に情報を提供する団体）の泉谷昇氏は、松ヶ枝町の醸《かも》し出すレトロ感に注目し、朝日楼の保存運動に乗り出した。松山市の助成を引き出すべく、泉谷氏はさまざまなイベントを仕掛けた。その一つに私もコメンテーターとして参加したことがある。この時も女性史サークルの会員たちの援助を仰いだ。

松ヶ枝町　矢野達雄・画

ところでこのような活動に対しては、当時発言力を高めつつあったフェミニズムグループから激しい反発が巻き起こった。「女性虐待の象徴である遊郭を、公的資金を使って保存するなんてもっての外よ」というわけである。彼女たちのパワーの前に、市当局は押し切られ、結局朝日楼の改修・保存計画は頓挫した。それから暫くして、久方ぶりに松ヶ枝町を訪れた私の目に映ったものは、広大な駐車場に変貌した朝日楼の跡地だった。

遊郭という場所が、売春の施設であり、女性の人権を踏みにじった〝負の遺産〟であることは、疑いない。人間の恥部を象徴する建造物と言っても過言でない。しかし私は思う。かつて存在した建造物や施設の痕跡を全く消し去って、あたかもそれらが存在しなかったかのごとく振る舞うのが、歴史への正しい向き方だろうかと。

人間は愚かでかつ醜い行為を繰り返してきた。しかし愚かで醜い行為を直視せず蓋をするだけでは、真の反省は生まれてこない。若い人たちは、遊郭も娼妓も知らないであろう。しかし女性の人権を踏みにじる施設が、たしかに歴史の一時期存在したのである。若い世代のために、過去を物語る実物を教材として遺しておくことは大切だ。知らないということは、それが再び形をかえて頭をもたげようとした時、何の抵抗もなく押し切られかねないのである。

公娼制の廃止という課題は、一朝一夕にして達成されたわけではない。多くの廃娼運動の記録は、支援者の反対運動や救出活動、そして裁判闘争があったことを語っている。そして娼妓や芸妓たち自身も、自由を求めて闘っていたことを忘れてはならない。中でも道後松ヶ枝町の娼妓千駒は、苦境から脱出するためただ一人で闘った。汚泥の中に咲いた一輪の花のように見えるのは、私だけだろうか。私たちは、彼女たちの貴重な実践を掘り起こし、書き継ぎ、語りついでいかなければならない。

【娼妓千駒事件に関する「海南新聞」記事】

（1）「娼妓千駒原告となって法庭に立つ」（「海南新聞」第四〇三〇号　明治二四年三月一四日）

道後松ヶ枝町梅木楼の娼妓千駒が楼主梅木富次郎及び同町取締津田安次郎の両名を相手取って訴訟を起したりと聞いては此は随分面白きことならんと探って見れば格別大した事でもなく千駒は本年一月二日の頃より子宮内膜炎症に罹りしに付き同く五日より休業して郷里広島県に帰り療養し居りしも楼主等は此れは偽病なりなど疑ひ

色々八ヶ間敷掛合あるより止を得ず松山に帰り病院に入り診断を受けし処容易なことでは全治せずとの事より遂に廃業せんと思ひ右等の人に廃業届の連署を頼むも聞き入れさるより自分の自由を防《ママ》ぐるものなりとて扨ては斯る仕誼に及ひしなりと云ふ

(2)「娼妓千駒の訴訟事件」(「海南新聞」第四〇四七号　明治二四年四月五日)

予ねて本紙に記せし事ある道後松ヶ枝町梅木楼の娼妓千駒より楼主梅木富次郎及ひ同町取締津田安次郎の両人に係る娼妓廃業届連署差拒解除の訴訟は昨日松山地方裁判所にて梅木の代言人井上要氏、津田の代言人高須峰造氏とも出廷の上第壱回口頭弁論を開きしが来る八日其の宣告ある筈なりといふ

(3)「千駒の勝」(「海南新聞」第四〇五一号　明治二四年四月一〇日)

予ねて本紙に記せし娼妓千駒より梅木富次郎、津田安次郎両人に係る訴訟事件は愈一昨日松山地方裁判所にて裁判の宣告ありて団扇は千駒の方に上りぬ　被告は各々代人付き、千駒妓はんは自分から訟庭へ出てお囀《さえず》り遊ばし到頭勝公事とはサッテモ強い

(4)「勝逃げの序に持ち逃げ」(「海南新聞」第四〇五一号　明治二四年四月二一日)

娼妓廃業届連署差拒解除事件□り有名となりし(どうだか)元道後松ヶ枝町梅木楼の娼妓千駒は同事件の裁判に見事打ち勝大に面目を施し其後松山の一番町斎藤方へ止宿中なりしが去る十八日に至り予て此事件に就てか来松し居たる父なる広島県広島市斎木多助と共に帰広することとなり三津ヶ浜まで下りし処を其筋の手で取押へられ松山地方裁判所検事局へ廻されしが右は梅木方其他の物品を持ち逃げせんとせしことの顕はれて此くの次第な

りとぞ

(5)「娼妓千駒等の拐帯事件」(「海南新聞」第四〇七六号　明治二四年五月九日)

先日の紙上に記したる娼妓千駒及び其の父斎木太助の拐帯事件は其後予審に於て取調へを受け居りしか証拠不充分なるを以て一昨日予審判事より免訴の言渡しをなしたりと

史料

(1) 松山組合代言人・名簿(明治一七年)

○明治一七年松山代言人組合

明治十七年四月出版

『〔日本全国〕代言人姓名録』

律書館内

局外舎

○松山始審裁判所々属

代言人

会長　吉村　氏也《ママ》

松下　信光

曽根　一眞

安永　景長

檜垣　宗寿

近藤繁太郎

藤野　政高

岩本　新藏
皆川　廣濟
篠原　資
玉井　正興
明治十六年一月免許
高須　峰造

＊会長の「吉村氏也」は、「吉村民也」の誤記と思われる。
＊＊本史料は弁護士増田修氏の提供による（原本は日本弁護士会館図書室所蔵）。

（２）松山始審裁判所所属代言人山名簿（明治二〇年）

○明治二〇年松山始審裁判所所属代言人

明治廿年五月十一日出版御届
同　年六月十三日出版
『日本帝国代言人姓名録』
編輯兼出版人　京都府平民　山本　光稼
発売所　文源堂

○松山始審裁判所々属

明治十三年九月
於愛媛免許　会　長　岩本　新蔵　山口県平民
同　十二年一月
同　副会長　藤野　政高　愛媛県士族
同　十年七月
同　安永　景長　同
同　十年七月
於大坂免許　曽根　一眞　愛媛県平民
同　十一年七月
於愛媛免許　吉村　民也　同　士族
同
同　檜垣　宗寿　同　平民
明治十三年十二月
同　松下　信光　同　士族
同
同　近藤繁太郎　同　平民
同
於高知免許　坂　義三　同
同　十五年七月
於松山免許　篠原　資　同
同
同　玉井　正興　同

同　十六年一月　於堺　免許　藤岡　采杞　同　士族
同　七月　於松山免許　高須　峯造　同　平民
同　十八年一月　於洲本免許　森　肇　同　士族
同　於宇和嶋免許　清水　新三　同
同　十九年一月　於松山免許　井上　要　同

＊本史料は弁護士増田修氏の提供による（原本は国立国会図書館所蔵）。

（3）松山弁護士会・規約（明治二六年）

○松山弁護士会々則

松山弁護士会々則

第一章　組織

第一条　本会は明治廿六年法律第七号弁護士法に依り松山地方裁判所の弁護士名簿に登録したる弁護士を以て之を組織す

第二章　役員

第二条　本会に会長及副会長一名を置く
第三条　会長副会長は毎年定期総会に於て会員中より之を互選し其任期を一ヶ年とす　但し再選することを得べし
第四条　会長副会長共に其職を去りたるときは臨時総会を開き補欠選挙を行ふ

第三章　役員の職務

第五条　会長は本会の事務を管理し外部に対して本会を代表す
第六条　弁護士法第二十五条の場合に於ては会長より其氏名所属地方裁判所庁名及事務所の位置を監督検事正に届出づべし
第七条　弁護士法第廿七条に記載する選挙の結果は閉会後二日間に総会開会の日時其他の事項は開会期日五日前に会長より之を監督検事正に届出づべし　但し至急を要し開会すべき場合は此限りにあらず
第八条　左に掲ぐる事項は会長之を行ふ
一　定期総会及び臨時総会を開閉すること
二　総会の議長となり議事を整理すること
三　会費の予算を総会に付し及び決算を報告すること
四　会則会員名簿及び其他の記録書類を保管すること
五　会則の改正増補其の他総会の決議を会員報告すること
第九条　会長は会則会員名簿及総会決議録を除き其他の記録書類は三年の後之を所分するを得べし
第十条　副会長は会長の職務を補佐し会長事故あるときは之を代理す
第十一条　会長副会長共に事故あるときは臨時其指名したる会員を以て仮に会長の職務を掌らしむ

第四章　会議

第十二条　総会を分ち定期総会臨時総会の二種とす
定期総会は毎年四月に之を開く
臨時総会は監督検事正の要求又は会長の意見若くは会員三名以上の請求に依り之を開く

第十三条　総会に於ては左の事項を議す
一　弁護士会々則を改正すること
二　役員を選挙すること
三　毎年度会費の収支予算案を議定し且前年度の収支決算を認否すること
四　弁護士の盟約取締に関すること
五　弁護士の利害に関すること
六　官職の諮問に係る事項
第十四条　総会の日時は会長之を定め期日前に之を会員に通知すべし　至急を要する場合は此の限にあらず
第十五条　会員事故ありて出席すること能はさるときは之を会長に届出づべし
第十六条　総会は会員三分の一以上出席するにあらざれば開会することを得ず　但し同一の議事に付再度招集するときは定員に拘らず開会することを得
第十七条　総会の決議は過半数に依り之を定め可否同数なるときは会長之を決す
第十八条　総会の議事自己の身上に関するときは決議の数に加はることを得ず　但其事件に付疎明することを得べし
第十九条　本章に定めたる事項の外議事の方法は通常会議の例に依る

第五章　盟約及取締

第二十条　会員は廉恥を重じ品行を慎み常に弁護士たる名誉信用を毀損せざる事を勉むべし
第廿一条　会員は訴訟事件の委託を受けたるときは忠誠以て任務を尽すべし
第廿二条　会員は訴訟担当中其掛り裁判官と私に相会すべからず
第廿三条　会員は父子兄弟又は同居者の担当したる事件の対手者となることを得ず
第廿四条　会員にして商業を営まんと欲するものは其業体及事由を詳記したる書面を会長に差出し総会の許可を得べし

第六章　謝金及手数料

第廿五条　民事訴訟に付き受くべき謝金は左の例に超過すべからず

五千圓以上　　　百分の十以下
千圓以上　　　　百分の十五以下
五百圓以上　　　百分の二十以下
百圓以上　　　　百分の二十五以下
百圓未満は依頼人と相対の条約に任す
二　訴訟の目的物価額に見積り得ざるものは其事件の軽重難易を図り依頼人と相対の定約に任す
第廿六条　受託事件の軽重難易に依り前条謝金の外依頼人と相対の定約を以て相当の手数料を領収することを得
第廿七条　前二条に定めたる謝金及手数料は訴訟の各審級毎に定約し之を領収することを得
第廿八条　訴訟上救助を受くるに相当するものは謝金及手数料を要せず其の依頼に応することあるべし
第廿九条　謝金及手数料は訴訟を紹介せしものに分与し又は分与すべき約定をなすべからず

第七章　罰則

第三十条　会員は会則を遵守することを表する為会員名簿に記名調印すべし
第三十一条　会員は本会の費用を負担すべし
第三十二条　左の事項は之を会長に届出で会長は之を監督検事正に届け出ずべし
一　本籍現住所及び事務所の位置
二　五日以上に渉る旅行
第三十三条　此会則は総会出席員三分二以上の同意を得るにあらざれば改正増補を為すことを得ず　（畢）

〔出典〕「海南新聞」第四七〇九号（明治二六年六月二一日付）、および「海南新聞」第四七一二号（明治二六年六月二四日付）

月　日	全国の主な出来事
10月14日 12月 9日	大政奉還 王政復古
1月 3日	鳥羽伏見の戦い、戊辰戦争はじまる
5月18日	函館戦争で榎本軍降伏、戊辰戦争終わる
12月20日	新律綱領を頒布
4月 4日 7月14日	戸籍法を定める 廃藩置県
4月 9日 8月 3日 10月 2日	庄屋・組頭等廃止（太政官布告第117号） 司法職務定制を定める 人身売買・娼妓の年季奉公を禁止（太政官布告第295号）
7月20日 7月28日 10月 －	日本坑法 地租改正条例 明治6年政変―西郷・江藤・板垣ら参議辞職
1月17日 6月	民撰議院設立建白書、自由民権運動はじまる 大阪北浜に代言人結社北洲舎設立
5月	大審院設置
2月22日	代言人規則
2月15日 9月24日	西南戦争はじまる 西郷隆盛自刃し、西南戦争終わる
7月22日	地方3新法を定める
4月 4日	琉球藩を廃し、沖縄県を置く
3月 10月12日	小島忠里、大阪組合代言人第3代会長となる 明治14年政変―国会開設勅諭、大隈参議免官
1月 1日	刑法、治罪法施行
5月 5日 10月31日	群馬事件 秩父事件
11月23日	大阪事件
5月	裁判所官制、公布
12月25日	保安条例を公布

裁判所ものがたり年表（1）

年	月　日	愛媛県内の事項
慶応 3（1867）		
明治元（1868）	1 月	松山藩は城を明け渡し、土佐藩の占領下に置かれる
明治 2（1869）	12 月	政府は、旧足軽以下を卒族とする
明治 3（1870）	11 月	松山藩藩政改革―卒族は、解放の処分を受ける
明治 4（1871）		
	12 月	卒族解放手当職与金下渡を受ける
明治 5（1872）	1 月	元禄復旧を指令（卒族を廃し士族と平民に編入）
	9 月	大蔵省は石鉄県に廃卒処分取消
	11 月 28 日	絞罪に処せられた田中藤作蘇生し、無罪となる
明治 6（1873）		「家禄抵当の負債は棄捐されるべき」
	2 月	士族編入・家禄渡方を大蔵省に稟議
	8 月 29 日	1236 人の士族編入
明治 7（1874）	6 月 28 日	大蔵省、賦与米金と私債を返納を愛媛県に指令
明治 8（1875）	6 月	岩村高俊県令兼 7 等判事、赤川戇助 7 等判事に
	―	天野御民、愛媛県聴訟課長となる
明治 9（1876）	4 月　6 日	愛媛県裁判所、開庁
	9 月 28 日	愛媛県裁判所を松山裁判所と改称
	11 月 28 日	伴正臣、松山裁判所長に就任
明治 10（1877）	1 月 18 日	西尾ら 3 名、大阪上等裁判所に家禄下付延滞の提訴
	7 月　6 日	大阪上等裁判所判決―原告卒族の訴えを斥ける
明治 11（1878）	11 月―	松山一番町に裁判所庁舎完成、移転する
	12 月　4 日	松山裁判所、一番町の新庁舎にて開庁
明治 12（1879）	7 月 12 日	無役地―西宇和郡宮内村事件、大審院判決
	7 月 30 日	庄屋抜地―越智郡甘崎村事件、大審院判決
明治 14（1881）	3 月 24 日	庄屋抜地―久米郡久米村事件、大審院判決
	4 月	奥山政敬、松山裁判所長に就任
	―	松山組合代言人、発足
明治 15（1882）	1 月　1 日	松山始審裁判所、発足
	1 月　―	真崎秀郡、愛媛県初代警部長に就任
明治 17（1884）	7 月 22 日	無役地―北宇和・東宇和郡 3 村事件、大審院判決
	11 月 26 日	庄屋抜地―伊予郡横田村事件、大審院判決
明治 18（1885）	6 月	西条疑獄事件起こる
明治 19（1886）	6 月　2 日	市之川鉱山の稼行を今後 15 年間藤田伝三郎に委任
明治 20（1887）	3 月　7 日	知事関新平、死去

月　日	全国の主な出来事
4月25日	市制・町村制、公布
2月11日 7月31日	大日本帝国憲法、公布 土地収用法、公布
2月　8日 10月　7日 11月25日	裁判所構成法、公布 旧民法人事編、公布 第1回帝国議会を召集
5月11日	大津事件起こる
2月15日 6月11日 8月―	第2回衆議院議員総選挙 第3議会で民法商法施行延期法を可決 司法官弄花事件で児島惟謙大審院長を辞任
3月　4日	弁護士法、成立
7月	日清戦争、はじまる
4月　1日 4月17日	夏目漱石、松山中学校に赴任（～29年3月） 下関で日清講和条約に調印
4月27日	民法第1・2・3編公布
11月	家禄賞典禄処分法、制定
6月21日 7月	民法第4・5編公布 民法第全編施行
2月24日	不動産登記法、公布
4月13日	漁業法、公布
9月　4日	ポーツマスで講和条約に調印
10月26日	伊藤博文、ハルビンで暗殺さる
1月18日	大審院、大逆事件被告に死刑判決

裁判所ものがたり年表（2）

年	月 日	愛媛県内の事項
明治 21 (1888)	9月28日	松山藩卒族の公私借処分不服の訴、大阪控訴院で敗訴 松山藩卒族の家禄渡不足訴求の訴、〃
明治 22 (1889)	9月20日	県、藤田組との市之川鉱山稼行委任を解約
明治 23 (1890)	3月 8日	市之川鉱山、民坑に回復
	4月	高須・井上共同法律事務所を松山二番町に開く
	5月26日	師範学校敷地事件、大阪控訴院判決
	11月 1日	松山地方裁判所発足、初代所長は津田要
明治 24 (1891)	4月 8日	芸娼妓解放裁判で娼妓千駒勝訴
	8月10日	伊予郡の「麻生水論」松山地裁判決―徳丸村勝訴
明治 25 (1892)	2月 9日	「麻生水論」大阪控訴院判決―控訴棄却
	3月 7日	無役地―東宇和郡長谷村事件、行政裁判所判決
	5月28日	無役地―東宇和郡中川村清沢事件、大阪控訴院判決
	12月 2日	無役地―東宇和郡中川村清沢事件、大審院判決
明治 26 (1893)	5月31日	燧灘漁場で広島・愛媛の漁民が大乱闘
	6月19日	松山弁護士会、発足
	6月20日	市之川鉱山株式会社、発足
	11月14日	伊予郡元 24 ケ村共有地処分事件松山地裁判決
	12月11日	新居郡「洪水堰訴訟」松山地裁判決―角野村敗訴
明治 27 (1894)	5月27日	宇和海で大網・刺網業者の乱闘事件起こる
	12月 5日	伊予郡元 24 ケ村共有地処分事件大審院判決
明治 28 (1895)	4月 1日	松山地方裁判所は広島控訴院管内となる
	7月 3日	松山弁護士会長、岩本新死去
明治 29 (1896)	4月30日	松山藩卒族、不当利得金請求訴訟を提起
明治 30 (1897)		
明治 31 (1898)	2月 7日	松山藩卒族事件・大審院で原判決破棄・差戻の判決
	11月14日	同上差戻審、東京控訴院で原告勝訴の判決
明治 32 (1899)		
明治 33 (1900)	5月24日	久万警察署疑獄事件、松山地裁で元署長ら有罪判決
	6月15日	新居郡「洪水堰訴訟」大審院判決―上告棄却
明治 34 (1901)		
明治 38 (1905)	6月21日	重岡薫五郎、41 歳で死去
明治 42 (1909)	10月	三津浜築港事件で、藤野政高有罪を宣告さる
明治 44 (1911)	12月	広島県と愛媛県の間で業業協定に調印

〔初出一覧〕

第一部　「伊予松山・裁判所ものがたり」〈1〉～〈63〉
「愛媛民報」二〇一二年一〇月一四日付～二〇一七年一二月一〇日付

第二部　市之川鉱山事件の深層
第一章　愛媛県初代警部長・真崎秀郡とその周辺
『中京法学』四九巻三・四合併号、石川一三夫教授退職記念号（二〇一五年三月）
第二章　「西条疑獄事件」の構図―市之川鉱山事件の発端
『えひめ近代史研究』六九号（二〇一五年一〇月）
第三章　書かれざる一章
「E・H・ハンターと市之川鉱山事件」
（『修道法学』第四一巻第一号、二〇一八年九月）を大幅に改稿

第三部　「海南新聞」の記事から考える
第一章　夏井保四郎「法界時言」と日本人の法意識
『えひめ近代史研究』七〇号（二〇一六年一〇月）
第二章　久万警察署疑獄事件
『えひめ近代史研究』七二号（二〇一八年一一月）
第三章　〝負の遺産〟にどう向き合うか
『むぎ』第三二号（女性史サークル六〇周年記念号）

あとがき

私は、間もなく教員生活に別れを告げることになるが、この書は現役として出す最後の本になる見込みである。二人の先生にこの書をささげたいと思う。

熊谷開作先生は、大阪大学での恩師である。学部の定期試験に際して、通常の試験をうけてもよいし、自分の出身地の史料を使って作成したレポートでもよいと言われたことがあった。私の出身地は愛媛県であるが、どんな史料をどんな風に使えばいいか皆目分からず結局普通の試験を受けたという記憶がある。後輩の高田義之君（現在松山市在住の弁護士）は、選挙権者数の推移から県民の階層を分析するというレポートを提出したそうだ。先生はこのレポートを高く評価され、後々まで事あるごとに語っておられた。本書は、故郷愛媛県に関する史料をふんだんに駆使したもので、私の心積もりとしては四五年ぶりのレポート提出である。果してどんな風に評価して下さるだろうか。来る二〇二〇年は、熊谷先生生誕一〇〇年、没後三〇年の節目にあたる。弟子たちの手によって、記念論集を編集してお届けしたいと念願している。

つぎに愛光学園元教諭の島津豊幸先生である。高校在学中は、日本史の授業を受けるだけであったが、私が愛媛大学に就職して松山にUターンして帰ったのちは、先生のお宅を訪問したり、研究会でご一緒したり、『えひめ近代史研究』の編集作業を一緒に担当したり、結構濃密な付きあいだった。島津先生は愛光学園で長く教鞭をとられた。専門は日本史であるが、中高の歴史の先生というより、研究者としての姿勢を強く持ち続けた先生であった。同期生の中から深尾裕造（西洋法制史）、若江賢三（東洋法制史）と日本法制史の矢野と、三人の法制史研究者が揃ったのは奇観である。識らずしらずのうちに、歴史探究にかける先生の情熱や姿勢に共感するところがあったのだろう。

本書は、創風社出版から出す私の三冊目の本になるが、創風社出版との出合いにも、島津先生が関係している。当時創風社出版の大早さんは、えひめ博物百科学会の事務局をしていた。ある時その研究報告会の発表予定者であった島津先生は、同日同刻別の場所で講演することになっていたことを思い出された。そこで焦った先生から、私にピンチヒッターを引き受けてくれないかとの依頼があり、私が代打に立った。創風社出版は、創業期に先生のエッセー集『絵馬と薫風』を出版し、ここから同社の出版事業が本格化したという縁があるとのことである。先生は二〇〇七年に逝去された。今日に至るまで先生の著作集も追悼の論集も、刊行されていない。先生の大きさに比して、残念なことだと思う。大早さんとも、何か作りたいですねと話すこともあるが、今日に至るまで果たせていない。本書がそのささやかな恩返しになれば、幸いである。

お二人の先生の名前をあげたのはほかでもない。本書の原稿を読み返しながら、私は自力でこれらの仕事を積み上げたつもりになっているが、これまで接した多くの人びとから影響や恩恵を多分に受けていると感じざるをえなかった。なかんずく右のお二人から受けた影響は、体の一部になっていると思った。

さて本書は、愛媛県の裁判所の歴史を探究するのが目的であるが、そのきっかけともなったもう一つの出来事を述べておこう。二〇〇六年春のこと、松山地方裁判所長田中信義氏から、憲法週間記念行事の一環として、講演を頼まれた。地裁所長直々の依頼なので、喜んでお引き受けし、「松山地方裁判所の歴史が語る愛媛県民の動向」と題して、五月一三日愛媛大学グリーンホールで講演を実施した。

あとで聞くと、田中所長は松山に赴任して間もなく、近所の書店で拙著『法と地域と歴史と』（創風社出版、二〇〇四年）を手に取られたとのことだった。この著者であれば、裁判所の歴史について話すのはお手のものと考えられたのであろう。気易く引く受けたものの、準備をはじめてみると、私は自分がまったくその任にたえないことを発見した。前述のテーマで講演するためには、この一〇〇年余の裁判所のたどった歴史を俯瞰的に見渡したうえで、個々の事件やエピソードを位置づけることが求められよう。たしかに私は、以前同地裁所蔵の判決原本を閲覧させていただき、いくつか新事実を発掘したことはあったが、不十分な知識で講演するなど、全くおこがましいことに気づいたのだ。しかし引き受けた以上後へは引けない。やむをえず講演のほうは予定通り行ったが、冷汗三斗であった。

この愛媛時代の恥ずかしい経験から、いつかもっと体系的に愛媛の裁判所の歴史、法曹の歴史を調べてみたいと考えるようになった。しかし授業や学校の仕事など日常の忙しさにかまけ、全く手をつけることはできなかった。「悉皆調査主義」を標榜して、「海南新聞」の読破に挑戦しはじめるのは、皮肉なことに、広島に勤務地を変更して以後のことである。このきっかけについては、また別の機会にのべることとしよう。

ともあれ、本書は、愛媛県の司法史、事件史、法曹史のこころみである。しかしいまだ、「明治編」まででとどまっている。今後、「大正編」「昭和戦前編」と書き連ねていきたいという野望をいだいているが、果たしてたどりつけるかどうかは、神のみぞ知る。読者諸兄姉の後押しをお願いしたい。

二〇一八年秋

矢野　達雄

著者プロフィール
矢野 達雄（やの　たつお）
1949（昭和24）年　愛媛県松山市に生まれる。
大阪大学法学部および同大学院法学研究科で学ぶ。
愛媛大学法文学部教授を経て、
現在　広島修道大学法学部教授。
専攻　日本法制史、法社会学。

主著　『近代日本の労働法と国家』（1993年、成文堂）
『法史学への旅立ち―さまざまな発想』（共編、2002年、法律文化社）
『法社会学への誘い』（共編、2002年、法律文化社）
『愛媛県の歴史』（共著、2003年、山川出版社）
『近代日本法制史研究の原状と課題』（共編、2003年、弘文堂）
『マンガからはいる法学入門』（2004年、新日本出版社）
『法と地域と歴史と』（2004年、創風社出版）
『近代日本における社会変動と法』（共著、2006年、晃洋書房）
『マンガから考える法と社会』（2008年、新日本出版社）
『庄屋抜地事件と無役地事件―近世伊予から近代愛媛へ、土地制度と裁判―』(2010年、創風社出版)
『里山のガバナンス』(共著 、2012年、晃洋書房)
『沖縄近代法の形成と展開』(共著、2013年、榕樹書林)
『コモンズ訴訟と環境保全―入会裁判の現場から』(共著、2015年、法律文化社)

伊予松山・裁判所ものがたり
【明治編】

2019年3月28日 発行　定価＊本体価格 2200円＋税
著　者　　矢野　達雄
発行者　　大早　友章
発行所　　創風社出版
〒791-8068 愛媛県松山市みどりヶ丘９－８
TEL.089-953-3153 FAX.089-953-3103
振替 01630-7-14660 http://www.soufusha.jp/
印刷　㈱松栄印刷所　　製本　㈱永木製本

 ISBN 978-4-86037-273-6